Zu diesem Buch

A. M. Harthoorn ist ein international anerkannter Wissenschaftler, Tierarzt und Ökologe. Wie Bernhard Grzimek gilt er als einer der fähigsten Tierschützer der Welt. Seit 1956 kämpft er vor allem um die Erhaltung der afrikanischen Tierwelt, die sich heute mit nur 5,5 % des ursprünglichen Lebensraumes begnügen muß.

Mit leidenschaftlichem Engagement und umfassendem Wissen schildert Harthoorn in einer Fülle aufregender und spannender Geschichten die Probleme des afrikanischen Wild- und Umweltschutzes. Eine wichtige Rolle spielt bei all seinen Unternehmungen sein Narkosegewehr, das er im Laufe der Jahre zu einem unentbehrlichen Instrument bei der Umsiedlung von Großwild und bei großen und kleinen Tierrettungsaktionen entwickelt hat.

A. M. Harthoorn

5 vor 12 für Afrikas Tiere

rororo

Rowohlt

Titel der Originalausgabe: «The Flying Syringe»
Aus dem Englischen übertragen von Henry Jelinek
Umschlagentwurf Werner Rebhuhn
(Foto: Simon Trevor / Bruce Coleman Ltd.)

Ungekürzte Ausgabe
Veröffentlicht im Rowohlt Taschenbuch Verlag GmbH,
Reinbek bei Hamburg, Juni 1974

Satz Garamond (Linotron 505 C)
Gesamtherstellung Clausen & Bosse, Leck/Schleswig
Printed in Germany
ISBN 3 499 16860 X

Für Sue, meine Frau und Kollegin,
und alle jene, die sich dem Fortbestand der Wildtiere
verschrieben haben, nicht zu vergessen
Guy, Peter, Gail, Jane und Tina

INHALTSVERZEICHNIS

Einleitung 9

1. Beginn am Semliki 13

2. Auf der Suche nach der Zauberspritze 27

3. Die erste Tierrettung 41

4. Vorbereitung für Kariba 53

5. Unternehmen Arche Noah 69

6. Nichts als Nashörner 83

7. Cocktails und Schmuggelware 97

8. Ein Jahr des Fortschritts 109

9. Worum es geht 125

10. Dämmerschlaf 141

11. Zu neuen Horizonten 157

12. Hier spricht der Sender «Giraffe» 169

13. Ein Plädoyer für die Elefanten 183

14. Was dem Menschen not tut 199

Bibliographie 215

EINLEITUNG

Warum wurde ich eigentlich Tierarzt? Und warum blieb ich nicht in England und eröffnete dort eine Praxis? Ich glaube, alles entwickelte sich einfach deshalb so, weil ich die Tiere liebe.

Abgesehen von einer kurzen Zeit, in der ich Farmer werden wollte, war es schon immer mein Wunsch gewesen, Tierarzt zu werden. Ich hatte immer viele Tiere um mich, Haustiere und auch Wildtiere; die letzteren gerieten meist in krankem oder verwundetem Zustand in meine Hand. Jene, die sich wieder erholten, wurden freigelassen, wie die Möwe, die ich halbtot vom gefrorenen Boden aufgelesen hatte, die aber dann doch am Leben blieb und drei Wochen später wieder ihre Kreise über unserem Haus zog und schließlich ihres Weges flog. Einige meiner Findelkinder bevorzugten menschliche Gesellschaft und blieben jahrelang bei mir, wie die Krähe, die einigermaßen verständlich sprechen lernte und jeden Abend heimkehrte, um sich auf ihrer Sitzstange in der Gartenhütte niederzulassen.

Meine Leistungen in der Schule waren nicht besonders gut. Ich war nicht sehr lerneifrig. Um meinem Vater einen Gefallen zu tun, der in seiner gutmütigen Art darauf bestand, daß ich wenigstens in der ersten Hälfte der Schülerrangliste zu erscheinen hätte, war ich stets der zwölfte in einer Klasse von vierundzwanzig Schülern, oder der fünfzehnte in einer Klasse von dreißig.

Bald nach meinem sechzehnten Geburtstag trat ich ins Londoner tierärztliche College und ein Jahr später in die Armee ein, dies wohl hauptsächlich, weil ich mir kein Abenteuer entgehen lassen wollte, obwohl dabei die damals im Land herrschende Stimmung sicherlich auch eine gewisse Rolle gespielt haben mag. Ich erinnere mich daran, daß ich damals von der Sache der Alliierten so tief überzeugt war, wie man es in der Jugend immer ist, wenn einem Gut und Böse in der Welt noch reinlich getrennt erscheinen. Und so marschierte ich die üblichen sechs Monate lang auf den Höfen der Camberley- und Mons-Kasernen in Aldershot hin und her, nahm an verschiedenen Ausbildungskursen teil, feuerte mit Maschinengewehren von Holy Island aus ins Meer (und beobachtete dabei «außerdienstlich» die Möwen), erkletterte Klippen und ließ mich an Seilen von Ben Nevis hinuntergleiten, was wenigstens meine körperliche Verfassung verbesserte. Dann war ich drei Jahre lang bei den britischen Streitkräften in verschiedenen Ländern Europas stationiert, unter anderem in Frankreich und Deutschland. In dieser Zeit entwickelte ich allmählich eine tiefe Skepsis gegenüber der Weltpolitik und der zeitgenössischen religiösen Weltanschauung, in der ich aufgewachsen war.

1946 nahm ich mein akademisches Studium wieder auf und konnte es schließlich ohne weitere Unterbrechungen beenden. Daneben brachte ich es zu einigen sportlichen Erfolgen, die mich in mehrere Hauptstädte außerhalb Englands führten, was mir wiederum half, die triste Atmosphäre der Nachkriegszeit in England einigermaßen zu überstehen. Während meiner Collegezeit lernte ich Susanne kennen, eine siebzehnjährige Kommilitonin, deren lebhaftes Wesen, schlaksige Gestalt und wehendes Haar auf mich äußerst anziehend wirkten. Im Laufe unserer herzlichen Freundschaft gelang es ihr, mich aus meiner Gleichgültigkeit gegenüber der Spezies Mensch herauszureißen und mich zu einer vernünftigeren Betrachtungsweise des Verhältnisses zwischen Tier und Mensch zu führen. Viele Jahre später, nachdem jeder von uns beiden eine gescheiterte Ehe hinter sich hatte, heirateten wir während eines Heimaturlaubs.

In meinem letzten Collegejahr stellte ich fest, daß man über den Einfluß großer Belastungen – Streßsituationen – auf den Blutkreislauf von Haustieren beziehungsweise über den Schock fast nichts wußte, und so studierte ich in den folgenden Jahren in Utrecht und Hannover Physiologie und Pharmakologie der Ursachen sowie der Behandlung postoperativer Zustände. Ohne daß ich mir dessen bewußt gewesen wäre oder es beabsichtigt hätte, bereitete mich diese Arbeitsrichtung auf meine spätere Tätigkeit vor. Selbst meine Ausbildung in der Armee, die ich als bedauernswerte Zeitverschwendung angesehen hatte, sollte sich später als nützlich erweisen. Meine Veterinärausbildung, meine Forschungsarbeiten auf den Gebieten des Blutkreislaufs, des Operationsschocks und der Anästhesie sowie meine Spezialausbildung in Physiologie und Pharmakologie hätten sich nicht besser zusammenfügen können. Anschließend kehrte ich nach London zurück, um den Doktorgrad zu erwerben, den ich auch später erhielt, wurde aber überredet, zunächst eine Anstellung an der University of East Africa in Kampala, Uganda, anzunehmen. Ich sage bewußt «überredet», weil es mir heute noch im Ohr klingt, wie man sich bemühte, mich dazu zu bewegen, während ich in Wirklichkeit ohnehin schon fest dazu entschlossen war und dabei das Gefühl hatte, als hätte ich diesen Entschluß schon seit jeher gefaßt, sozusagen schon vor meiner Geburt.

Ich redete mir ein, daß ich Veterinäre ausbilden wollte, da die Gefahr einer künftigen Hungersnot nur durch die Entwicklung und Verbesserung der afrikanischen Viehwirtschaft abgewendet werden könnte. Es gelang mir, zunächst in Uganda und später auch in Kenia eine veterinärmedizinische Abteilung sowie Laboratorien für Physiologie, Biochemie und Pharmakologie aufzubauen und eine wachsende Anzahl von Studenten auszubilden. Dann erkannte ich aber, daß auf dem afrikanischen Kontinent weitaus größere Probleme auf dem Spiel standen, daß es weit Wichtigeres gab, als eingeborenen Veterinären die

Grundlagen der biologischen Wissenschaften beizubringen. Nach fast ununterbrochenen fünfjährigen Bemühungen, die Abteilung arbeitsfähig zu machen sowie einen Stamm von Lehrpersonal und technischem Personal heranzubilden, wandte ich mich immer mehr jenen Forschungsaufgaben zu, die mich wirklich interessierten. Seit meiner Ankunft in Afrika hatte ich begonnen, mich intensiv mit der Fauna und dem Problem der Erhaltung der riesigen afrikanischen Buschgebiete zu beschäftigen. Im ersten Jahr kaufte ich ein Gewehr und erlegte einige Tiere, hatte aber bald genug davon, als ich mit Entsetzen sah, wie ein edles Tier in freier Wildbahn wenige Sekunden nach dem kurzen Ruck am Abzug zu einem leblosen Stück Fleisch wurde. Hier handelte es sich nicht um einen ehrlichen Kampf zwischen gleichwertigen Gegnern, wie bei einem Boxkampf oder Schwimmwettbewerb, sondern um das heimtückische Vorgehen eines Attentäters, der mit überlegenem Wissen und einer Mordwaffe ausgestattet seinem praktisch hilflosen Opfer auflauert. Die Jagd machte mir keine Freude, und ich fand die «Jagd für den Fleischtopf» abstoßend, die die Abschlachtung einer großen Antilope oder eines Büffels rechtfertigen sollte, von dem dann doch nur wenige Pfund Fleisch tatsächlich auf den Tisch kamen. Nahm man Büchsenfleisch mit, dann konnte die Safari mit einem Bruchteil der Fleischmenge auskommen, die ansonsten nach dem Abschuß von Wild konsumiert wurde. Ich für meinen Teil begann Büchsenfleisch mitzunehmen, was zudem billiger war als das Gewehr samt Munition.

Es wurde mir immer klarer, daß die großen afrikanischen Wildbestände der Menschheit eine der letzten Chancen einer Bewährung bieten. Wir sind hier und heute in der gleichen Lage wie einst die amerikanischen Siedler, ehe sie die Bisons wegen ihrer Häute abzuschlachten begannen, oder wie die Europäer, ehe sie um die Mitte des siebzehnten Jahrhunderts die Auerochsen vernichteten, oder ehe wir damit begannen, unsere Wälder abzuholzen, um Schiffe für Seekriege zu bauen. Wenn es uns diesmal nicht gelang, so viel Wissen über die Bedürfnisse und die Lebensweise der Tiere sowie ihre Nutzungsmöglichkeiten zu erarbeiten, daß es die Regierungen und Völker zur Einstellung der Schlächterei bewog, dann waren unsere Erfolgsaussichten äußerst gering. Vor allem kommt es darauf an, daß wir die ökologischen Bedingungen in Afrika kennenlernen. Dieses Wissen aufzubauen wurde nun zu meinem ausschließlichen Streben, und diesem Ziel widmete ich meine Arbeit. Ich habe das vielleicht nicht immer klug angepackt, vielleicht auch nicht immer im Interesse des «Fortschritts», wohl aber mit wachsender Entschlossenheit, wenigstens einige Hindernisse auf dem Weg zu einem echten Fortschritt aus dem Weg zu räumen.

1. BEGINN AM SEMLIKI

1

Im April 1958 kannte ich das Gebiet des Semliki bereits sehr gut. Dieses wildreiche Gebiet liegt an der Westgrenze von Uganda, nördlich des Queen-Elizabeth-Nationalparks, südlich vom Murchison-Falls-Nationalpark. Als Jagdgebiet unterlag es zwar nicht den meisten Einschränkungen, die normalerweise zur ordnungsgemäßen Führung eines Nationalparks oder eines Wildreservats notwendig sind; die fast völlige Unzugänglichkeit und das schwierige Terrain sicherten jedoch diesem Gebiet gleichzeitig ein ungestörtes Dasein. Der Semlikifluß bildet über eine Strecke von etwa achtzig Kilometer die Grenze zwischen Uganda und Zaire (früher: Demokratische Republik Kongo), zumindest für den Menschen. Tiere, vor allem die Elefanten, kümmern sich um diese Grenze ebensowenig wie die Flußpferde im Albertsee oder die Gorillas in der weiter südlich gelegenen Region von Muhavura. Der Abfluß des Georgesees durch den Kasingakanal mündet westwärts in den Edwardsee, im Norden durchfließt der Victoria-Nil den Kiogasee und mündet westwärts in den Albertsee, aus dem dann der Weiße Nil nordwärts strömt, sich mit dem Blauen Nil vereinigt und schließlich nach insgesamt 6500 Kilometer in das Mittelmeer einmündet. Westlich der Ruwenzoriberge fließt der Semliki aus dem Edwardsee nach Norden in den Albertsee.

Das Semliki-Tal ist ein westlicher Ausläufer des Ostafrikanischen Grabens, des Rift Valley, liegt mit 750 Metern in verhältnismäßig geringer Seehöhe und ist reich an Niederschlägen. Ein erheblicher Teil seines Bodens ist Schwemmland, so daß nur die höher gelegenen Gebiete bewaldet sind, obwohl viel Gebüsch und kleine Bäume auf den unzähligen Termitenhügeln wachsen. Große Gruppen von Borassuspalmen bilden Dickichte, in denen die jungen Exemplare, die bereits die Riesenblätter der erwachsenen Form tragen, ein schwer passierbares Unterholz bilden. Die Früchte dieser Palme sind bei den Elefanten sehr beliebt, die sie von den Bäumen schütteln, indem sie mit der Unterseite des Rüssels gegen die Wedel drücken. Viele Früchte fallen von selbst ab und beginnen bald zu gären. Im voluminösen Verdauungstrakt der Elefanten geht der Gärungsprozeß durch die Körperwärme noch schneller vor sich, und so kann man zur Reifezeit der Früchte «stark angeheiterte» Elefanten breite Bahnen durch das hohe Elefantengras ziehen sehen, wenn sie auf der Suche nach weiteren

Genüssen schwankend unbekannten Zielen zustreben.

Die höher gelegenen Teile des Tals sind von kurzem Gras bedeckt, den Boden durchschneiden tiefe, dicht bewaldete Wasserrinnen, besonders beliebt bei Elefanten und Büffeln, die sich in ihnen so lange verborgen halten, daß man sie fast berühren kann, wenn man sich durch das drei Meter hohe Gras bis zum Morast hinunterwagt.

Die Luftströmungen in diesen *vleis* sind völlig unberechenbar, so daß selbst die vorsichtigste Annäherung eine wilde Massenflucht der Elefanten auslösen kann, die nach allen Seiten stieben, aber auch aus allen Richtungen durch das hohe Gras heranzustürmen scheinen. Unter solchen Umständen kann ein Elefant gefährlich werden. Stößt er unvermutet auf seinen Erbfeind und sieht der erschrockene Riese keine Fluchtmöglichkeit, dann rast die ganze Herde auf einen los, obwohl sie sonst dem Menschen ausweichen, wo sie können, wenn sie auf eine Begegnung gefaßt sind. Es ist daher unklug, allzu leise durch den Busch zu schleichen.

Die Kob-(Moa-)Antilope, in anderen Gegenden selten, kommt hier in großer Zahl vor und nährt sich von dem kürzeren Gras (deutscher Name für die Gattung Kobus = Wasserböcke). Die männlichen Exemplare sind stämmiger und in der Haltung eindrucksvoller als die Schwarzfersenantilopen (Impalas). Sie wiegen etwa 110 Kilogramm, und wenn sie geradeaus spähen, zeigen sie stolz ihre weißen Kehlen. Wie beim prächtigen Defassa-Wasserbock besitzen auch bei der Kob-Antilope nur die männlichen Exemplare Hörner. Die Jackson's-Kuhantilope, bei der beide Geschlechter gehörnt sind und die einen größeren Körper und Kopf als die häufiger vorkommende Coke's-Kuhantilope (Kongoni) aufweist, lebt ebenfalls in dieser Gegend. Auch gibt es hier zahlreiche Löwen, jedoch haben die meisten männlichen Exemplare keine Mähne.

Wir erreichten also den Semliki mit unserem rollenden Laboratorium, wenn man diese Bezeichnung auf den drei Tonnen schweren Thames-Lastwagen anwenden kann, der mit Laboratoriumstischen, Regalen, Kühlschrank, Tiefkühltruhe und einem Generator ausgestattet worden war und in dessen verhältnismäßig geräumigem Inneren chemische und mikroskopische Untersuchungen durchgeführt werden konnten. Noch vor kurzem war der Wagen dazu verwendet worden, Untersuchungsobjekte so weit zu präparieren, daß sie sicher zur Hauptstation transportiert werden konnten. Dann hatten wir das Fahrzeug eigenhändig umgebaut. Da mir nur 10000 Mark zur Verfügung standen, hatten wir einzig die Wahl zwischen einem Kombi oder einem Dreitonnermotor samt Chassis plus Aussicht auf drei Monate Schwerarbeit. Wir wählten letzteres. Holz schenkte uns ein patriarchalisch aussehender Inder mit Turban und langem weißem Bart, Indar Singh Gill, der viel Geld damit verdient hatte, daß er in Ostafrika die ersten Sägemühlen zu einer Zeit baute, als man die Bretter noch immer mit der Zugsäge zuschnitt. Mit viel Mühe und List ergatterten wir einen Kompressor und Kupferröhren, ein Schweißgerät und einen Generator. Einige Monate lang sägten, hobelten, schmiedeten und schweißten wir, bis wir uns schließlich mit einem äußerst widerstandsfähigen Vehikel auf die Fahrpisten Ostafrikas wagen konnten. Es war kein vollkommenes Fahrzeug, aber es gehörte uns. Mein Kollege aus der physiologischen Abteilung der medizinischen Fakultät, Professor Cecil Luck, mein Labortechniker Jock Cullen und ich verarzteten unsere zerschundenen Hände und schmiedeten Zukunftspläne. Als unser rollendes Laboratorium zehn Jahre später längst durch ein größeres und besser konstruiertes Modell ersetzt worden war und das alte Fahrzeug nur noch auf der Fakultätsfarm verwendet wurde, war die ursprüngliche Mahagonikarosserie zwar abgenützt, aber das Vehikel noch immer so stabil wie am ersten Tag.

Auf dieser Fahrt wollte ich vor allem Harn einer trächtigen Elefantenkuh beschaffen. Wir wußten fast nichts über die Fortpflanzungsprozesse beim Elefanten und die Lebensweise einer trächtigen Elefantenkuh. Die Trächtigkeit dauert fast zwei Jahre (22–23 Monate). Man sieht der Kuh nicht an, ob sie trächtig ist, und dieser Umstand fügte unserem an sich schon problemgeladenen Unternehmen ein zusätzliches Element der Unsicherheit hinzu.

Ein weiterer Anreiz zum Besuch des Semliki-Gebietes war die Anwesenheit Dr. Helmut K. Buechners, des außerordentlichen Professors für Fragen der Wildpflege und -nutzung an der University of Washington in Pullman im Westen der Vereinigten Staaten. Hal Buechner war einer der ersten Gelehrten, die durch das Fulbright-Programm nach Afrika kamen, um die afrikanische Tierwelt zu erforschen. Wir interessierten uns sehr für die amerikanischen Methoden der Wildpflege. Hal Buechner wollte sich hauptsächlich mit den Kob-Antilopen befassen, war aber auch sehr an Elefanten interessiert. Zur Untersuchung der Antilopen hatte er den Prototyp eines völlig neuen Instruments in der Tierforschung aus den Vereinigten Staaten mitgebracht, nämlich ein Luftdruckgewehr samt Injektionsprojektilen, mit deren Hilfe man Tiere aus der Ferne injizieren kann. Damit sollten Tiere bewegungsunfähig gemacht werden, um sie fangen und zum Zwecke der späteren Identifizierung markieren zu können, wie das bei Vögeln durch Beringen geschieht.

Dank dieser Vorrichtung eröffneten sich uns höchst aufregende Aussichten. Detaillierte Untersuchungen wilder Tiere waren bis dahin durch den Umstand sehr erschwert worden, daß es unmöglich war, in freier Wildbahn mit ihnen zu experimentieren. Wir hatten oft die Frage diskutiert, wie man Großwild bewegungsunfähig machen könnte, vielleicht nach der Methode der südamerikanischen Indianer mit

Hilfe von Curarepfeilen, die mit dem Bogen oder Blasrohr verschossen werden, waren aber zu dem Schluß gekommen, daß dies zu riskant war. Die Herstellung einer automatischen Injektionsspritze, die nach einem Flug durch die Luft ihren Inhalt angeblich mit großer Genauigkeit injizieren konnte, ließ uns jetzt das Projekt durchführbar erscheinen.

Chemische Substanzen wurden schon zur Bändigung von Wildtieren in der Gefangenschaft verwendet, doch verabreichte man sie entweder mit dem Futter oder durch manuelle Injektionen. Ich mußte diese Methoden häufig anwenden, um meine kleine, aber widerspenstige Herde Kaffer-Büffel im Zaum zu halten, die ich auf dem Gelände der Universität hielt. Viele der ehrenwerten Fakultätsmitglieder hatten ihre Besorgnis wegen der Anwesenheit wilder Tiere in meinem Laboratorium geäußert, und ein gelehrter Professor der klassischen Philologie glaubte sogar, daß Büffel Fleischfresser seien. Ein Büffelkalb, das erst wenige Monate zuvor das Licht der Welt erblickt hatte, inzwischen aber kräftig gewachsen war, war einige Tage vorher den afrikanischen Tierwärtern entwischt und hatte mich, der ich gerade noch das herabhängende Seil hatte packen können, hinter sich hergeschleift. Meine Haut hatte erhebliche Abschürfungen und meine Würde einige Einbuße erlitten, aber wie sollte man sonst einen übermütigen jungen Büffel einfangen? Die Tiere wurden zu Forschungszwecken gehalten, man untersuchte ihr Wachstum und die Futteraufnahme sowie ihre Reaktionen auf die Sonnenhitze. Wir hofften, unsere Forschungen einmal auf Büffel in freier Wildbahn ausdehnen zu können. Unsere Büffel waren eine fröhliche, wenn auch etwas ungebärdige Familie, und dem großen, siebenhundert Kilogramm schweren Bullen mußten häufig Sedativa verabreicht werden, wenn er in der Nacht unruhig wurde und den Stall zu zertrümmern drohte. Diese Büffel waren alle 1961 mit uns nach Kenia gereist, außer einer altersschwachen Kuh, die wir wegen ihrer schönen Beine «Mistinguette» nannten; sie hätte die Reise nicht gut überstanden. Schließlich wurden sie in alle Winde zerstreut, zuerst ging ein Bulle nach Whipsnade, 1966 wurde eine Kuh in den Zoo von Jacksonville in den USA gesteckt, die Kälber «Donner» und «Blitz» wurden, zusammen mit einem in Kenia geborenen und dort herangewachsenen Kalb, im Nairobi-Nationalpark ausgesetzt, wo man sie später mit großer Begeisterung hinter Löwen herjagen sah.

Die Forschungseinrichtungen in Kampala waren äußerst zufriedenstellend. Umzäunungen aus fünfzehn Zentimeter dicken, mit selbstgeschmiedeten Bolzen zusammengehaltenen Bohlen und aus Eisenrohren geschmiedete Tore sollten stark genug sein, um die gutmütigen Büffel und den jungen Stier zu halten, den wir uns zu Kreuzungsversuchen hielten. Woran es uns noch mangelte, war die experimentelle Arbeit mit Büffeln in freier Wildbahn, bei der wir Vergleichsmaterial zu unseren stallgefütterten Büffeln erarbeiten wollten. Das Injektionsprojektil ließ das nun möglich erscheinen.

2

Hal Buechners Lager befand sich am Wasofluß unter einer Gruppe weitausladender Tamarindenbäume. Hal war mittelgroß und mager und arbeitete mit unerschöpflicher Energie an seinem Projekt. Seine blinde Arbeitswut und seine Weigerung, sich einmal auszuruhen, trugen ihm viel ungerechtfertigte Kritik und sogar Ablehnung seitens seiner Kollegen im Staatsdienst von Uganda ein. Ich erkannte in ihm eine verwandte Seele, denn wir waren uns beide der Dringlichkeit der Wildforschung bewußt und betrachteten sie als ein Wettrennen zwischen der Erwerbung neuer Erkenntnisse sowie der Notwendigkeit des Tierschutzes einerseits und der weltweit unaufhaltsam fortschreitenden Umweltvernichtung anderseits.

Die erste Vorführung des Fanggeräts war enttäuschend und praktisch ergebnislos. Die Reichweite des Luftgewehrs war meist zu kurz, um die Injektionsgeschosse an die Tiere heranzubringen. Eine Antilope wurde zwar injiziert, aber die verwendete Substanz machte das Tier so wild, daß wir es nicht fangen konnten. Am 10. April 1958 schrieb ich in mein Notizbuch: «Das Injektionsprojektil bietet große Möglichkeiten, muß aber umkonstruiert werden. Die Schußwaffe ist für afrikanische Bedingungen nicht geeignet, und wir sollten es einmal mit einem Bogen oder einem Blasrohr versuchen, so wie es in dem Buch ‹The River Ran East› geschildert wird. Nicotinsalicylat ist aus technischen und ethischen Gründen als Sedativum völlig ungeeignet. Es müssen schnellstens bessere Substanzen gefunden werden.» Als erstes begannen wir also eine geeignete Substanz zu suchen. Die Wahl fiel auf eine Substanz namens «Succinylcholin» (Scolin), das auch in der Humanmedizin zur Vorbereitung der Anästhesie verwendet wird, ebenso zur Beruhigung von Pferden, bevor man ihnen für eine Inhalationsnarkose mit Chloroform oder Halothan einen Schlauch in die Luftröhre einführt. Es gab keine Fachliteratur über die Höhe der Dosis bei intramuskulärer Injektion, doch erwies sich die erste, bei einer wildlebenden Kob-Antilope verwendete Dosis als wirksam. Der Versuch wurde bei Lugari in Kenia unternommen, wo es noch eine frei lebende, aber schon stark bedrohte Herde gab. Da ich kein geeignetes Schußgerät besaß und überdies eine größere Reichweite benötigte, verwendete ich einen Bogen und befestigte die Injektionsspritze an einem gewöhnlichen Pfeil. Trotz dieser behelfsmäßigen Vorrichtung gelang es, eine Kob-Antilope zu injizieren. Das Tier ging bald zu Boden und erholte sich zu unserer großen Erleichterung rasch wieder, ohne sichtbare Nachwirkungen. Nach zwanzig Minuten war es wieder munter und graste friedlich.

Eine Schwalbe macht noch keinen Sommer, aber wir hatten das Gefühl, einen guten Anfang gemacht zu haben. Mit Hilfe Hal Buechners transportierten wir mehrere Kob-Antilopen von Lugari in ein sicheres Gebiet in West Suk. Das sollte der erste Versuch sein, zumindest einen Teil der gefährdeten Herde zu retten. Auch trächtige Weibchen wurden erfolgreich abtransportiert. Mit Hilfe von Scolin konnte Hal später im Semlikigebiet fünfzig männliche Kob-Antilopen ohne einen einzigen Todesfall markieren und fangen. Wir waren sicher, vielleicht zu sicher, daß wir auch bei anderen Tierarten Erfolg haben würden, und freuten uns darauf, diese Methode bei unseren Forschungsarbeiten an Flußpferden, Elefanten, Büffeln sowie anderen Antilopenarten anzuwenden. Das Schicksal hatte es gut mit uns gemeint: unser erstes Versuchstier hatte auf das von uns gewählte Medikament gut reagiert. Aber es sollte nicht immer so einfach verlaufen.

3

Als erstes beschäftigten wir uns mit Elefanten. Zur Beschaffung der erforderlichen Versuchstiere begaben wir uns nach Norden ins Flachland von Butiaba, wo für ein bestimmtes wissenschaftliches Forschungsprojekt eine Anzahl von Elefanten getötet wurde. Wenn die Tötung von Tieren zu Versuchszwecken häufig von zweifelhaftem Wert und kaum gerechtfertigt ist, so war es doch in diesem Fall sinnvoll, die Tiere, die entweder aus wissenschaftlichen Gründen oder zur Verminderung ihrer Zahl getötet werden mußten, wenigstens noch für unsere Zwecke zu verwenden. Es war äußerst wichtig, mehr Informationen über die Fortpflanzung des Elefanten zu gewinnen. Wie viele Junge kann eine Elefantenkuh im Laufe ihres Lebens austragen? In welchen Zeitabständen? Gibt es natürliche Faktoren, die die übermäßige Vermehrung verhindern? Welche hormonellen Prozesse führen zur Paarung und zur Aufrechterhaltung der Trächtigkeit? Dies waren die brennenden Probleme und benötigten Fakten, aus denen man Schlußfolgerungen ziehen konnte.

Unter den erlegten Elefantenkühen befanden sich mehrere im Stadium fortgeschrittener Trächtigkeit. Sie entsprachen jedoch aus verschiedenen Gründen nicht dem, was ich brauchte, unter anderem wegen der Größe des Fötus und der Organe. Man denke nur an das Gewicht! Der Uterus einer kleinen trächtigen Elefantenkuh von 2592 Kilogramm wog fast 200 Kilogramm, der Fötus selbst 118 Kilogramm. Wir konnten jedoch an dieser Elefantengruppe eine wichtige Tatsache ermitteln, nämlich, daß bei der Elefantenkuh die Ovulation auch bei Trächtigkeit stattfindet, während bei den meisten Tieren nach der Befruchtung ein Hormon gebildet wird, das die Abgabe weiterer Eier unterbindet. Noch merkwürdiger war die Entdeckung, daß der kleine ungeborene Fötus schon im Mutterleib geschlechtsreif zu werden scheint, da wir in den Eierstöcken des Fötus heranreifende Eier fanden. In einem ungeborenen weiblichen Exemplar, das wir untersuchten, entdeckten wir zu unserem Erstaunen drei reife Eier in einem Eierstock und einen der Gelbkörper im anderen. Der Fötus wurde sorgfältig konserviert und nach London zu Professor E. C. Amoroso, F. R. S., einem weltberühmten Fachmann für die Physiologie der Fortpflanzung, geschickt. Das Verschließen und Versenden von wissenschaftlichem Material in einem mit Formalin gefüllten Ölfaß war keine leichte Aufgabe, doch war sie der Mühe wert, denn diese Entdeckung schien höchst wichtig zu sein, und es gab in Ostafrika kaum Leute, die über die für diese Untersuchungen erforderlichen Laboratoriumseinrichtungen verfügten. Mit dem Harn trächtiger Elefantenkühe hatten wir noch größere Probleme. Die Elefantenkuh, die wir anzapften, schien besonders viel von dieser Flüssigkeit zu enthalten, und wir glaubten, alles einsammeln zu müssen. Einen Teil davon dampfte ich im Laboratorium ein, der getrocknete Rückstand sollte ohne weitere Behandlung zur Untersuchung nach London gesandt werden. Wir versetzten die kostbare Flüssigkeit mit einem Konservierungsmittel und füllten sie in eine Anzahl sauberer Bierflaschen, was wir für sicherer hielten als einen großen Behälter. Die gefüllten Flaschen waren überraschend schwer, und die Berechnung des möglichen Übergewichts meines Fluggepäcks lieferte bestürzende Ergebnisse. Mein Geld reichte nur für den Flugschein und die üblichen zwanzig Kilogramm Fluggepäck. Glücklicherweise aber hatten wir ein Baby in der Reisegruppe, und so füllten wir den unteren Teil seiner Tragtasche mit Bierflaschen. Für das Baby blieb wenig Platz, und es balancierte gefährlich obenauf. Zwei starke Freunde kamen uns zu Hilfe und hoben das Beförderungsmittel ins Flugzeug, wobei die Traggurte beängstigend knirschten.

4

Im Laufe des Jahres arbeiteten wir angestrengt an der Entwicklung von Geräten, die für afrikanische Verhältnisse brauchbar waren. Wir benötigten nicht nur ein weittragendes Schußgerät, sondern auch eine größere automatische Injektionsspritze mit einem anderen Einspritzmechanismus.

Der erste Schritt war die Beschaffung eines brauchbaren Langbogens. Ein stählerner Jagdbogen mit einer Zugkraft von fünfundzwanzig Kilogramm war in London leicht aufzutreiben gewesen. Zu dieser Zeit achteten jedoch die ostafrikanischen Zollbehörden besonders streng darauf, daß keine tödlichen Waffen eingeführt wurden, und es war vor allem wichtig, daß unsere Schußwaffe nicht als solche klassifiziert würde. Wir wußten eigentlich nicht, wie wir uns verhalten sollten, denn es war kaum anzunehmen, daß die Zollbeamten am Flughafen von Nairobi die Verwendung eines Bogens zu Forschungs- oder selbst Sportzwecken anerkennen würden. Die Erleuchtung kam uns, als wir durch die Ankunftshalle marschierten. Wieder waren Kleinkinder unsere Rettung. Einem zweijährigen Knirps wurde der Bogen aufgehalst, den er kaum schleppen konnte. Als Kinderspielzeug wurde er jetzt unter der Bedingung anerkannt, daß wir den auf Spielzeug lautenden Zoll bezahlten. Vergnügt bezahlten wir, und dem wackeren Knirps gelang es, gerade noch bis zur Tür der Zollstation zu stolpern, ehe er unter seiner Last zusammenbrach. Es war nicht besonders schwierig, ein einigermaßen sicherer Bogenschütze zu werden. Der Pharmakologe John Lock und ich übten fleißig Tag für Tag. In der Praxis waren jedoch die Ergebnisse enttäuschend. Beim Schießen mit dem Langbogen muß der Schütze in seiner ganzen Größe frei stehen. Bogenschießen aus einer kauernden Stellung war nicht möglich, wenigstens nicht, wenn man treffen wollte. Wenn wir aber aufrecht standen, erregten wir die Neugierde des Wildes, das bald lernte, sich in vorsichtiger Entfernung zu halten. Die Pfeile waren so schwer, daß wir die Tiere genau am Ende der Reichweite des Pfeils treffen mußten, wenn wir keine ernsthaften Wunden hervorrufen und die Injektionsspritze nicht beschädigen wollten. Oft konnten die Tiere den verhältnismäßig lange dauernden, pfeifenden Flug des Pfeils wahrnehmen, und dann genügte eine schnelle Drehung des Körpers, um ihm auszuweichen. Leider fiel er häufig ins Gras, und dann mußten wir ihn lange suchen, wodurch wir wiederum in der ganzen Gegend das Wild gründlich verscheuchten. Nach einiger Zeit begannen uns die Antilopen als harmlose Idioten zu betrachten, denen man ihr Vergnügen lassen müsse. Sie näherten sich uns, und wenn dann unser schwerfälliger Pfeil samt Injektionsspritze angeflogen kam, wichen sie gemächlich aus.

Daß der Anflug des Pfeils hörbar sein mußte, war mir klar, nicht aber John, der ein alter Bogenschütze war und die Geschichte von Crécy und anderen Schlachten gelesen hatte, wo der bis zum Ohr gespannte Langpfeil sich sehr gut bewährt hatte. Um meine Ansicht zu beweisen, verfertigte ich einen Schild aus Hartfaserplatte. Nachdem wir entsprechende Wetten abgeschlossen hatten, bot ich dem Bogenschützen meinen Rücken. Nach einigem Zögern ließ er sein Geschoß los und mußte zu seinem Entsetzen feststellen, daß der stumpfe Pfeil den unelastischen Schild durchschlagen hatte. Ich hatte jedoch den Pfeil kommen gehört und mich wegbewegt, wenn schon nicht gänzlich, so doch so weit, daß ich nicht aufgespießt wurde. John, ein freundlicher Mensch, war von der Vorstellung, daß er mich fast verletzt hätte, so verschreckt, daß er einen weiteren, endgültig Klarheit bringenden Versuch ablehnte. Jedenfalls einigten wir uns darauf, daß wir eine bessere Waffe benötigten.

Die Injektionsspritze war so gebaut, daß der Auslösemechanismus schon im Augenblick des Abschusses in Aktion trat und sie sofort bei Erreichen ihres Ziels beziehungsweise nach Eindringen der Nadel in den Tierkörper ihren Inhalt entleerte. Zu unserem Ärger mußten wir entdecken, daß bei einer längeren Flugdauer des Pfeils ein Teil des Spritzeninhalts in die Luft versprüht wurde. Es dauerte sehr lange, bis wir diesen einfachen Sachverhalt entdeckten, denn es gab ja keine Möglichkeit, über eine Entfernung von etwa 70 Meter die tatsächlich injizierte Menge zu ermitteln. Wir wären wohl schneller auf den wahren Sachverhalt gekommen, wenn wir zunächst Probeschüsse auf zahme Haustiere abgegeben hätten, doch hatten wir dafür zunächst keinen Anlaß gesehen. Da wir von unserer Ausgangsbasis in Uganda sechs Stunden weit fahren mußten, um wilde Tiere zu finden, und nur eine beschränkte Zeit für unsere Arbeit zur Verfügung hatten, war unser Fortschritt gering und kostspielig und eine Verschwendung von Medikamenten unvermeidlich.

Die pharmazeutischen Firmen halfen uns sehr, waren aber häufig sehr erstaunt. Als wir mit Elefanten experimentierten, erschienen uns die verwendeten Dosierungen der chemischen Substanzen äußerst hoch. Als wir noch mit dem Langbogen schossen, verfehlten wir oft das Ziel oder die Injektionsspritzen versagten in neun von zehn Fällen. Für einen Elefanten verwendeten wir eine Dosis, die etwa hundertmal so groß war wie die für einen Menschen anzuwendende, und die Vorstellung, daß wir den afrikanischen Busch mit dem größeren Teil von eintausend solcher Einheiten besprühten, um nur einen einzigen Elefanten zu fangen, muß, um es milde auszudrücken, grotesk erschienen sein. Die Firmen verhielten sich äußerst höflich und großzügig, und wenn sie auch glauben mochten, daß wir verrückt seien, so ließen sie es sich jedenfalls nicht anmerken, was ihnen hoch anzurechnen ist. John, der der bessere Mathematiker war, rechnete einmal aus, daß es uns rund 3000 Mark kosten würde, wenn wir die für einen Elefanten erforderliche Menge des Medikaments in Form der kleinen, für den menschlichen Gebrauch bestimmten Ampullen in der Apotheke kaufen würden. Diese Ampullen enthielten überdies eine verdünnte Lösung. Ich brauchte diese Berechnung nicht nachzuprüfen, denn mir war klar, daß nicht einmal die größte vorstellbare Injektionsspritze so viel von diesem Mittel hätte aufnehmen können, um bei einem riesigen Elefanten überhaupt eine Wirkung zu erzielen.

Wir fanden die Lösung unseres Bogenproblems in der Bibliothek, wo wir einen umfangreichen Band von Sir Ralph Payne-Gallwey über die Geschichte der Armbrust entdeckten. Bald danach machten wir in Nairobi die Bekanntschaft eines jungen Architekten, der als Hobby Armbruste herstellte. Chris Archer erklärte sich gerne bereit, ein für unsere Zwecke geeignetes verändertes Modell zu bauen, und er hielt sein Wort.

Archers Armbrust war die erste einer ganzen Reihe, die wir zum Zweck der Immobilisationsversuche verwendeten, und hatte gegenüber dem Langbogen einige offensichtliche Vorteile. Die Armbrust konnte vor der Verwendung in aller Ruhe gespannt und wie ein Gewehr aus der Deckung heraus abgefeuert werden. Weiters brauchte man keinen Pfeil. Da das Injektionsgeschoß nun in der Rille auf dem Schaft der Armbrust ruhte, über den der Bogen gespannt wurde, benötigte man zur Stabilisierung des Injektionsgeschosses nur einen wenige Zentimeter langen gefiederten Schwanz. Daher war auch die Flugbahn des Geschosses flacher, und man konnte besser zielen.

Zu dieser Zeit interessierte ich mich sehr für die Arbeit mit Elefanten, konnte jedoch aus verschiedenen Gründen die Begeisterung über die Armbrust nicht teilen, sondern konzentrierte mich auf die Entwicklung eines Gewehrs, aus dem man ein Injektionsprojektil mit Hilfe einer schwachen Pulverladung verschießen könnte. Während sich dies erst im Anfangsstadium befand, hatte es den Anschein, als wäre das von der amerikanischen Firma Palmer Chemical Co. hergestellte, mit Kohlendioxydpatronen arbeitende Capchur-Gewehr doch besser geeignet. Mein Vorrat an besonders großen Injektionsspritzen war sehr klein und der Vorrat an brauchbaren chemischen Substanzen gering. Mit dem erwähnten Gewehr muß man sich dem Elefanten bis auf etwa 14 Meter nähern, da die maximale Reichweite nur etwa 18 Meter betrug. Das verursachte viele interessante Situationen, doch konnte ich das Ziel kaum verfehlen und hatte dabei die Befriedigung, sekundenlang beobachten zu können, wie die Injektionsnadel in Schenkel oder Schulter eines Elefanten eindrang, ehe ich mich gezwungen sah, die Flucht zu ergreifen. Weiters wurden meine Injektionsprojektile weniger oft beschädigt und gingen weniger oft verloren als früher, wenn wir andere Schießinstrumente verwendeten.

5

Eine angenehme Abwechslung von der Arbeit mit den Elefanten ergab sich, als wir bei der Lösung des Flußpferdproblems mithelfen mußten. Dies war nicht nur deswegen angenehm, weil Flußpferde leichter zu fangen sind als Elefanten, sondern weil unsere Arbeit eine sofortige praktische Anwendung finden konnte.

Es hatte sich herausgestellt, daß die Zahl der Flußpferde im Queen-Elizabeth-Nationalpark immer größer wurde und daß sie bereits anderen Tieren die Nahrung streitig machten. Jedenfalls waren die ökologischen Zusammenhänge zwischen den Flußpferden und den anderen Weidetieren noch nicht völlig geklärt. Der Edwardsee war zur Gänze von Wildschutzgebieten umgeben. Der Albert-Nationalpark erstreckte sich von Süden her entlang dem zum Kongo gehörenden Westufer des Sees nach Norden, während der übrige Teil im Osten vom Queen-Elizabeth-Nationalpark eingenommen wurde, der sowohl beide Ufer des Kasingakanals als auch einen großen Teil des Georgesees umfaßte.

Eine große Flußpferdpopulation gab es auch im Gebiet des Chamburaflusses, das außerhalb der Parkgrenzen lag. Die Parkaufseher töteten ungern Tiere im Nationalpark, der immer als unverletzliche Heimstätte der Tiere angesehen worden war. Die Vorstellung, Feuerwaffen in dieses letzte Refugium des unberührten Afrika zu tragen, war abstoßend. Vor allem war es ein radikaler Bruch mit einem sakrosankten Brauch. Mit anderen Worten, wenn wir Flußpferde zu töten begannen, welches Tier würde als nächstes drankommen? Und was würde der Afrikaner denken, der wegen Wilderns mit Geld- oder Arreststrafen belegt wurde, wenn er sah, wie die Tierkadaver aus dem Park geschleppt und an Fleischhändler verkauft wurden? Er hatte ja immer schon geglaubt, daß Gott die wilden Tiere dem Menschen als Nahrung gegeben hatte, und es war höchst schwierig gewesen, ihm den Gedanken eines Nationalparks verständlich zu machen, in dem die Tiere in Frieden leben sollten. Um dieses Problem zu umgehen, hatte man beschlossen, die Flußpferde im Chamburagebiet zu töten, da man annahm, daß sie zwischen den beiden Gebieten hin und her wechselten. Um dies festzustellen, entschloß man sich, eine Anzahl von Tieren entweder am Chambura oder im Nationalpark zu markieren.

Das fragliche Gebiet unterstand John Mills, einem tüchtigen und erfahrenen Tieraufseher, der sein riesiges Gebiet praktisch allein mit einer Genauigkeit überwachte, die einem großen und gut organisierten Personalstab zur Ehre gereicht hätte. John überraschte einen zu den unmöglichsten Zeiten. Ohne daß wir wußten, auf welche Weise er hergekommen war, pflegte er plötzlich aufzutauchen, würdevoll, in makellos gebügelter Khakiuniform, mit geputzten Schuhen und einem polierten Feldstecher korrekt an der richtigen Stelle vor der Brust, und begrüßte uns mit der Höflichkeit einer bedeutenden Persönlichkeit, die ein Bankett gibt. Wir arbeiteten gern mit John Mills zusammen. Manchmal war es recht schwierig, die Flußpferde in den Sümpfen und im hohen Gras aufzuspüren.

Mit den Flußpferden im Nationalpark ging es leichter. Wir lernten sie am Morgen zu fangen, wenn sie sich von ihren Weidegründen auf den Weg zu den Suhlen begaben, wo sie sich gern während der Tageshitze hinlagerten. In kleinen Suhlen konnte man sie sogar injizieren, während sie faul im Wasser lagen, und sie im kritischen Augenblick – ehe das Medikament zu wirken begann – hinausscheuchen, wobei ihnen nicht mehr genügend Zeit blieb, um in den nächsten Tümpel zu flüchten.

Auf dem trockenen Land konnten diese großen Tiere verhältnismäßig leicht bewegungsunfähig gemacht werden, da ihr Gewicht fast zuviel für ihre schlanken, Schweineläufen ähnlichen Beine erschien. Das Flußpferd kann jedoch sehr schnell sein und ist, vor allem auf sumpfigem Boden, der zäh an Autoreifen und Stiefeln haftet, keineswegs ungefährlich. Auch wenn das Tier auf dem Boden liegt, kämpft es noch heftig. Im Gegensatz zu den meisten anderen Säugetieren bleiben beim Flußpferd Kopf und Hals auch nach Verabreichung von Scolin beweglich, und alles, was sich, von der Schulter her gemessen, in einem Umkreis von zwei Metern befindet, wird abgerissen, wenn die massiven Kiefer und mächtigen Hauer immer wieder nach allen Richtungen schnappen.

Das Flußpferd kann in kurzer Zeit erheblich mehr Schaden anrichten als ein Nashorn und ist zudem noch viel tückischer und ausdauernder. Seine Neigung zu überraschenden Angriffen wurde an jenem Tag sehr deutlich, als der oberste Tieraufseher von Uganda zu Besuch kam, um uns bei der Arbeit zuzusehen. Bruce Kinloch, ein ehemaliger Major der britischen Armee in Indien, war ein humorvoller Mann, der großes Interesse an unseren neuen Forschungsmethoden und ihrer Anwendung auf Großwild zeigte. Obwohl heute die wissenschaftlichen Methoden der Wildpflege allgemein Anerkennung finden, wurde damals noch jegliche Abweichung von der Trophäenjagd oder dem waidgerechten Abschuß als zweifelhafte Angelegenheit angesehen, und daher waren Bruce das Interesse und seine Hilfe hoch anzurechnen. Er war eben stolzer Besitzer eines neuen chromblitzenden, mit poliertem Mahagoni geschmückten Kombiwagens geworden, den er einer Filmgesellschaft abgekauft hatte. Bedächtig gab er einem älteren Aufseher die Anweisung, mit diesem prächtigen Vehikel zurückzubleiben, während er sich nach vorne begab, um die kommenden Ereignisse zu fotografieren. Weder er noch wir konnten ahnen, daß der «Feind» unsere ungeschützte Nachhut attackieren würde. Wir passierten einen Tümpel, der für unsere Zwecke zu groß war und in dem ein einsamer, zweifellos verdrossener Flußpferdbulle in den Wasserpflanzen verborgen ruhte. Er ließ den schäbigen Land-Rover mit Bruce Kinloch, dem Scharfschützen und dem Fahrer sowie den nachfolgenden stattlicheren Wagen des Parkaufsehers an sich vorbeiziehen. Dann aber fiel der Blick seiner blutunterlaufenen Augen auf das

Prachtstück am Ende der Kolonne, und da gingen ihm die Nerven durch. Eine Bugwelle schmutzigen Wassers vor sich herschiebend, trat er brüllend zum Angriff an und erklomm, ohne innezuhalten, das trockene Land. Sein erster Biß galt dem Fahrer, drückte aber einen großen Teil der Wagentür ein. Der Wagen selbst machte noch eine Drehung und kam dann zum Stehen, während sich der Fahrer auf den Nebensitz flüchtete. Sodann ging der Bulle in aller Ruhe daran, die Fensterscheiben und die rückwärtigen Mahagonitüren zu zertrümmern. Als wir die Attacke bemerkten und zu Hilfe eilten, hatte er Schultern und Kopf schon fast im Wageninneren. Da er sich nun von einer Übermacht umzingelt sah, zog er es vor, sich fluchtartig unter den Wasserpflanzen in Sicherheit zu bringen. Zwei Späher, die sich im Fond des Wagens befunden hatten, wurden sprachlos und halb ohnmächtig, aber unversehrt herausgezogen.

Das Markieren machte gute Fortschritte, und bald konnten wir ein Dutzend Flußpferde verbuchen. Es war dies ja nur ein Experiment, und es war kaum anzunehmen, daß man die geringe Anzahl markierter Tiere je wieder zu Gesicht bekommen würde, doch war damit bewiesen worden, daß der Fang von Flußpferden möglich war. Leider war die später in den Nationalpark einziehende Forschungsgruppe weniger rücksichtsvoll. Viele «Hippos» wurden in den Suhlen getötet, herausgezerrt und mit Hilfe von Traktoren an Land gebracht, wo man sie ausweidete und verkaufte. Die Nachwelt mag entscheiden, ob diese Vorgangsweise richtig oder falsch war. Ich meine, man hätte zuerst andere Methoden versuchen sollen, und sei es nur, um die ungünstige Publizität zu vermeiden, die unvermeidlich erfolgte und den Eindruck hervorrief, daß das Großwild in den afrikanischen Nationalparks abgeschlachtet werde. Die Besorgnisse waren begründet, denn nach dem Abschuß von Elefanten im Murchison-Falls-Nationalpark folgte bald die Abschlachtung der Flußpferde, durchgeführt von derselben Mannschaft unter der Leitung desselben Wissenschaftlers. Später sollte diese Tätigkeit auch auf die Elefanten des Tsavo-Nationalparks und auf das Mkumazi-Wildreservat in Tansania ausgedehnt werden und wurde erst gestoppt, als ein Auftrag zur Tötung weiterer 2400 Elefanten im Tsavo-Gebiet die Öffentlichkeit auf den enormen Umfang der Schlächterei aufmerksam machte.

Die an örtliche Fleischer verkauften Flußpferdkadaver brachten dem Nationalpark einiges Geld ein. Verschiedene Privatpersonen verdienten aber dabei noch erheblich mehr, was wiederum die Gefahr der Bildung von Interessengruppen heraufbeschwor. Das Flußpferdfleisch fand in der Umgebung reißenden Absatz, was überraschte, da viele Einwohner Mohammedaner waren. Es gab da einen mohammedanischen Häuptling, den ich gut genug kannte, um mit ihm zu scherzen. Eines Tages fragte ich ihn mit Unschuldsmiene: «Sie würden sicherlich nie ein Tier verzehren, das doch offensichtlich ein Schwein ist?» «Aber», meinte er vorwurfsvoll, wobei er sicherlich auch die Einstellung seiner Stammesgenossen wiedergab, «jeder kann doch sehen, daß es in Wirklichkeit ein Fisch ist, und den dürfen wir essen!»

Außer Flußpferden und Kob-Antilopen hatten wir nun schon Wasserböcke, Kuhantilopen und sogar Giraffen immobilisiert. Die Elefanten waren noch immer ein großes und unlösbares Geheimnis. Da wir keine Erlaubnis zur Arbeit mit den leichter zugänglichen Elefanten im Nationalpark erhielten, mußten wir ihnen in schwieriges Terrain folgen, wo uns das Gras um Meter überragte und die Sicht nahm. Wir neigten fast zu Aberglauben, als müßten wir zuerst den geheimnisvollen Geist der Dickhäuter beschwichtigen, ehe er bereit war, sich unserer wohlmeinenden Tyrannei zu unterwerfen. Wir schoben die Schuld mehr auf die Verhältnisse als auf unsere Methoden. Wenn wir heute, da der Elefantenfang eine ziemlich alltägliche Sache geworden ist, zurückblicken, erscheint es mir, daß wir uns weniger anstrengen und lieber mehr hätten denken sollen. Wir hatten uns eine Aufgabe gestellt und hegten die schöne Vorstellung, daß es an uns lag, das letzte Hindernis zu überwinden, das einer erfolgreichen und allgemein anwendbaren Methode des Großwildfangs noch im Wege stand.

2. AUF DER SUCHE NACH DER ZAUBERSPRITZE

I

In den folgenden Monaten und zu Anfang 1959 beschäftigten wir uns mit den Elefanten, die von der Wildschutzbehörde als vorrangiges Problem betrachtet wurden und auch ein künftiges Problem für den Nationalpark darstellten. Die Wildschutzbehörde war für den Schutz der Felder der Kleinbauern verantwortlich, die nicht mehr von Stammesstreitigkeiten oder der Angst vor einem ersatzlosen Totalverlust der Ernte zurückgehalten wurden und nunmehr kühn in Gebiete vorstießen, in die sie sich noch vor wenigen Jahrzehnten nicht hineingewagt hätten. Das Problem für die Nationalparks war vorauszusehen, da die ständige Belästigung der Elefanten und die Blockierung ihrer Wanderwege durch eine schlecht geplante landwirtschaftliche Expansion zur Folge hatte, daß die Tiere aus verschiedenen Teilen Westugandas in die restlichen Schutzgebiete wanderten. Zweifellos richteten die Elefanten, ebenso wie die Büffel und Flußpferde, Zerstörungen auf den Feldern an. Ebenso sicher aber war es, daß je der geringste Versuch gemacht wurde, einen Zaun um eine Rodung zu ziehen. Die Bauern sahen keinen Grund, warum sie sich diese zusätzliche und ungewöhnliche Arbeit aufhalsen sollten, wenn die Regierung Männer mit Gewehren schicken konnte. Oft waren die Parzellen neu gerodeten Landes so willkürlich angelegt, daß man nur nach genauem Hinsehen die mitten im Busch verstreuten Anpflanzungen von Zuckerrohr oder Kassawasträuchern wahrnehmen konnte. Großwild beschädigt menschliche Behausungen äußerst selten, was wohl zur Genüge beweist, daß sich die Tiere im allgemeinen vom Menschen und seinem Besitz fernhalten. Manche bei der Wildschutzbehörde einlaufende seltsame Meldungen, zum Beispiel über Baumwolle fressende Leoparden, verrieten wohl, daß der Wunsch nach Fleisch oder Trophäen sicherlich einer der Gründe für das Ansuchen um Abschußerlaubnis gewesen war, besonders da das Fleisch stets den Dorfbewohnern überlassen wurde, in deren Gebiet die Tiere erlegt wurden. Man kann den Bauern keinen Vorwurf daraus machen, daß sie Vorwände erfanden, um zu Fleisch zu kommen. Den politischen Opportunismus, der ihren Wünschen nachgibt, kann man allerdings keineswegs gutheißen, und er wird schließlich unvermeidlich zur Ausrottung des Großwildes außerhalb der Wildschutzgebiete führen.

Unsere ersten Arbeiten mit den Elefanten wurden zum guten Teil durch die tatkräftige Unterstützung des Wildaufsehers Bill Pridham ermöglicht. Bills Gebiet erstreckte sich über die meisten Flächen Westugandas, die nicht aus Nationalparks bestanden, und umfaßte das riesige Gebiet jenseits von Pakwach und dem Nil in Richtung auf die sudanesische Grenze. Bill gehörte noch zur alten Garde derer, die in die Behörde eingetreten waren, als sie noch «Elefantenkontrollbehörde» hieß und ihre Arbeit hauptsächlich darauf beschränkte, die Ausbreitung der Besiedlung im Landesinneren durch die Vertreibung von Büffel- und Elefantenherden aus den Zentralgebieten und aus der Umgebung der Siedlung zu fördern. Er wußte daher sehr viel über die Lebensgewohnheiten des Großwilds in dicht bewachsenem Terrain.

Bill war sowohl in seinem Benehmen als auch nach seinem Aussehen das Gegenteil von dem, was man sich allgemein unter einem Jäger vorstellt. Seine Arbeitskleidung bestand aus uralten Tennisschuhen, ausgefransten khakifarbenen Uniformhosen und einer Buschjacke, die gewöhnlich Schmutzwasserflecke aufwies. Das Ganze wurde von einem unbeschreiblichen breitkrempigen, von Schnüren zusammengehaltenen Hut gekrönt, der einer Vogelscheuche Ehre gemacht hätte. Während einer Safari rasierte er sich selten, und meist steckte ein erkalteter und vergessener Stumpen einer Ugandazigarre zwischen seinen skeptisch lächelnden Lippen. Er pflegte im Busch herumzustöbern, sich über Spuren den Kopf zu zerbrechen und gelegentlich einen alten, mit Holzasche gefüllten Socken zu schütteln. Die durch die Maschen dieses einstigen Bekleidungsstückes fließenden feinen Aschenstäubchen zeigten ihm mit großer Genauigkeit die leiseste Luftströmung an. Wenn wir am Lagerfeuer rasteten, kritisierte Bill humorvoll unsere Heldentaten, aber beim Spurensuchen war er stets mit großem Ernst bei der Sache. Sein erfahrungsreiches Leben hatte ihn gelehrt, zu welchen Überraschungen ein gehetztes Wild fähig ist, das sich im Buschland so schnell bewegen kann, daß es einem Menschen unmöglich ist, zu fliehen oder sich zu wehren. Diese Fähigkeit des Wildes, den Spieß umzudrehen und den Jäger zu jagen, wurde mir erst viel später völlig klar, als ich in Tansania einmal gebeten wurde, ein Flußpferd zu fangen, das sich in einem kleinen, sumpfigen, aber fast undurchdringlichen Dickicht inmitten einer Farm niedergelassen hatte und in der Nacht hervorkam, um sich an der kostbaren Luzerne gütlich zu tun. Obwohl das Unternehmen aussichtslos erschien, hielt ich es doch für meine Pflicht, es zu versuchen, vor allem, da der Farmer bereits beabsichtigte, das Flußpferd auf die übliche Art zu beseitigen.

Wir verfolgten das Flußpferd durch ein Gewirr von Laubtunnels, hörten es knapp vor uns dahinziehen und sahen nur gelegentlich einen flüchtigen Schimmer seiner Haut im Unterholz, ohne daß wir dazu gekommen wären, ein Injektionsgeschoß abzufeuern. Damals wußten wir über die kritische Toleranzgrenze des Betäubungsmittels noch nicht genügend Bescheid, und ich konnte die Injektionsspritze immer erst dann füllen, nachdem ich die Größe des Tieres hatte einschätzen können. Jedenfalls kam es plötzlich durch einen dieser Tunnels auf uns zugerast. Ich weiß heute nicht einmal, ob ich es überhaupt zu Gesicht bekam, ich erinnere mich nur, daß ich durch einen heftigen Stoß gegen meine Hüfte durch die Luft gewirbelt wurde. Als ich aufzustehen versuchte, knickte mein Bein unter mir ein, und ich erinnere mich, daß ich mir mit der in kritischen Lagen häufig eintretenden Ruhe überlegte, ob ich gebissen oder getreten worden oder ob vielleicht ein Hüft- oder Beckenknochen gebrochen war. Das Flußpferd drehte sich gleich wieder um, um mir den Rest zu geben, aber der Jäger, der nicht einmal Zeit zum Zielen hatte, feuerte einen Schuß in die Flanke des Tiers. Es stellte sich heraus, daß ich nur eine große Hautabschürfung erlitten hatte, vermutlich von einem Eckzahn verursacht; der Stoß aber hatte genügt, mein Bein minutenlang bewegungsunfähig zu machen. Bei dem Flußpferd handelte es sich um einen kleingewachsenen Bullen mit schlecht entwickelten Zähnen, der seinen Wohnsitz auf der Farm sicherlich deshalb aufgeschlagen hatte, weil er nicht stark genug war, um sich ein eigenes Territorium zu erobern. Wenn es uns gelungen wäre, das Tier zu fangen und es ins Flußpferdgebiet zu seinen Artgenossen zu schaffen, wäre somit nicht viel erreicht worden, denn sie hätten ihm sicherlich das angetan, was es mir fast angetan hätte.

Wenn auch die von wilden Tieren drohenden Gefahren häufig übertrieben werden und eine Elefantenjagd gewöhnlich kaum aufregender oder gefährlicher ist als das Schießen in einer Jahrmarktsbude, so zeigte mir dieser Zwischenfall doch deutlich, daß Bill Pridhams vorsichtiges Verhalten im hohen Elefantengras von Westuganda für einen Mann, der täglich Risiken auf sich nahm, lebenswichtig war. Bill war durchaus imstande, sich um seine eigene Sicherheit zu kümmern, wohl aber nicht gewöhnt, auch noch auf einen Neuling achten zu müssen, vor allem nicht, wenn man bedenkt, daß meine Arbeitsweise, nämlich einem Elefanten eine Injektionsspritze in den Rücken zu schießen und dann hinter ein Grasbüschel zu flüchten, bis sich der Höllenlärm gelegt hatte, gegen alle Erfahrungen und Verhaltensweisen gingen, die sich Bill in seiner langen Laufbahn als Jäger erworben hatte. Der Gedanke, daß man sich in greifbare Nähe des Ungetüms begeben könne, nur um es zu ärgern, kam ihm recht unsinnig vor. Obwohl er bei Tee oder Bier gerne seine Scherze über dieses Unterfangen machte, ließ seine Wachsamkeit im Busch doch niemals nach, denn er wußte sehr wohl, daß wir ihm Risiken zumuteten, die er selbst nie auf sich genommen hätte. Nur einmal wurde ich von ihm richtig «angepfiffen». Ich lief neben einem Elefanten her, der über ein abgebranntes, stoppeliges Gelände dahinstampfte, und versuchte, die Injektionsspritze in die dafür am besten geeignete Stelle an seiner Schulter zu stechen. Während ich somit etwas tat, das Bill für selbstmörderischen Unsinn halten mußte, wich er doch nicht von meiner Seite und fluchte nicht einmal, bis das Ungetüm langsamer geworden war und wir keuchend stehenblieben. Ich erinnere mich noch an sein vorwurfsvolles Gesicht, und wie er im Zwiespalt zwischen seiner natürlichen Höflichkeit und seinem Ärger nach Worten rang: «Es ist Ihnen doch wohl klar, daß dieses Riesentier Sie wie einen Käfer zerquetschen könnte!» Ich hatte vor Bill die höchste Achtung, und er hat sich für seine Geduld mit uns wahrlich einen Orden verdient, denn obwohl er die Möglichkeit der Tierbändigung mittels Medikamenten anerkannte, zweifle ich, ob er jemals wirklich daran glaubte, daß wir es schaffen würden.

2

Mit Büffeln hatten wir viel mehr Glück, obwohl ihre Gewohnheit, sich knapp vor Einsetzen der Bewegungsunfähigkeit in das dichteste Dickicht zu flüchten, das sie finden konnten, die Sache recht schwierig machte. Wir verfügten über keine früheren Erfahrungen und wußten wenig über die Wirkung der Medikamente bei dieser Tiergattung. Wenn man unter einem Dach von Dorngestrüpp durch einen erstaunlich niedrigen, von einem einzelnen Büffel gebahnten Tunnel kriecht, ist es höchst wichtig zu wissen, ob das im Busch liegende Tier tatsächlich bewegungsunfähig oder nur schläfrig und verärgert ist, denn der Büffel ist im Lauf seiner Entwicklung zu einem äußerst geschickten Jäger seiner Verfolger geworden. Bei den Büffeln hatten wir verhältnismäßig gute Erfolge, weil diese Tiere schon auf kleine Mengen des damals von uns verwendeten Medikaments reagierten, während sich die Elefanten, wie sich schließlich herausstellen sollte, als sehr widerstandsfähig erwiesen. Leider zeigte sich, daß die Injektionsprojektile mit zunehmender Medikamentenmenge häufiger versagten. Dazu kam noch, daß Normalkanülen zu kurz waren, um die verschiedenen Schichten des Bindehautgewebes zu durchdringen, die der Elefant als Stützung seiner sehr schweren Haut entwickelt hat. Aus diesem Grund waren Nadeln, die nur die Haut durchstachen, unzureichend. Die als «Fascien» bezeichneten Bindegewebsschichten sind fast blutleer, daher wird ein dorthin eingebrachtes Medikament kaum oder nur so langsam resorbiert, daß es praktisch wirkungslos bleibt. Als wir längere Nadeln und größere Spritzen verwendeten, erwiesen sich diese aber störanfälliger. Größere Injektionsprojektile mit längeren Nadeln kippten beim Erreichen des Zieles oft um, wodurch die Nadel wieder herausgerissen wurde. Wenn wir eine dickere Nadel verwendeten, konnte sie leicht durch einen gummiartigen Pfropfen aus Elefantenhaut verstopft werden. Dazu kam noch, daß der Konus der Injektionsspritze nicht für das Aufsetzen größerer Nadeln genormt war und beim Aufprall entweder abbrach oder leck wurde, das Medikament ausfloß und die sorgfältig berechnete Dosis wiederum zu gering war. Schließlich war der Auslösemechanismus, der den Kolben vorwärtsbewegte und die Spritze entleerte, für einen Spritzeninhalt von zwei bis fünf Kubikzentimeter bestimmt und versagte völlig, wenn das Volumen auf zwanzig bis fünfundzwanzig Kubikzentimeter vergrößert wurde.

Die erste Injektionsspritze dieser Art arbeitete mit Gasdruck. Das Gas entstand durch die Einwirkung von Wasser auf Bikarbonat. Der auf diese Weise im hinteren Teil der Injektionsspritze entstandene Druck trieb den Kolben nach vorn und preßte das Medikament durch die Nadel in das Gewebe. Bikarbonat und Wasser hinter dem Kolben bildeten somit den Auslösemechanismus, vor dem Kolben befand sich das Medikament, das durch den Gasdruck ausgestoßen wurde. Zunächst wurde der Auslösemechanismus eingestellt und das Medikament später eingefüllt, gewöhnlich erst, nachdem wir das betreffende Tier gesehen und dessen Körpergewicht, Geschlecht und Gesundheitszustand eingeschätzt hatten.

Während wir zunächst Wasser und Bikarbonat für den Auslösemechanismus verwendet hatten, mußten wir bald zu Karbonat und Säure übergehen, da das Bikarbonat für Arbeiten im Feld instabil ist. Wenn es nicht völlig luftdicht aufbewahrt wird, nimmt es Wasser aus der Atmosphäre auf und wird unwirksam. Das System Karbonat-Säure funktioniert ähnlich: durch die Bildung von Kohlendioxyd entsteht genügend Druck, um den Kolben vorwärtszutreiben.

Ehe das Projektil mit dem Gewehr oder der Armbrust abgefeuert wird, ist die Säure vom Karbonat beziehungsweise das Wasser vom Bikarbonat durch einen Messingpfropfen getrennt, der das Karbonat in einem Hohlraum des Kolbens einschließt. Durch Auftragen einer Silikonsalbe wird die Verbindung zwischen dem Messingpfropfen und dem Gummikolben wasser- beziehungsweise säuredicht gemacht. Das Innere der Spritze ist in gleicher Weise ausgekleidet, um eine chemische Reaktion zwischen Säure oder Medikament und der Aluminiumlegierung des Spritzenkörpers zu verhindern. Wenn das Projektil abgefeuert wird, gleitet der Messingpfropfen durch das Trägheitsmoment nach hinten und gibt der Säure den Weg zum Karbonat frei. Die Einwirkung von Säure auf Karbonat verursacht nun Gasblasen, die ihrerseits den zur Injektion des Medikaments erforderlichen Druck liefern.

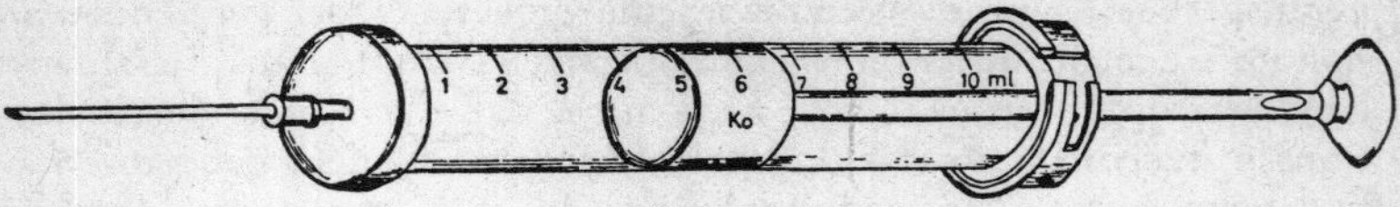

Ko Kolben
K Karbonattablette
M Messingpfropfen
P Papiermembran
A Aluminiumrohr
S Schrotkugel

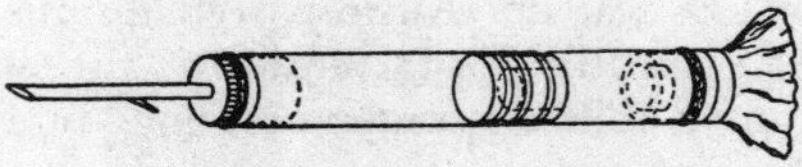

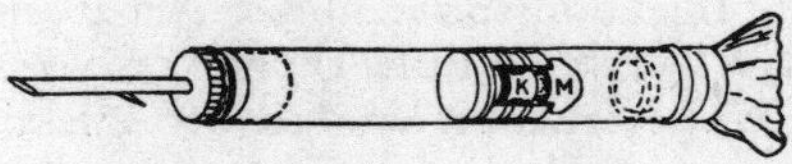

1 Gewöhnliche Injektionsspritze
2 Injektionsprojektil mit Kolben
3 Ursprünglicher Auslösemechanismus
4 Verbesserter Auslösemechanismus: Der gefiederte Schwanzteil dient zum Abschießen mittels Armbrust oder pulvergeladenem Gewehr

Mit der zunehmenden Größe unserer Injektionsspritzen ergaben sich weitere Probleme. Zunächst erwies sich der Gasdruck als zu gering, um den Kolben bis zum Anschlag vorzutreiben. Dadurch verblieb ein Rest des Injektionsgutes in der Spritze. Das war ein ernstes Problem, da ja die Menge des Medikaments genau bemessen war. Schon eine geringe Verminderung der Maximalmenge des damals verwendeten Mittels konnte es völlig unwirksam machen. Wurde die Konzentration der Säure erhöht, um mehr Gas zu erzeugen, dann ging die Reaktion schneller vor sich, und ein Teil des Spritzeninhalts ging verloren, ehe die Nadel in das Tier eingedrungen war. Zudem war in der Vorrichtung kaum eine Kraftreserve vorhanden, so daß ein größerer Widerstand im Gewebe des Tieres nicht überwunden werden konnte. Das Karbonat war in Tablettenform in einen Hohlraum des Kolbens eingepaßt und bot daher der chemischen Reaktion nur eine Oberfläche. Diese Oberfläche überzog sich mit einer Schicht von Gasblasen, die eine weitere Säureeinwirkung verhinderten.

Wir hofften, einige dieser Schwierigkeiten dadurch zu überwinden, daß wir die Fluggeschwindigkeit des Projektils beim Abfeuern mit der Armbrust oder dem in Entwicklung begriffenen pulvergeladenen Gewehr zu erhöhen versuchten. Da die Verwendung beider Schußwaffen zu größeren Verlusten an Projektilen führte, konnten die genauen Ergebnisse nicht ermittelt werden, außer daß wir weiterhin Versager hatten. Es besteht natürlich die Gefahr, daß man beim Versagen der Spritze die Ursache in einer zu geringen Dosierung des Medikaments sucht. Um dem abzuhelfen, wird die Dosierung für ein bestimmtes Tier erhöht, manchmal sogar mehrmals hintereinander. Dann geschieht es, daß eine Spritze tadellos funktioniert und das Leben des Tieres durch die Überdosis gefährdet wird, was zu einer neuerlichen gründlichen Überprüfung der vorangegangenen Ergebnisse führt.

Wir versuchten die Auswirkungen des Aufpralls des Injektionsgeschosses auf ein Tier dadurch zu testen, daß wir Probeschüsse auf Sandsäcke, Tierhäute und Fleischstücke abfeuerten, doch brachte das verhältnismäßig geringe Erfolge. Mehr durch Zufall als vorbedacht fiel schließlich eine mittels Pulvergewehr abgefeuerte Injektionsspritze sofort nach dem Aufprall zu Boden, ehe sie noch ihren Inhalt ausstoßen konnte. Dazu fiel sie noch auf unbewachsenen Boden. Dort lag sie nun und blinkte in der Sonne. Wir konnten sie leicht erreichen und mußten nicht wie sonst umständlich in Gras und Busch herumsuchen. Vorsichtig schraubten wir den vorderen Teil ab und bemerkten, daß etwa die Hälfte der Injektionsmenge nicht ausgestoßen worden war. Als wir den hinteren Teil mit dem Stabilisierungsbüschel abnahmen, entdeckten wir, daß der durch den schnelleren Flug der Spritze verursachte spätere Aufprall, in diesem Fall auf eine Büffelhaut, die Spritze unwirksam gemacht hatte. Der Messingpfropfen war pilzförmig, der Stamm des Pilzes sollte in die Aushöhlung des Kolbens eintreten. Nach dem Abschuß war er, wie vorgesehen, zunächst nach hinten gerutscht, aber dann durch den Aufprall schief in den Gummikolben hineingetrieben worden, der dadurch ausgedehnt wurde und im Spritzenkörper steckenblieb.

Dank dieses Vorfalls neigte ich noch mehr zur Verwendung des ursprünglichen Gasdruckgewehrs, obwohl seine Reichweite geringer war als die Entfernung, auf die man sich dem Wild nähern konnte, ehe es die Flucht ergriff. Es gab da noch eine weitere Schwierigkeit, die uns veranlaßte, in die Werkstatt zurückzukehren. Nachdem wir wiederum einige Elefanten unter sehr schwierigen und einigermaßen gefährlichen Bedingungen injiziert hatten, hob ich eine der besonders für die Verwendung bei Elefanten entwickelten extragroßen Spritzen auf, die von einem rennenden Tier herabgefallen war, und sah, daß sie nicht funktioniert hatte. Bill, der einen sehr anstrengenden Tag hinter sich hatte, warf wütend seinen Hut auf den Boden und trampelte darauf herum, ein Ausbruch, der den Zustand seines Huts kaum ernsthaft veränderte, aber unserer Stimmung Ausdruck gab. Es stellte sich schließlich heraus, daß es drei verschiedene Gründe für das Versagen des Auslösemechanismus gab, die aber durchaus in wechselnder Kombination auftreten konnten: wenn die Spritze zu groß und daher die Beschleunigung zu gering war, um den Messingpfropfen auszulösen; wenn der Gummikolben klebrig war und der Messingpfropfen daher nicht herausgleiten konnte; und wenn der Gasdruck im Gewehr zu niedrig war und dem Projektil nicht die erforderliche Beschleunigung gab. Bill äußerte sich etwa in dem Sinn, daß wir das Gewehr ins Feuer schmeißen sollten, nicht ohne vorher das Zielfernrohr abzunehmen und ihm zu einer besseren Verwendung zu schenken, und daß er keine Lust mehr habe, sich für ein fruchtloses Unterfangen herzugeben. Wir versprachen ihm, daß wir nicht eher zurückkehren würden, bis wir eine ausschließlich aus Edelmetall bestehende Spritze mit magischen Eigenschaften hätten. Damit schieden wir voneinander. Bill kehrte auf seine gepflegte Teepflanzung, oder *shamba*, wie man das hier nennt, zurück, und wir begaben uns mehrere hundert Kilometer weiter nach Osten in die Hauptstadt Kampala, wo sich unsere Werkstatt befand.

3

Wieder einmal waren die Universitätsferien gekommen, und wir konnten unsere Arbeit im Westen fortsetzen. In der Zwischenzeit hatte ich einige kürzere Fahrten zur Arbeit mit Giraffen in den Nordosten und zur Arbeit mit Nashörnern nach Kenia unternommen. Diesmal aber hatte ich ein völlig neuartiges Injektionsprojektil im langen Fach meines Werkzeugkastens, in dem ich die vielen für die Außenarbeit erforderlichen Materialien aufzubewahren pflegte, vor allem, wenn ich mich sehr weit von der Ausgangsbasis entfernen mußte.

Die neue Spritze war vor allem das Werk von John Lock, der sich in Cecil Lucks gut ausgestatteter Werkstatt geplagt hatte. Bezugnehmend auf eine bekannte Reklame, die man in den Londoner U-Bahn-Stationen und andernorts sieht, hatten wir die britische Firma Accles & Pollock um Metallröhren ersucht, die unseren besonderen Zwecken entsprechen und besonders wenig kosten sollten. Nachdem sie uns zunächst einmal mitgeteilt hatte, daß sie uns gern jegliche Sorte verkaufen würde, sofern wir mindestens eine Meilenlänge davon abnähmen, gab sie sich einen Ruck und sandte uns ein umfangreiches Bündel von zwei Meter langen Stücken verschiedenen Durchmessers. Wir waren darüber außerordentlich erfreut und gelobten, unsere nächsten beiden Elefanten nach dieser berühmten Firma zu benennen.

Die neue Spritze hatte einen schneller und kräftiger funktionierenden Auslösemechanismus, der erst nach dem Auftreffen auf das Ziel in Aktion trat. Sie enthielt eine stärkere Säure in höherer Konzentration sowie eine Karbonattablette, die beim Aufprall zerbrach. Die Bruchstücke boten der Säure eine größere Angriffsfläche.

Dieser Mechanismus bestand zunächst aus einer kurzen Röhre, die am vorderen Ende eines gefiederten Leitstabs angebracht war. In diese Röhre kam zuerst eine kleine Bleikugel von etwas weniger als 1 Gramm Gewicht. Als nächstes wurde die Karbonattablette eingeführt. Diese beiden Stücke füllten die Röhre aus, deren Öffnung nun mit einer Papierscheibe zugeklebt und mit einer dünnen Plastikschicht überzogen wurde. All das konnte im Laboratorium gemacht werden, und abgesehen von der erforderlichen Schmierung mit einem silikonhaltigen Schmiermittel mußte während der Außenarbeit nur noch die Säure eingefüllt werden. Wenn das Projektil auf das Ziel auftraf, schnellte die Bleikugel durch das Trägheitsmoment nach vorn, wodurch sie die Karbonattablette zerbrach und die Bruchstücke in die Säure geschleudert wurden, die den Raum hinter dem Kolben und um die kleine Röhre ausfüllte, in der die Karbonattablette und die Bleikugel vor dem Schuß gelagert waren. Nachdem wir umfangreiche Versuche angestellt hatten, waren wir sicher, daß sich die neue Spritze bewähren würde, und sahen nun den letzten Experimenten mit Elefanten entgegen, ehe wir uns an die eigentliche Arbeit der Messung und Markierung dieser Tiere machen konnten. Es war vor allem wichtig, daß man die mit dem neuen Mechanismus ausgestatteten Spritzen mit dem Schwanzteil nach unten und der Nadel nach oben transportieren konnte, wodurch ein Ausfließen des Medikaments durch die Nadel verhindert wurde, was bei dem alten System unmöglich gewesen war, weil der Messingpfropfen häufig herausfiel und damit den Mechanismus zu früh auslöste. Ein weiterer großer Vorteil bestand darin, daß, selbst wenn man den Auslösemechanismus Tage oder Wochen vorher zusammenbaute, die kleineren Einzelteile nicht zusammenkleben und damit ein Versagen der Spritze verursachen konnten.

Wieder fuhren wir in westlicher Richtung über die lange Piste. Die eintönigen Bananenplantagen um Kampala gingen schließlich in ein Hügelland über, auf dem langhornige Ankoli-Rinder weideten. Vereinzelte Waldstücke boten grüne Schatten, Myriaden von Schmetterlingen flatterten zwischen den Bäumen und über der Fahrpiste dahin, und der Kühler des fahrenden Autos war bald mit einer großartigen, wenn auch unerwünschten Sammlung von zweifellos seltenen Schmetterlingen und anderen Insekten bedeckt, die einen Entomologen sicherlich in helle Begeisterung versetzt hätte.

Unsere Fahrt wurde nicht nur durch unseren Wunsch beschleunigt, so bald wie möglich in das Wildgebiet zu kommen, sondern auch durch einen großen Highland-Blue-Käse, den uns ein großzügiger Freund aus Kenia mitgegeben hatte, der der Direktor der Erzeugerfirma war. Wenn er uns nur den Käse gegeben hätte, wäre alles in bester Ordnung gewesen; aber er war ein Feinschmecker und hatte uns besondere Anweisungen zum Genuß dieses Käses mit auf den Weg gegeben. Anstatt den Käse zu teilen oder einen Keil herauszuschneiden, mußte man oben ein Loch ausheben und etwas Sherry oder Portwein einfüllen. Das beschleunigte offenbar den Zersetzungsprozeß, so daß sich der ganze Käse zu verflüssigen begann, was es uns unmöglich machte, einen Teil davon zu verschenken. Wir opferten ein Leintuch, um ihn einzuhüllen und zusammenzuhalten, doch geriet er schließlich in einen Zustand, den nur Émile Zola hätte treffend beschreiben können. Normalerweise hätten wir diesen Mammutkäse mit den Nachbarn geteilt, aber unter den gegebenen Umständen blieb uns nichts anderes übrig, als ihn mit dem Löffel zu essen, doch wurden wir dieser Methode nach kurzer Zeit überdrüssig. Bald war es so weit, daß Nachbarn, die an unsere Tür traten, mit einer gemurmelten Entschuldigung die Flucht ergriffen, und wir beschlossen, den Käse ins Freie zu verbannen. Er wurde auf den hinteren Teil des Wagens gelegt, und nun kam es darauf an, möglichst schnell zu fahren. Als wir am Victoriasee vorbeifuhren, gerieten wir in eine gewisse Versuchung, und nur der Gedanke an die noch junge Fischereiindustrie hinderte uns daran, der Verlockung nachzugeben.

Bei der Ankunft zeigten wir Bill Pridham die Arbeitsweise unserer neuen Spritze, indem wir mit ihr auf seinen abgenützten Feldtisch klopften und zufrieden zusahen, wie ein Wasserstrahl aus ihr hochquoll. Bill schien sehr erfreut zu sein, als wir ihm von unserem Käse erzählten, doch wurde sein Gesicht merklich länger, als sein Blick auf das verschmierte Leintuch fiel, das wir an den Zipfeln gefaßt trugen. Beim Essen wurde der Käse jedoch als ausgezeichnet befunden – allerdings wehte eine frische Brise. In der Nacht erschienen mehr Hyänen als je zuvor in der Umgebung unseres Lagers, und am folgenden Abend fiel mir auf, daß es keinen Käse gab. Möglicherweise hatte der Koch der Versuchung dieser Delikatesse nicht widerstehen können, aber als Gäste hielten wir es für unpassend, Erkundigungen einzuziehen.

4

Am folgenden Tag waren wir schon lange vor Sonnenaufgang in Reih und Glied angetreten. Wir hatten zwei Spurensucher, die beide Dennis hießen, was sehr nützlich war, da wir meist beide gleichzeitig benötigten. Wenn wir sie unterscheiden wollten, was selten vorkam, erkannten wir sie an ihrer verschiedenen Größe, und der etwas größere wurde daher *Dennisi kubwa* und der andere *Dennisi kidogo*, oder kleiner Dennis, genannt. Sie wohnten ständig im Lager, und wenn Bill abwesend war, taten sie sich in überreichem Maß an Löwenbeute gütlich. Am Morgen pflegten sie den Himmel nach Geiern abzusuchen, und wenn sie diese herabstoßen sahen, machten sie sich, mit einer uralten Flinte bewaffnet, auf den Weg. Sie brachten es auf eine geheimnisvolle Weise fertig, die Löwen von ihrer Beute wegzulocken und sich dann einen Wildbret- oder Büffelschenkel abzuschneiden. Die überreiche Ernährung der beiden verursachte eine gewisse Faulheit, die ihnen Bill aber bald austrieb, als er wieder im Lager erschien. Er besaß einen großen Vorrat an Feuerwerkskörpern, sogenannten Donnerschlägen, die ansonsten an örtliche Bauern zum Verscheuchen von Elefanten ausgegeben wurden. Einige zusammengebundene und hinter der Hütte der Dennisis angezündete Feuerwerkskörper genügten, um ihnen die Schlafsucht auszutreiben. Da es sich um eine sogenannte «Uniport-Hütte» handelte, deren Wände und Dach aus dünnem Blech bestand, muß es bei solchen Gelegenheiten drinnen einen Höllenlärm gegeben haben.

Mit Beginn der Morgendämmerung erreichten wir unseren gewohnten Aussichtsplatz, von dem wir die ganze Gegend überblicken und nach Elefanten Ausschau halten konnten und von wo wir schon öfter «angeheiterte» Elefanten beobachtet hatten, wenn sie nach Sonnenaufgang heimkehrten. Vielleicht übten die Elefanten Enthaltsamkeit, oder vielleicht waren die Borassusfrüchte noch nicht reif; wie dem auch gewesen sein mag, weit und breit war keines der grauen Ungetüme zu sehen. Wir arbeiteten uns nun langsam durch ein langes *vlei* vorwärts und sichteten bald eine Elefantenfamilie, die an einer praktisch unzugänglichen Stelle zufrieden an ihrem endlosen Mahl kaute. Wir sahen uns die Sache an und überlegten, wie wir vorgehen sollten. Im *vlei* wehte der Wind meist in einer völlig anderen Richtung als bei uns oben; außerdem ändern sich die Windverhältnisse sofort, wenn die ersten warmen Sonnenstrahlen auf den Boden und die Blätter fallen. Bill, ich und die Dennisis kletterten nun hinunter und hofften, bald auf die Tiere zu stoßen, mußten jedoch feststellen, daß das Gras, das von oben kurz ausgesehen hatte, übermannshoch war und daß der scheinbar feste Boden in Wirklichkeit ein weicher, wasserbedeckter Sumpf war, in dem noch dazu zahlreiche, etwa einen halben Meter tiefe Löcher waren – Elefantenspuren. Obwohl wir geräuschvoll herumstapften, hatten wir das Glück, daß uns die Herde nicht hörte, und so gelang es mir, aus der Deckung junger Palmenstämme ein Injektionsprojektil abzufeuern. Der getroffene Elefant fuhr herum und glotzte uns mit hocherhobenem Haupt mißtrauisch an. Er tat einige Schritte auf uns zu, und dann noch einige. Bill gab uns ein Zeichen, daß wir uns zum Rückzug aus unserem Versteck bereitmachen sollten. Die Dennisis und ich achteten stets darauf, daß die Palmenhecke zwischen dem Elefanten und uns lag, doch muß einer von uns ein Geräusch verursacht haben, denn plötzlich begann der Elefant zu trompeten, seine Freunde antworteten ihm, und dann raste der Bulle an uns vorbei ins dichte Elefantengras hinein. Da es in diesem *vlei* ein wahres Labyrinth von Elefantenfährten gab, konnten wir unserem Elefanten nur langsam folgen. Da erhob sich ein fürchterlicher Lärm, Gebrüll, gemischt mit Trompeten und Schreien und dem Donnern von Hufen. Hier und da sah man die Dennisis wie aufgescheuchte Kaninchen im hohen Gras auftauchen. Bill meinte ungerührt, es sei zwar unklar, wohin sie rannten, aber offensichtlich verfolgten sie nicht den Elefanten. Als sie sich später wieder erholt hatten, erfuhren wir, was geschehen war. Einer wollte eine Abkürzung über eine Bodenerhebung machen und hatte dabei einen morgendlichen Badegast aufgescheucht, einen verkrusteten Büffel, der in seinem Bad, einem wassergefüllten Erdloch, vor sich hindöste. Der Büffel war brüllend herausgekommen und direkt in den bereits äußerst wütenden Elefanten hineingerannt. Der Elefant wiederum hielt den Büffel für die Ursache seiner Schwierigkeiten und ging prompt daran, es ihm heimzuzahlen. Die unglückseligen Dennisis waren zwar weit voneinander getrennt, aber in gefährliche Nähe der Rauferei geraten, und hatten dann um ihr Leben rennen müssen.

5

Schließlich entdeckten wir den Elefantenbullen, dem man schon die Wirkung des Medikaments ansehen konnte. Begeistert sahen wir, wie er vorwärts und rückwärts schwankte. Mit jeder Schwankung ging er hinten tiefer hinunter. In wenigen Minuten würde er sich niedersetzen, und dann konnten wir uns ihm nähern. Da erschien sein Freund, erfaßte die Lage mit einem Blick und trat hinter ihn. Er preßte seine muskulösen Schenkel gegen die seines Freundes und gab ihm damit die nötige Stütze. Die Wirkung von Scolin läßt nach etwa einer halben Stunde nach, und nach genau dreißig Minuten tat unser junger Bulle wieder die ersten unsicheren Schritte. Bald erholte er sich, und während wir betrübt zusahen, trabte er mit der ganzen Herde, die geduldig auf das Ende seines unvorhergesehenen Schlummers gewartet hatte, seines Weges.

Wir versuchten es noch mit einigen anderen Elefanten, aber jedesmal ereignete sich das gleiche. Ein Teil des injizierten Elefanten blieb beweglich, die Dosis des Medikaments war offenbar zu gering bemessen. Wenn wir zu wenig verabreichten, konnte das Tier die Wirkung überwinden, wegen der Gefahr einer Überdosierung gaben wir jedoch lieber zuwenig als zuviel. Wir vermieden Einzelgänger, da mangels Vergleichsmöglichkeit mit anderen Elefanten die Schätzung des Gewichtes zu schwierig war. Eine Elefantenkuh ging zu Boden, wurde aber sofort von der ganzen Herde umringt, die sie mit ihren Stoßzähnen so lange hochschubste, bis sie wieder auf eigenen Beinen stehen konnte.

Für das Injizieren von Einzelgängern benötigten wir dringend ein Medikament von größerer Verträglichkeit sowie ein entsprechendes Gegenmittel, damit man zumindest einer geringen Überdosis nötigenfalls mit der Verabreichung des Gegenmittels entgegenwirken konnte. Scolin hatte sich für die Arbeit mit Giraffen und Büffeln als untauglich erwiesen, da deren Gewicht für die unbedingt erforderliche Dosierung nicht hinreichend exakt geschätzt werden konnte. Es war nicht einmal für größere Antilopen geeignet, sondern nur für mittelgroße Arten, wie die Kob-Antilope, den mit ihr verwandten Puku und die Schwarzfersenantilope. Diese Tiere reagierten ausgezeichnet. Sie waren gleich groß, auch der Gewichtsunterschied zwischen männlichen und weiblichen Exemplaren machte nur wenige Kilogramm aus. Für andere Tierarten benötigten wir ein anderes Medikament mit einem größeren Toleranzbereich. Um unsere Depressionen zu überwinden, beschäftigten wir uns mit anderen Substanzen. Johns Wahl war auf Tubarin (Tubocurarin) gefallen, meine auf Flaxedil (Gallamoniumjodid). Beide waren verbesserte oder synthetische Abarten des Curare der Orinoko-Indianer, und für beide gab es Gegenmittel. Ich nahm mir vor, in Laboratoriumsversuchen eine Reihe von Stieren mit Flaxedil zu injizieren, um den Spielraum des Medikaments zu ermitteln. Und so blickten wir nun hoffnungsvoll in die Zukunft. Immerhin, unsere Injektionsspritzen funktionierten bereits.

3. DIE ERSTE TIERRETTUNG

I

Die bisherigen Ergebnisse hatten gezeigt, daß Scolin für Großwild keine geeignete Substanz war. Daß sie, nach Anfangserfolgen, nun in verschiedenen Teilen der Welt in Mode gekommen war, bereitete uns einige Sorgen. Ich war der Ansicht, daß man nur eine Substanz verwenden dürfte, die bei gesunden Tieren keine Todesfälle verursachte. Viele Leute stimmten mir hier nicht zu. Dort, wo man ständig Tiere jagt, denkt man nur an Fleisch und Häute. «Wenn in dieser Gegend ohnehin alljährlich Tausende von Tieren erlegt werden», so sagt man, «was macht es dann aus, wenn einige zufällig ums Leben kommen, während man an ihnen Untersuchungen zu Forschungszwecken anstellt?» Ein Wissenschaftler, der aus den Vereinigten Staaten nach Kenia gekommen war, um die Wanderung der Antilopen zu untersuchen, ging noch weiter. Er mußte eine Anzahl von Tieren markieren und andere zur Untersuchung bestimmter Organe töten. Die injizierten Tiere, die am Leben blieben, wurden markiert, jene, die starben, wurden seziert. Ich kann mich dieser Denkweise nicht anschließen. Ob ein bestimmtes Tier gefangen oder getötet werden muß, soll der Entscheidung des Wissenschaftlers überlassen bleiben; es soll ein Beschluß sein und nicht dem Zufall oder der sorglosen Verwendung von Medikamenten überlassen bleiben. Bei Rotwild wurde über eine durchschnittliche Todesziffer von etwa zehn Prozent berichtet, was ich, vom ethischen Standpunkt gesehen, für unannehmbar halte. Eine gewisse Mortalität ist wohl unvermeidlich, vor allem, wenn Versuche mit neuen Substanzen unternommen werden, doch ist dies nur dann gerechtfertigt, wenn ein echter Fortschritt erzielt wird und der Tod einiger Tiere das Wissen liefert, durch das andere gerettet werden können oder doch die Anzahl der Todesfälle in späteren Versuchsreihen verringert werden kann. Beim Tierfang darf eine hohe Mortalität nicht als unvermeidliche Tatsache betrachtet und mit dem Argument gerechtfertigt werden, daß die Tiere auf jeden Fall einmal sterben müssen. Das Bestreben vieler Gelehrter, afrikanische Tiere in großer Zahl zu töten, oftmals um verhältnismäßig kleiner Erkenntnisse willen, die man ebensogut durch Beobachtungen hätte erzielen können, ist von zweifelhaftem Wert und fügt der afrikanischen Fauna großen Schaden zu. Auf diese Weise müssen zahlreiche Büffel, Zebras und Antilopen sterben, und das Ergebnis sind dann einige trockene Zahlen in einem Notizbuch oder Tabellen in einer wissenschaftlichen Veröffentlichung.

Abgesehen davon, ob moralische oder wissenschaftliche Gründe die Tötung von Tieren innerhalb oder außerhalb von Nationalparks und Reservaten rechtfertigen könnten, hielten wir es für dringend erforderlich, herauszufinden, wie man die Tiere unbeschädigt fangen kann, vor allem angesichts der Lage bei vielen Großwildarten in verschiedenen Gegenden der Erde, zum Beispiel der Nashörner auf Java und Sumatra. Wenn der Druck auf das afrikanische Wild weiterhin anhält, dann werden wohl viele Arten in das «Rotbuch» der *International Union for the Conservation of Nature and Natural Resources* (Internationale Union zur Erhaltung der Natur und der Naturschätze) kommen, in der die vom Aussterben bedrohten Arten eingetragen sind, und man wird Rettungsmaßnahmen treffen müssen, um die restlichen Exemplare einer Art zu erhalten.

Im Mai 1959 wollten wir versuchen, eine Herde Kob-Antilopen, die als eine der letzten Kenias einige Jahre später völlig ausgerottet werden sollte, zu Zuchtzwecken zu retten. Dies ist ein weiteres Beispiel, nicht aus ferner Vergangenheit, sondern aus jüngster Zeit, für das, was um uns vor sich geht. Es ist die Aufgabe des Wissenschaftlers, Mittel und Wege zu finden, um diesem Vernichtungswerk Einhalt zu gebieten, nicht aber, um es zu beschleunigen. Er darf nur selten und dann nur zu wohlüberlegten Zwecken töten. Aus diesen Gründen, und aus anderen, die später besprochen werden sollen, fühlten wir uns genötigt, mit der Suche nach chemischen Substanzen fortzufahren, die die genannten Bedingungen erfüllten, nämlich gesunde Tiere zu immobilisieren und gleichzeitig sicherzustellen, daß sich die Tiere später wieder erholten. Statistisch gesehen wird das sicherlich nie vollkommen zu erreichen sein, es sei denn, man hätte den perfekten «Anästhesisten» und eine Umwelt, in der Unfälle nicht vorkommen können. Als wir schließlich die Mortalität auf ein Prozent senken konnten, hatten wir damit wohl das Maximum dessen erreicht, was bei der Arbeit im Gelände möglich war, wo der Gesundheitszustand und oftmals auch das Gewicht des «Patienten» unbekannt sind und keine Vorversuche angestellt werden können.

2

Im Januar 1959 arbeiteten wir mit in Gefangenschaft gehaltenen Zebras. Wir hatten schon längere Zeit auf die Möglichkeit gehofft, die Wirkung des Medikaments von seinen ersten Erscheinungen bis zur völligen Erholung des Tiers beobachten zu können. Im allgemeinen ist Großwild, sobald es eingefangen ist, für diese Art von Experiment zu wertvoll und zu teuer, da es sich meist um Jungtiere handelt, die nach langer und halsbrecherischer Jagd über das *veld* mit Hilfe einer Seilschlinge gefangen werden. Aus diesem Grund sind diese Tiere für Versuchsreihen ungeeignet und zu kostspielig.

Ein besonderer Ausnahmefall unter den Großwildjägern und ihren Methoden war John Seago, weltbekannt als «der Gentleman unter den Tierfängern». John Seago und sein Juniorpartner Tony Parkinson hatten eine Methode zum Zebrafang entwickelt, die gleichermaßen einfach und wirkungsvoll war. Sie hatten im nördlichen Grenzgebiet nahe der Grenzstadt Isiolo eine Umfriedung errichtet. Sie war nicht nur sorgfältig durchdacht und konstruiert, sondern auch so lange vor ihrer Verwendung errichtet worden, daß sie sich in die Landschaft einfügte. Johns Fangzüge wurden stets ohne eine Spur jener Hast durchgeführt, die die meisten üblichen Fangzüge kennzeichnete. Er ließ sich beim Tierfang Zeit und lieferte die gefangenen Tiere erst, wenn er sie für transportfähig hielt. Als die Zoodirektoren erkannten, daß die solcherart gefangenen Tiere besser überlebten und sich in der Gefangenschaft leichter vermehrten, wurde Johns geschäftliches Unternehmen immer größer, dennoch achtete er stets darauf, daß es nicht so groß wurde, daß er sich nicht mehr persönlich darum kümmern konnte.

John Seago war ein kleiner, schlanker Mann Mitte Fünfzig, von fröhlichem Wesen und großem Charme, der seiner ganzen Art nach überhaupt nicht dem entsprach, was man sich gewöhnlich unter einem berufsmäßigen Großwildjäger vorstellt. Das wunderte uns einigermaßen, bis wir erfuhren, daß er lange Zeit hindurch Filmproduzent in England gewesen und ursprünglich nur aus gesundheitlichen Gründen nach Kenia gekommen war. Er war ins Tierfanggeschäft geraten, weil eine große Nachfrage nach gesunden Tieren bestand, die den Übergang vom freien Leben zur Gefangenschaft ohne große Schäden überstanden. Seine Methode, Zebras zu fangen, bestand einfach darin, geduldig zu warten, bis sich eine genügende Anzahl an der richtigen Stelle vor den weitausladenden Seitenteilen seiner Umfriedung befanden. Dann pflegte er mit Tony Parkinson und einem einzigen Somali als Helfer hinzureiten und die Zebras vorsichtig in die Umzäunung zu treiben. Dort blieben die Tiere dann so lange, bis sie völlig zahm waren, was manchmal so weit ging, daß sie die Umfriedung nicht einmal verlassen wollten, wenn die Tore geöffnet wurden.

Mein erster Besuch in John Seagos Lager in Isiolo, das örtlich *Campi ya Chumvi* oder Salzlager genannt wurde, fand am 13. Januar 1959 statt. Die Atmosphäre war gemütlich, und wir fühlten uns sofort heimisch. *Bwana Tschai*, oder «Herr Tee», wie ihn seine Leute liebevoll nannten, weil er zu jeder Tageszeit und selbst in Krisensituationen dieses bekömmliche Getränk zu sich zu nehmen pflegte, hieß uns willkommen und zeigte uns dann die Anlagen, das System von Umzäunungen und das benachbarte Somalidorf. In den nächsten Tagen sollte wieder eine Tierfangexpedition unternommen werden, und ich wollte gern daran teilnehmen. Ich war viele Jahre lang nicht geritten und fand das kleine bockige Somalipony alles andere als bequem. John amüsierte sich sehr über meine orthodoxe Reithaltung und meinte lachend, ich hätte das Pony geritten, als ob ich eine Truppenparade abnähme.

Tony Parkinson war ein junger Mann Anfang Zwanzig und manchmal etwas ungeduldig, wenn ihm die Fangmethoden allzu sanft vorkamen. Wenn ein Zebra auszubrechen versuchte, sprang er geschickt darauf und zwang es zu Boden. Dann konnte es gebunden und auf einem Lastwagen zurückgeschafft werden. Als ich am Ende meiner ersten Tierfangexpedition auf meinem Pony heimwärts ritt, schmerzgepeinigt, weil der hier übliche Sattel ein Folterinstrument war, aber froh, weil ich meinen Weg durch das dornige Gebüsch gefunden hatte, stellte es sich heraus, daß Tony noch nicht zurückgekehrt war. *Bwana Tschai* sah sehr besorgt drein, aber aus Rücksicht auf seine Gäste meinte er: «Wir wollen Tee trinken, während wir warten müssen.» Bald waren wir in ein Gespräch vertieft, und es verging einige Zeit, bis wir beschlossen, Tony zu suchen. Schließlich fanden wir ihn. Er saß auf dem Kopf eines großen Zebrahengstes mit gefährlich aussehenden Zähnen und Hufen, konnte sich nicht ohne Hilfe von der Stelle rühren, wollte aber seinen Fang nicht auslassen. «Tony wird sich freuen, uns zu sehen», meinte John, als wir Tony in der Ferne erblickten. Das war aber nicht gleich zu merken, wie uns John später bei Tisch mit einem amüsierten Seitenblick auf Tony erzählte. «Wir mußten uns in einiger Entfernung halten, bis seine Ausdrucksweise wieder zivilisierter wurde.»

Bwana Tschai interessierte sich besonders für die Versuche, die John Lock und ich an einigen Zebras vornehmen wollten, die ansonsten freigelassen worden wären, weil sie für den Export untauglich waren. Es stellte sich bald heraus, daß selbst bei gefangenen Tieren die Schätzung des Gewichts zu ungenau war, um stets innerhalb der Toleranzgrenze des von uns verwendeten Medikaments zu bleiben.

Aber auch wenn die Dosierung genau stimmte, gab es noch eine Anzahl von Tieren, die gegenteilig reagierten, wie bei einer allergischen Reaktion und daher völlig unberechenbar. In einer Veterinärklinik wurde später bestätigt, daß Scolin einen besonderen Effekt auf Herz und Kreislauf des Pferdes ausübt. Dieser trat zweifellos auch beim Zebra auf, und vielleicht auch bei anderen Tieren, wie dem Nashorn. Einige Zebras, vor allem ältere Hengste, starben, doch hofften wir alle, durch ihren Tod wenigstens Hinweise zu erhalten, die letzten Endes vielen Tieren das Leben retten würden. Vor der Abreise aus Isiolo schrieb ich in mein Tagebuch: «Die Reaktion auf korrekte Dosierung blieb in einer bestimmten Zahl von Fällen unberechenbar, und es ist zweifelhaft, ob Succinylcholin (Scolin) selbst durch Fachleute je routinemäßig für den Zebrafang verwendet werden kann.»

Der Tieraufseher jenes Gebietes, in dem wir arbeiteten, war George Adamson. Damals hatte ich weder George noch seine höchst talentierte Frau Joy Adamson getroffen, obwohl ich normalerweise dem örtlichen Tieraufseher einen Höflichkeitsbesuch abgestattet hätte. Ich war daher recht gespannt, als ich von Joy die dringende Aufforderung erhielt, sofort zu erscheinen und zu erklären, was ich hier treibe. Sie hatte von unserer Tätigkeit gehört, auch, daß es Todesfälle gegeben hatte, und wollte mit Recht feststellen, was wir hier vorhatten. Ich wurde gründlich examiniert und mußte schrecklich viele Fragen beantworten. Ich muß die Prüfung wohl bestanden haben, da ich in den folgenden Jahren den Adamsons viele Male assistieren durfte. Schon im Mai desselben Jahres sollte ich bei der ersten wirklich erfolgreichen Tierumsiedlungsaktion mit George zusammenarbeiten.

Meine Arbeit im Lager John Seagos näherte sich ihrem Ende. Es blieb uns nur noch ein Tag; wir genossen die kühle Abendbrise und den farbenprächtigen Sonnenuntergang der nördlichen Wüstenlandschaft und hatten genügend Muße, verschiedene Fragen des Wildschutzes zu besprechen. Es blieb uns noch Zeit, das nahe gelegene Somalidorf zu besuchen und uns an dem dörflichen Leben zu erfreuen. Die Somalifrauen zeichnen sich vor allem durch ihre klassischen hamitischen Gesichtszüge und biblisch wallenden Gewänder aus. Der zweite bedeutende Stamm sind die Turkana, die von den Somalis traditionsgemäß als Sklaven betrachtet werden.

Sie tragen nur wenige Kleidungsstücke. So wie bei den Rendile weiter nördlich waren die jungen Mädchen prächtig entwickelt und besaßen Brüste, die einen durchschnittlichen Filmstar mit Neid erfüllt hätten. Doch so wie die Wüstenblumen in diesem unwirtlichen und ausgedörrten Land verwelken auch diese Mädchen bald. Die Somalifrauen hingegen waren wirklich schön. Wenn sie morgens und abends in einer langen Reihe, mit großen Blechkanistern auf dem Kopf, zum Brunnen zogen, viele von ihnen mit Säuglingen an den Hüften, dann sah das wie eine prächtige biblische Szene aus. Wir freundeten uns mit dem Häuptling an und fragten ihn, warum er sein Dorf nicht näher an den Brunnen verlege. Erstaunt über soviel Unwissenheit und Unverständnis für die sozialen Gepflogenheiten, breitete der Patriarch die Hände aus. «Aber Bwana», meinte er kopfschüttelnd, und sein weißer Spitzbart schwang hin und her, «was sollten denn unsere Frauen dann den ganzen Tag lang tun?»

Wieder ging die Fahrt nach Süden, vom Uaso-Nyiro-Fluß und dem Marsabit-Nationalschutzgebiet durch Isiolo und den Fuß des Mount

Kenya entlang, der majestätisch aufragte. Bei Nanyuki erreichten wir eine Höhe von 1200 Metern; weiter ging die Fahrt durch die Weizengebiete von Thomson's Falls, dann nördlich der Aberdare-Berge und des Aberdare-Nationalparks, der sich bis zu einer Höhe von 4000 Meter erhebt, durch Nakuru mit seinem Vogelschutzgebiet (heute ebenfalls ein Nationalpark), in dem etwa eine Million Flamingos leben, und weiter westwärts nach Uganda. Es ist stets eine traurige Sache, wenn man von der Außenarbeit wieder an den Schreibtisch zurückkehren muß, doch kann man leider nicht von der Forschung allein leben. Den größten Teil meiner Zeit mußte ich zum Aufbau eines Instituts an der Universität verwenden. Obwohl das zweifellos den Fortgang der Forschungen hemmte, hatte es doch auch seine nützlichen Seiten, nämlich die Bereitstellung von Laboratorien, Geräten und Arbeitsräumen, die ansonsten in Ostafrika kaum und in Uganda gewiß nicht verfügbar wären.

Doch konnten wir während dieser langen Pause immerhin zahlreiche Expeditionen unternehmen, in deren Verlauf wir Kob-Antilopen, Rothschild-(Uganda-)Giraffen und auch Schwarze Nashörner fingen.

3

Der Fang von Kob-Antilopen war besonders erfolgreich, da wir nun mit unseren Medikamenten und Geräten so gut vertraut waren, daß wir das Unternehmen als eine praktische Übung in Wildschutz auffassen konnten und nicht mehr als Vorstoß in unbekannte Gebiete der Pharmakologie. Es war bereits deutlich geworden, daß die Herden von Uganda-Kob-Antilopen in Lugari zum Untergang verurteilt waren, wenn die Pläne zur Vertreibung der Farmer und zur Aufteilung des Bodens in kleine Parzellen für Kleinbauern in die Tat umgesetzt würden. Leider bestätigte sich die Richtigkeit dieser Voraussage, als man 1965 nur noch sechzig Kob-Antilopen zählte, die dann 1966 von Hunden zu Tode gehetzt und in Fallen gefangen wurden. Diese Tiere hätten die ständige Fleischversorgung der lokalen Eingeborenenbevölkerung sicherstellen können, wenn man nur die männlichen Exemplare getötet hätte. Mit ihrer Ausrottung war, abgesehen von den ethischen Überlegungen der Erhaltung dieser Art in Kenia, auch eine natürliche Nahrungsquelle vernichtet worden.

Das geplante Unternehmen des Antilopenfangs wurde vom Elsa-Trust finanziert, die Schlüsselpersonen waren George Adamson und der örtliche Tieraufseher Julian Meckand. Es war keineswegs eine leichte Aufgabe, da wir noch immer das Gasdruckgewehr verwendeten und die schlauen Kobs inzwischen gelernt hatten, sich außer Schußweite zu halten. Mit den erwachsenen, platzhaltenden Männchen am Semliki hatten wir es verhältnismäßig leicht gehabt, da sie nicht von ihrem hart erkämpften Territorium weichen wollten. Nun waren wir auf weibliche Exemplare aus, und sie trieben sich herum wie eine Herde Schafe, sprangen über oder durch Farmzäune, wenn unser Wagen fast auf Schußweite herangekommen war, was uns zwang, auf der Suche nach dem nächsten Tor einen langen Umweg zu machen, worauf sie ihr Spiel fortsetzten und in die entgegengesetzte Richtung entwichen. George hatte vom Land-Rover alles, was die Tür überragte, abmontiert, einschließlich der Windschutzscheibe, damit wir nach allen Seiten freies Schußfeld hatten, und auf dem Wagen als Tarnung Äste und darüber eine Plane befestigt. Das Vehikel fuhr nun ganz langsam und vorsichtig immer um die verspielten Herden herum und sah aus wie die Parodie eines Burentreckwagens im letzten Stadium seiner Reise. Wie aber unser Wagen auch ausgesehen haben mag, jedenfalls bewährte er sich, und bald hatten wir ein Dutzend weibliche Kob-Antilopen, zumeist trächtige Exemplare, in das Gehege gebracht. Bei diesem Unternehmen lernten wir sehr viel, vor allem, daß es eine Sache war, eine Kob-Antilope zu fangen und sie in ein Gehege zu bringen, aber eine ganz andere, wenn wir sie zum Zweck der Umsiedlung wieder herausbekommen wollten.

Die weibliche Kob-Antilope wiegt etwa 70 Kilogramm und besitzt schlanke, zerbrechlich wirkende Läufe, die aber immerhin kräftig genug sind, um dem Tier drei Meter hohe Sprünge zu ermöglichen. Das bedeutet, daß wir bei der ersten Fahrt zum Gehege, gleich nach dem Fang des Tieres, sorgfältig darauf achten mußten, daß es nicht ausschlagen konnte. Dabei können nämlich zwei Dinge geschehen: Das Tier kann entweder den Leuten, die es halten, die Knochen oder sich das eigene Bein brechen, wenn es auf der Seite des Lastwagens ausschlägt. Wenn sich die Antilope von der Wirkung des Immobilisationsmedikaments erholte, mußte man ihr daher nicht nur einen Tranquilizer verabreichen, sondern sie auch festbinden. Diese Fesselung erforderte wieder besondere Vorsicht, da die Atmung eines mit Scolin betäubten Tieres behindert ist und das Zusammenbinden der Extremitäten eine weitere Belastung bedeutet. Anderseits erholten sich die Tiere gewöhnlich so schnell, daß es vorkommen konnte, daß sie aufsprangen und flüchteten, wenn sie nicht im entscheidenden Augenblick gefesselt wurden. Aus diesem Grund wurden die Vorder- und Hinterläufe separat mit kurzen, weichen Nylonstricken zusammengebunden und von zwei Tierwärtern so gehalten, daß das Tier bequem ausgestreckt war. Sobald sich das Tier zu erholen begann, wurde der Tranquilizer verabreicht und dann die Vorder- und Hinterläufe fixiert, indem ein Seil zwischen ihnen hindurchgeführt und dann zusammengezogen wurde. Dann wurde das Tier auf eine Unterlage aus alten Säcken auf die Ladefläche eines Land-Rovers gebettet, wobei man den Kopf der Antilope mit den Händen festhalten mußte, damit er nicht gegen die Metallwände der Ladefläche schlagen konnte und dabei die Augen verletzt wurden. Als Tranquilizer verwendeten wir Largactil (Chlorpromacin). Dieses Mittel beruhigte das Tier bald so weit, daß es während der Fahrt nicht mehr um sich zu schlagen versuchte und sich nicht beim Springen verletzte, sobald es ins Gehege gelassen wurde.

Wenn die Tiere einmal innerhalb des Geheges waren und die Wirkung des Tranquilizers aufgehört hatte, durften sie nicht mehr beunruhigt werden, denn selbst das Einlassen von Neuankömmlingen durch eine winzige Pforte konnte schon eine Panik hervorrufen. Wir hatten ein Gehege mit mehreren Unterteilungen errichtet, so daß sich die Tiere nie bedroht fühlen konnten. Wenn das nämlich der Fall ist und in einem einfachen rechteckigen Gehege leicht vorkommt, können sie sich tödlich verletzen, wenn sie gegen die Wände springen oder bei hohen Sprüngen auf den Rücken zurückfallen. Es ist aus psychologischen Gründen erforderlich, daß frisch gefangene Tiere stets eine Öffnung vor sich sehen, durch die sie schlüpfen können, wenn sie sich bedroht fühlen, auch wenn diese Öffnung nur in weitere Gehege und wiederum zurück zum Ausgangspunkt führt. Die Wände waren mit Schilf und Gras undurchsichtig gemacht worden.

Um die Frage zu lösen, wie man die Antilopen in den drei Tonnen schweren Lastwagen schaffen könnte, mit dem sie ins Wildschutzgebiet transportiert werden sollten, errichteten wir zwischen Gehege und Lastwagen eine Passage. Nach ihrer Fertigstellung stellte es sich heraus, daß die Antilopen trotz aller Verlockungen nicht zum Betreten des dunklen Korridors zu bewegen waren. Schließlich entdeckten wir, daß sie in der Nacht durchaus dazu bereit waren, wenn wir von der Wand des Geheges mit einer Taschenlampe in den Korridor leuchteten. Zunächst planten wir, jedes weibliche Exemplar beim Heraustreten aus dem Gehege einfach auf den Lastwagen zu heben. Wir hatten jedoch den Kampfgeist dieser schönen, rehäugigen Geschöpfe mit den zarten Ohren, schlanken Beinen und dem schlanken Hals bei weitem unterschätzt. Ein bemerkenswert gutgebauter junger Mann namens Julian gab es nach dem ersten Versuch auf, aus dem er mit zerrissener Kleidung, einer ernsten Schnittwunde zwischen Daumen und Handfläche sowie mehrfachen Hautabschürfungen hervorgegangen war. Wir hatten die erste Runde klar verloren und trafen nun Vorkehrungen, die Tiere ohne persönliches Eingreifen auf den Lastwagen zu befördern. Das künftige Schutzgebiet der Kob-Antilopen lag über dreihundert Meilen entfernt an der Grenze von Kenia und Tansania im Mara-Reservat beim Serengeti-Nationalpark. Ökologen hatten festgestellt, daß die Landschaft hier am ehesten der Heimat dieser Tiere entsprach.

Als die erste Wagenladung eintraf, waren die Tiere in einem schlechten Zustand. Wir hatten geglaubt, daß sie nach einer Eingewöhnungsperiode von zwei Wochen die Reise leichter überstehen würden. Nun zeigte sich, daß zwei Wochen nicht ausreichten, um sie an die Gefangenschaft zu gewöhnen, und daß sie kaum Nahrung zu sich nahmen. Es wurde daher beschlossen, die frisch gefangenen und sedierten Kobs sofort in den Dreitonner zu verladen. Wir hofften, mindestens zehn Tiere innerhalb von zwei Tagen fangen zu können, das heißt in einem vollen Tag plus dem Morgen des darauffolgenden Tages, so daß der Lastwagen vierundzwanzig Stunden nach dem ersten Fang abfahren konnte. Auf diese Weise konnten die später gefangenen Tiere tatsächlich in einem besseren Gesundheitszustand abgeliefert werden.

Der Lastwagen war bereits für die Aufnahme der ersten Ladung hergerichtet worden. Die Wände waren mit Gras gepolstert, auf dem Boden lag eine dichte Schicht Streu, und die Wagenplane war über niedrige leichte Stangen anstatt der ursprünglichen Stahlträger gespannt worden. Es blieb nur eine winzige Öffnung, durch die die Kobs schlüpfen konnten, denn das Innere des Wagens mußte unbedingt völlig dunkel sein. Wir verloren nur ein Tier. Es brach sich den Hals, wahrscheinlich gleich nachdem es in den Wagen geschlüpft war. Bei einer solchen Gelegenheit taten manche der Tiere einen wilden Sprung, ehe sie sich niederließen.

Für einen ersten Versuch war die Fahrt bemerkenswert erfolgreich. Leider war das Aufnahmegehege am Ende der Reise nicht gegen Leoparden geschützt. Eines Nachts töteten sie einige Kobs, und der Rest zerstreute sich in alle Winde. Wenn die Kobs auch nur acht Kilometer weit nach allen Seiten gelaufen waren, so waren sie damit über ein Gebiet von etwa 160 Quadratkilometer verstreut. Nach kurzer Zeit sah man sie nur noch selten, und wir wissen bis heute nicht, ob sie nun am Leben geblieben sind oder nicht. Leider wurden keine weiteren Unternehmungen gestartet. Erst 1965 versuchte das Wildschutzamt verzweifelt zu retten, was zu retten war, erlitt aber dabei einen völligen Fehlschlag, und bald danach waren alle Kob-Antilopen umgekommen. Dies war von jedem Standpunkt aus bedauerlich, vor allem, da ja die Methoden zur Rettung der Tiere bereits erprobt waren und eine bessere Organisation im Auffanggebiet die Bildung einer neuen Herde hätte sichern können, ehe die ursprüngliche verschwunden war. Sofern nicht noch einige Exemplare in Mara oder vielleicht in Meru leben, wohin man schon früher eine Gruppe geschafft hatte, gibt es heute in Kenia keine Kob-Antilope mehr.

4

Im folgenden Monat fuhr ich nach Makindu, einem kleinen Dorf an der Hauptstraße zwischen Nairobi und Mombasa, um am Einfangen von Schwarzen Nashörnern in einem Gebiet teilzunehmen, das von Angehörigen des Wakambastammes besiedelt werden sollte. Der Boden ist in dieser Gegend trocken und hart, weist das ganze Jahr hindurch nur wenig Gras auf und ist überwiegend von kümmerlich aussehendem Buschwerk bestanden. Die Kulturpflanzen schienen hauptsächlich vertrocknete Maisstauden, verwelkte Rizinuspflanzen und Maniokstraucher zu sein. Dieses Gebiet grenzte an jenes, in dem einige Jahre vorher zahlreiche Nashörner erlegt und der Busch gerodet worden war. Der hauptsächlich dafür verantwortliche Jäger wohnte in der Nähe und erzählte nach einigem Drängen ausführlich von seinen Erfahrungen. Laut seinem Tagebuch wurden 996 Nashörner getötet, er meinte aber, es seien weit über tausend gewesen. Angesichts des äußerst kümmerlichen Ackerbaus in dieser Gegend, der kaum für den Lebensunterhalt der Bauern ausreichte, ist wohl anzunehmen, daß die Wakambas erheblich mehr Gewinn erzielt hätten, wenn sie sich statt dessen der Nashörner angenommen und sie im Rahmen natürlicher Vermehrung zum Abschuß für sogenannte «Sportjäger» freigegeben hätten. Da die Zahl der Nashörner in den meisten Gegenden Ostafrikas schnell schrumpfte, beschloß man das Gebiet für Tierfänger freizugeben, die sich als Gegenleistung für die Genehmigung verpflichten mußten, für jedes gefangene Tier ein weiteres in ein Wildschutzgebiet zu transportieren. Das war eine durchaus vernünftige Lösung, da das Wildschutzamt über kein eigenes Wildfängerteam verfügte. Dazu kam noch, daß der Fang von Nashörnern mit Hilfe chemischer Präparate ein noch völlig unbekanntes Gebiet war.

Ich war die meiste Zeit mit einem der erfolgreichsten Tierfänger Ostafrikas beisammen. Mit seinen vier stämmigen und liebenswürdigen Söhnen leitete Carr Hartley ein blühendes Unternehmen, und niemand zweifelte daran, daß die ganze Familie beim Jagen und Einfangen des Wildes mittels Seilen die größte Erfahrung besaß. Eine Fahrt durch den Busch auf ihrem umgebauten, vierradgetriebenen, ehemaligen Armeelastwagen bei der Verfolgung eines großen Nashorns war ein Erlebnis, das man nicht so schnell vergaß. Der jeweils chauffierende Sohn blieb dem Nashorn durch dick und dünn auf den Fersen. Bäume mit zehn oder mehr Zentimetern Durchmesser wurden einfach abgebrochen und kippten auf die Ladefläche des Wagens, an dem sich wo immer möglich Fahrgäste und Spurensucher verzweifelt klammerten. Das Fahrzeug raste mit achtzig und mehr Stundenkilometer Geschwindigkeit durch den weglosen Busch über alles hinweg und durch alles hindurch, in großen Sprüngen über Löcher und flog gelegentlich als Ganzes durch die Luft, wenn es auf Steine oder Ameisenhügel aufprallte. Die Jagd ging durch Schluchten, Flußbetten, steile Hügel hinauf und hinunter, so lange, bis ein wichtiger Teil des Wagens brach oder die Seilschlinge mit Hilfe einer langen Bambusstange um den Hals des keuchenden Nashorns geworfen werden konnte. Dann erst begann der eigentliche Kampf: als das verzweifelte Tier immer wieder gegen den Lastwagen anrannte, das Fahrgestell zum Schaukeln brachte und Metallteile verbog oder eindrückte. Schließlich wurde das Tier durch Seile um die Beine zu Fall gebracht, gefesselt und mit Hilfe einer Winde auf einen anderen Wagen gehoben.

All dies war ausgezeichnet organisiert, die Ausdauer und Tapferkeit der Männer, die diese Arbeit taten, stand außer Zweifel. Außerdem gab es damals keine andere Methode zum Fang von Nashörnern, und die wenigen Versuche, die ich mit Scolin gemacht hatte, waren wirkungslos geblieben.

Kurze Zeit später stellte das Wildschutzamt ein eigenes kleines Fangteam zusammen, hauptsächlich zur Umsiedlung von Nashörnern. Dies war der lobenswerte Beginn eines Unternehmens, das sich erst Jahre später wirklich bezahlt machen sollte. Carr pflegte in seiner humorvollen Art die mangelhaften Ergebnisse und die angeblich hohen Todesraten zu kritisieren. Der Wildaufseher, um den es sich handelte, war in ein falsches Licht geraten, da er keine Informationen gab, was zur Folge hatte, daß unter den Tierfängern Geschichten über das heimliche Vergraben von Kadavern kursierten.

Bis heute ist der Streit nicht zur Ruhe gekommen, was beim Tierfang besser, schneller, sicherer und humaner sei: der Fang mit Hilfe von Auto und Seilschlinge oder durch Lähmung mittels chemischer Präparate. Für den Eingeweihten gibt es hier jedoch keinen Zweifel, und die Antwort lag schon damals klar auf der Hand. Bei geübten Tierfängern, die über jahrelange Erfahrung verfügten und sich mit dieser Arbeit ihren Lebensunterhalt verdienten, mochte die konventionelle Fangmethode mittels Seilschlinge schnell und human vor sich gehen. Indessen gab es nur wenige, die über die entsprechenden Fähigkeiten verfügten. Sie forderten hohe Honorare und ruinierten erschreckend viele Fahrzeuge. Diese Methode konnte nur in kleinem Maßstab angewandt werden, um die jährlichen Verluste der Zoos zu ersetzen oder ihren Tierbestand zu vergrößern. Zum Zweck der Erhaltung von Tierarten waren diese Methode und dieses System angesichts der zunehmenden Dringlichkeit völlig unzureichend. Wenn man ein Nashorn an einen Zoo verkaufen muß, um die Kosten für die Umsiedlung eines zweiten aufbringen zu können, dann wird man kaum viele Nashörner in Sicherheit bringen. Außerdem war es schon damals offenbar, daß die Entwicklung einer befriedigenden Methode des Nashornfangs in naher Zukunft zu erwarten war. Sobald es möglich wurde, ein wildes Nashorn wirksam und sicher zu sedieren, war der ganze Vorgang erheblich humaner und billiger durchzuführen, und es konnte mit den wilden Querfeldeinjagden Schluß gemacht werden.

Die Aussiedlung der Uganda-Giraffen aus dem Farmland im Gebiet von Kapenguria war ein ähnliches Kapitel. Die Entwicklung der chemischen Fangmethoden war noch nicht so weit gediehen, um das Problem dieser besonders schönen und in Kenia selten vorkommenden Giraffen lösen zu können, die in den Feldern großen Schaden anrichteten. Sicherlich hätte man die jungen Giraffen mit dem Lasso einfangen können, aber die älteren Bullen hätten erschossen werden müssen. Schließlich konnten diese Giraffen mit Hilfe von Tranquilizern umgesiedelt werden. Es dauerte nicht einmal ein Jahr, bis wir imstande waren, Giraffen zu fangen, und wenige Jahre später sollten noch bessere Medikamente den Giraffenfang zu einer einfachen Routineangelegenheit werden lassen.

Um wieder auf die Nashörner zurückzukommen: Wenige Monate später erhielten wir die Aufforderung, mit der Übersiedlung der Nashörner von den Inseln zu beginnen, die sich hinter dem neuen Kariba-Staudamm gebildet hatten. Ein Tierfänger konnte dort nicht helfen, weil die Fahrzeuge nicht zu den von den Wassermassen abgeschnittenen Gebieten vordringen konnten. Zudem waren diese ehemaligen Hügel und nunmehrigen Inseln so zerklüftet, daß in dem Gelände kein Fahrzeug zu verwenden war. Nach der Übersiedlung des ersten Schwarzen Nashorns war es klargeworden, daß man mit der medikamentellen Fangmethode zustande bringen konnte, was mit keiner anderen möglich war, und es sollten noch viele solcher Beispiele folgen. Bald konnte man hören, daß Wildaufseher Tiere aus Fallen retteten, verwundete Tiere zum Zweck der Diagnose und Behandlung mit dieser Methode immobilisierten, und vor allem, daß nun die Biologen in der Lage waren, echte Forschungsarbeit zu treiben. All das wäre ohne eine billige und einfach anzuwendende Methode des Tierfangs nicht möglich gewesen.

Die Arbeit in Kariba war der nächste große Schritt, und dafür wurde ein wirksames Medikament benötigt. Tubarin hatte enttäuscht, Flaxedil war nur an wenigen Wildarten erprobt worden. Doch gab es Hinweise daß es für größere Tiere geeigneter und sicherer war als Scolin, und jedenfalls das beste der bis dahin erprobten Präparate.

4. VORBEREITUNG FÜR KARIBA

I

Unsere Arbeit in Kariba sollte erst Anfang 1960 beginnen. Zum Glück bot sich die Möglichkeit umfangreicher Feldversuche mit dem Medikament Flaxedil in einem näher gelegenen Gebiet, da verschiedene Tierarten, vor allem Giraffen, durch Planungen bedroht wurden, die die Kultivierung von bisher brachliegendem Boden im nördlichen Uganda und in den Gebieten nahe von Kenia vorsahen. Wenn man Nordostuganda bereist, gelangt man nach den landwirtschaftlich genutzten Gebieten um Tororo bald in naturbelassene Gegenden, vor allem nördlich von Mbale, dessen Name ja schon «fern» bedeutet. Dann wird die Besiedlung immer spärlicher, bis man schließlich nördlich des Mount Elgon das wüstenähnliche Gebiet von Karamoja erreicht, das von nomadisierenden Hirtenstämmen, den Karamojong und Karasuk, bewohnt wird. Ein Teil dieser großartigen, an den Sudan grenzenden Landschaft gehört heute zum Kidepo-Nationalpark.

In dem südlich des Greek River gelegenen Teil dieser Region sollten Menschen angesiedelt werden, für die in den dichter bevölkerten Gegenden kein Boden verfügbar war. Man beabsichtigte, den Boden umzupflügen, Brunnen und Senkgruben zu graben, um den Eingeborenen die Ansiedlung und den Ackerbau schmackhaft zu machen. In diesem Gebiet gab es zahlreiche Giraffen. Man hoffte, daß die anderen Tierarten abwandern würden und daß man wenigstens einige der Giraffen umsiedeln könnte, ehe das Buschland, auf dem sie lebten, gerodet wurde. Vom ökologischen Standpunkt sollte dieses Projekt mehr Nachteile als Vorteile bringen. In meinem Tagebuch finde ich folgende Eintragung:

«Wir arbeiten nun in den Gebieten von Chipsikunya und Nabagut im Bezirk von Nabiswa, der südlich vom Debasian-Wildschutzreservat liegt und von diesem durch den Greek River getrennt ist. Die Verwaltung fördert die Besiedlung durch Rodungen und Bewässerung. Im Schutzgebiet selbst werden Staudämme errichtet, sicherlich nicht nur für das Wild. Die Besiedlung am südlichen Teil des Flusses wird dem Wild den Weg abschneiden, und das wird den Verlust eines großen Teils des südlichen Schutzgebiets verursachen. Viele Tiere werden bereits durch die zahlenmäßige Zunahme der Karamojong-Rinder aus dem Schutzgebiet verdrängt. Wegen der abnehmenden Wasservorräte im Wildschutzgebiet sind viele Tiere in der Trockenheit gezwungen, in das Gebiet von Sebei auszuweichen. Die Durchführung der Besiedlungspläne am Südufer des Flusses wird zu einer Isolierung dieses Teils des Wildschutzgebietes führen. Die einzige Hoffnung für die weitere Aufrechterhaltung des Schutzgebietes wäre die Ausweitung der Schutzzone bis auf drei Kilometer südlich des Flusses.»

Leider traf meine Voraussage ein, und das Gebiet wurde schließlich zugunsten eines weiter nördlich gelegenen Reservats freigegeben.

Es war vorgesehen, daß wir uns in einem nördlich dieses Gebiets gelegenen Lager sammeln sollten, wo Leute vom Wildschutzamt bereits Gehege, sogenannte *bomas*, zur Aufnahme jener Tiere bauten, die wir zu fangen hofften. Ich begab mich in die Zentrale des Wildschutzamtes im ehemaligen Verwaltungszentrum Entebbe, um noch einmal nach dem Rechten zu sehen, und erhielt dort jene Art von Anweisungen, die nur allzuoft an Reisende in Ostafrika gegeben werden, wo es während der Fahrt unmöglich ist, Auskünfte zu erhalten, und ein Abweichen vom Weg einen Umweg von hundertfünfzig Kilometer in der Wildnis zur Folge haben kann. Dick Newton, der stellvertretende Chef des Wildschutzamtes, war nicht nur ein ausgezeichneter Pilot, sondern auch wegen der Instruktionen berühmt, die er den Passagieren erteilte, die kühn genug waren, sich in sein klappriges Flugzeug zu setzen. Sie lauteten etwa so: «Sind die Türen geschlossen? Die Haltegurte angezogen? Die Gebete gesprochen?» Seine Anweisungen, wie ich zum «weit draußen» gelegenen Lager kommen könne, entsprachen völlig seiner charakteristischen Art: «Also, das ist nicht schwierig. Fahren Sie um den Berg herum, dann achtzig Kilometer nach links und dann geradeaus. Sie werden zu einigen Weggabelungen kommen, die brauchen Sie nicht zu beachten.» Irgendwie bin ich dann doch hingelangt.

Ich hatte die übliche Ausrüstung im Wagen: die Injektionsprojektile samt Ersatzteilen und den dazugehörigen Werkzeugen befanden sich in den Laden meines metallenen Werkzeugkastens. Die für die Arbeit in der Wildnis erforderlichen Minimalmengen an Medikamenten und Laborgeräten befanden sich ebenfalls in diesem Kasten, zusätzliche Mengen in einem größeren Holzkasten. Diesmal verwendeten wir als Schußwaffe ein Gewehr mit Pulverladung, welches das Injektionsprojektil über eine Entfernung von etwa 450 Meter ziemlich genau ans Ziel bringen konnte, was vor allem deswegen dringend notwendig war, weil die Tiere des Nabiswa-Gebiets gejagt wurden und den Menschen aus dem Weg gingen. Neben den zur Immobilisierung und Wiederbelebung der Tiere benötigten Medikamenten führten wir das übliche, ziemlich umfangreiche Behandlungsmaterial für Menschen mit. Damals gab es nur wenige medizinische Behandlungsstationen, und wenn eine irgendwo ihr Lager aufschlug, verbreitete sich bald die Kunde: «*Iko Daktari!* – Ein Doktor ist da!» Bald begannen sich die Eingeborenen geduldig anzustellen, alte Männer mit chronischen Geschwüren, hilfesuchende Mütter mit Säuglingen, deren Augen mit Fliegen bedeckt waren, und Leute mit chronischer Malaria. Unsere Vorräte bestanden hauptsächlich aus Malariamitteln, Sulfonamiden, Rizinusöl und einem riesigen Topf voll mit Salbe sowie Verbandsmaterial. Die Eingeborenen ertrugen selbst große Wunden mit stoischer Ruhe und dachten nicht einmal daran, sie auszuwaschen, um den Heilungsprozeß zu beschleunigen. Oftmals gab es sehr tragische Fälle, Kinder, die in ein Lagerfeuer gefallen waren, oder Kinder, die völlig nackt und ohne Decke auf dem blanken Boden einer Hütte liegend an Lungenentzündung starben, während die Familie ihren normalen Beschäftigungen nachging. Im allgemeinen sprachen die Patienten schon auf die einfachste Behandlung erstaunlich schnell an, da sie über eine natürliche Widerstands- und Heilungskraft verfügten, die sich mit ein wenig Unterstützung durch moderne Medikamente sofort durchsetzte.

Das neue Pulvergewehr war recht einfach und bestand hauptsächlich aus einem glatten Rohr, in das das Injektionsprojektil paßte. Genau abgewogene Schwarzpulvermengen wurden in entsprechende Kartuschen eingefüllt und mit Baumwollpfropfen festgepreßt. Zur Stabilisierung der Flugbahn waren die Projektile mit einem Schwanzteil aus Metall, der drei Federn trug, ausgestattet, die beim Abschuß meist zu brennen begannen, so daß das Geschoß mit einem Rauchschweif wie eine Rakete dahinflog.

Jedenfalls war dieses Gerät wesentlich besser als das Gasdruckgewehr, auch wenn es noch keineswegs vollkommen war. Der dicke Baumwollpfropfen, der das völlige Verbrennen der Stabilisierungsfedern verhindern sollte, hinterließ Rückstände im Lauf, der daher stets gründlich gereinigt werden mußte, damit die folgenden Geschosse die erforderliche Flugweite erreichten. Auch führte die ungleichmäßige Verteilung des Schwarzpulvers in der Kartusche oft zu einer ungleichmäßigen Verbrennung, wodurch die Projektile zu kurz flogen. Die Anbringung neuer Schwanzfedern an den Injektionsgeschossen war eine mühevolle und zeitraubende Arbeit, und die geeigneten Federn waren schwer aufzutreiben. Höchst ärgerlich war die Tatsache, daß sich der Spritzenkörper durch den stärkeren Aufprall ausdehnte und dadurch das Schraubengewinde am Kopf undicht wurde. Dieses Problem wurde erst gelöst, als wir für den Spritzenkörper eine festere Legierung benützten sowie einen größeren Kopf, der sich tiefer in die Röhre schrauben ließ. Trotz all dieser Schwierigkeiten, die bei jeder neuen Entwicklung unvermeidlich sind, erzielten wir viele Treffer und im allgemeinen befriedigende Resultate.

Da wir nun über ein Medikament samt Gegenmittel (siehe 2. Kapitel) verfügten, konnte die Toleranzgrenze erweitert und die Kontrolle über das Ausmaß der Immobilisation wesentlich verbessert werden. Wir konnten das Tier nun sofort nach Beendigung unserer Aufgabe – wie Abnahme der Körpermaße und Markieren – wieder auf die Beine bringen. Wenn das Tier zum Zweck der Umsiedlung gefangen wurde, konnte das Gegenmittel sofort nach Fesselung und Sedierung verabreicht werden, wodurch die Zeit der Ungewißheit und Spannung verkürzt wurde. Früher mußten wir bei jedem zu Boden gehenden Tier die Sorge haben, daß das Medikament noch nicht völlig resorbiert war und die Betäubung daher immer tiefer würde, wenn eine größere Menge des Medikaments von der Injektionsstelle aus in den Blutkreislauf gelangte. Aus diesem Grund war ja die Ferninjektion erheblich unsicherer als die Anästhesie im Operationssaal, wo das Medikament so lange in die Vene des Patienten eingeführt wird, bis er bewußtlos ist, und es dann sofort gestoppt wird. Sobald aber das Medikament in einen Muskel injiziert wird, kann es nicht mehr aufgehalten werden, auch wenn es sich herausstellen sollte, daß die Betäubung genügend tief ist, wenn erst ein Teil der Dosis in den Blutkreislauf eingetreten ist. Jetzt aber beherrschten wir zumindest einigermaßen den weiteren Ablauf des Vorgangs.

Andere Methoden der Ersten Hilfe waren nicht praktikabel. Künstliche Atmung ist mit einem mehr als einhundert Kilogramm schweren Tier undurchführbar, da man den Brustkorb nicht bewegen kann. Weiter sind der Druck der schweren Eingeweide der Pflanzenfresser und der Totraum, das heißt der Anteil ungenutzter Luft, der nicht dem Gasaustausch dient, bei den meisten Tieren erheblich größer als beim Menschen. Wenn durch künstliche Atmung nur die Luft in Nase und Mund hin und her bewegt wird, gelangt kein Sauerstoff in die Lunge. Es gab ein Gerät zur künstlichen Beatmung, doch hatten wir von einem Unternehmen zum anderen mit Tierarten so verschiedener Größe und Norm zu tun, daß sein Einsatz nur beschränkt möglich war. Sollte ein Mitglied unseres Teams durch Zufall injiziert werden, war es doch beruhigend, ein Gegenmittel zur Hand zu haben. Zwar war keiner von uns mit einem Flußpferd oder einer Giraffe zu verwechseln, doch war die Flugbahn des Injektionsprojektils doch immer ein wenig ungenau. Auch war trotz aller Vorsichtsmaßnahmen eine zufällige Entladung möglich. Ein solches Unglück hätte leicht eintreten können, als mein Gewehr einmal von selbst losging, nach oben gerichtet, und das Injektionsgeschoß fiel dann irgendwo herunter, aber wir alle blickten sekundenlang besorgt empor und warteten, ob das Geschoß samt seiner Ladung, die einen Elefanten umwerfen konnte, herabgesaust käme. Ein ernsterer Zwischenfall ereignete sich, als der junge Eingeborene, der für zwei amerikanische Wissenschaftler kochte, während ihrer Abwesenheit auf den Gedanken kam, selbst einmal Arzt zu spielen. Nach seiner Meinung brauchte man dazu nur eine Injektionsspritze. Als ein Massai aus der Umgebung ins Zelt kam und über eine Infektion klagte, die ihm viel zu schaffen machte, sah sich dieser einfallsreiche Mann kurz um, nahm ein wenig von allem, was er finden konnte, darunter wahrscheinlich einige Nikotinalkaloide, die als Betäubungsmittel verwendet wurden. Das alles mischte er in einer Teetasse zusammen, nahm dann eine Injektionsspritze und injizierte dem Massai dieses Gebräu. Vermutlich hatte er vorher ein entsprechendes Honorar einkassiert. Anschließend sank der Massai ohnmächtig zu Boden und blieb trotz aller Bemühungen des örtlichen Spitals mehrere Tage lang bewußtlos. Leider wußte der Koch selbst nicht mehr, was er da zusammengemixt hatte, und so wird die Zusammensetzung dieses höchst wirksamen Betäubungsmittels für Menschen ein ewiges Geheimnis bleiben.

2

Die Wirkung der Substanz, die wir nun für große Säugetiere verwendeten, war der von Scolin insofern ähnlich, als beide die Bewegungsfähigkeit durch Lähmung der willkürlichen Muskeln verursachten; das sind jene Muskeln, die das Skelett bewegen, im Gegensatz zu den unwillkürlichen Muskeln der Eingeweide. Dadurch ist das Tier unfähig, sich fortzubewegen oder sich auf den Beinen zu halten. Die Wirkung auf verschiedene Muskelgruppen ist selektiv. Zuerst wird die Kau- und Schwanzmuskulatur gelähmt, dann die Muskulatur der Extremitäten. Die Wirkung auf die atmungswichtigen Muskelgruppen (Rippen- und Bauchmuskulatur, Zwerchfell) tritt erst später ein. Theoretisch ist es also möglich, das Tier nur so weit zu lähmen, daß es zwar nicht mehr laufen, aber dennoch atmen kann. In Wirklichkeit tritt das aus drei Gründen kaum ein: weil einzelne Tiere unterschiedlich reagieren, verschiedenes Körpergewicht aufweisen und auch die Resorptionsgeschwindigkeit der Substanz je nach der Injektionsstelle schwankt.

Diese drei Faktoren sind schwer vorauszuberechnen. Individuelle Reaktionsunterschiede zwischen anscheinend gleichen Tieren sind in der veterinärmedizinischen Praxis wohlbekannt. Aus diesem Grund wird die nach dem Gewicht und dem Gesundheitszustand des Patienten bemessene Menge des Betäubungsmittels nur als vorläufiger Richtsatz betrachtet. Gewöhnlich werden die Reaktionen des Patienten während der Anwendung des Anästhetikums beobachtet, so daß die Menge seinem Zustand gemäß bemessen werden kann. Die meisten Veterinäre würden höchst ungern ein Anästhetikum intramuskulär verabreichen, auch wenn der Patient genau gewogen, medikamentös vorbereitet, auf Kontraindikationen untersucht und durch entsprechende Diät auf die Anästhesie vorbereitet werden kann. Bei Tieren in freier Wildbahn kommt ja nur eine intramuskuläre Injektion mit dem Narkosegewehr in Frage, wobei es natürlich nicht immer möglich ist, die Injektionsstelle auszuwählen. Es kann daher geschehen, daß in eine Körperregion injiziert wird, von der aus sich das Medikament so langsam verbreitet, daß es nicht in voll wirksamer Menge in die Blutbahn gelangt. Es kann aber auch zufällig eine Vene getroffen werden, und die Wirkung wird dann so stark, daß das Tier gefährdet ist.

Somit gehen die Schwierigkeiten der Tierbetäubung auf freier Wildbahn weit über das Problem der Gewichtseinschätzung hinaus, das an sich schon schwierig genug ist. Genaugenommen stehen unsere Chancen an und für sich schlecht, da wir über ein bestimmtes Tier, das wir fangen wollen, nicht mehr wissen als die Reaktionsnorm der Art, der es angehört, und in einigen wenigen Fällen bestimmte Besonderheiten der örtlichen Rasse. Zu den erwähnten Problemen kommt noch, daß wir auf die Bewegung des Tieres weder vor noch nach der Injektion Einfluß nehmen können und auch nicht wissen, ob wir dem Tier helfen können, wenn das Medikament zu wirken beginnt. Oft läuft das Tier schnell davon; wenn es dann irgendwo plötzlich zusammenbricht, kann es eine halbe Stunde oder noch länger dauern, bis wir es durch Verfolgen seiner Fährte oder Suchen aufs Geratewohl gefunden haben. Lähmende Medikamente, sogenannte «Muskelrelaxanzien», wirken gewöhnlich nicht auf das Zentralnervensystem. Die Sinneswahrnehmungen und die normale Gehirntätigkeit des Tieres bleiben unverändert. Wenn es im Augenblick der Injektion erschrickt, wird es weglaufen und erst stehenbleiben, bis seine Muskeln so erschlafft sind, daß es bewegungsunfähig wird. Hier gibt es praktisch keine Übergangsphase. Das in vollem Galopp dahinstürmende Tier wird von einem Augenblick zum anderen bewegungslos gemacht. Diese Wirkung tritt durch die Blockierung der Nervenimpulse an jener Stelle ein, wo Nerv und Muskeln zusammentreffen. Die genaue Wirkungsweise der verschiedenen Präparate unterscheidet sich jedoch in einer sehr wichtigen Hinsicht: Scolin imitiert die Wirkung jener chemischen Substanz, die normalerweise während der Muskelkontraktion an den Nervenenden frei wird, wodurch nachfolgende Nervenimpulse unwirksam bleiben, bis das Scolin am Nervenendapparat vom umgebenden Gewebe abgebaut wird. Flaxedil blockiert diese Verbindung, so daß die physiologische Überträgersubstanz für nervale Impulse nicht durchdringen kann.

Der Abbau des Scolin kann nicht beschleunigt werden und muß dem normalen Stoffwechsel des Organismus überlassen bleiben. Durch Aufhebung der Flaxedilblockierung kann man ihn jedoch beschleunigen, indem man das Freisetzen jener biochemischen Substanz anregt, die sich normalerweise an der Nervenendplatte bildet. Dies kann durch die Anwendung von Prostigmin erreicht werden. Diese Substanz wird injiziert und entfaltet ihre Wirkung, indem sie jenes Enzym hemmt, das normalerweise die Überträgersubstanz der Nervenimpulse spaltet und somit zu einer raschen Zunahme dieses Stoffes führt. Mit steigender Konzentration dieser Substanz wird die Flaxedilblockierung überwunden, und die gelähmten Muskeln werden wieder bewegungsfähig, sofern die Dosis des verabreichten Muskelrelaxans nicht zu hoch war. Eine zielgerichtete Anwendung von Prostigmin war jedenfalls geeignet, die Atmung zu verbessern und damit dem Körper die Möglichkeit zu geben, die lähmende Substanz auf normalem Weg zu eliminieren. Prostigmin wirkt jedoch nicht im Sinne eines spezifischen Gegenmittels. Es führt nicht zu einer Neutralisierung des Flaxedils, so wie eine Lauge durch eine Säure neutralisiert wird. Die Wirkung beruht auf einem physiologischen Antagonismus. Prostigmin hilft dem Körper, die Wirkung des Präparats zu überwinden, wirkt aber nicht auf die Substanz direkt. Die Kenntnis dieser Zusammenhänge ist wichtig für das Verständnis der Grenzen dieser medikamentellen Immobilisationsmethode, die später ausführlich besprochen wird, sowie auch für das Verständnis des Unterschieds im Wirkungsmechanismus zwischen diesem und anderen Gegenmitteln wie zum Beispiel dem Morphium.

3

Etwa um diese Zeit wurde eine andere Art von Rettungsunternehmen in der Gegend von Nabashose im mittleren Teil Ugandas eingeleitet. Damit sollte versucht werden, Tiere zu retten, die im Zug des Kampfes gegen die Tsetsefliege getötet werden sollten. Man wollte in einem großen Gebiet das Wild ausrotten, um der Tsetsefliege die Nahrungsbasis zu entziehen und mehr für die Rinderzucht geeignetes Land zu gewinnen. Zur Tötung vorgesehen waren Büffel, Wasserbock, Elenantilope, Riedbock, Bleichböckchen, Ducker, Warzenschwein, Riesenwaldschwein, die Topi-Antilope und der Löwe. Später wurden monatlich von einhundert Jägern etwa neunhundert Tiere erlegt. Viele Wissenschaftler verurteilten dieses Abschießen von Wild als nutzlose Verschwendung. Genaue Untersuchungen, wie die von Dr. P. E. Glover in Kenia, ergaben, daß die Tsetsefliege auf andere Weise wirksamer und letztlich auch billiger bekämpft werden konnte. Das Abschießen von Wild ohne vorherige Einzäunung des Gebiets und ohne Ausnutzung natürlicher Hindernisse, die den Wildwechsel einschränken, mußte zur Ausrottung der Tiere auf einem noch größeren Gebiet führen. Während sich immer mehr vernünftige Wissenschaftler gegen die grausige Abschlachtung aussprachen, wurde diese Vorgangsweise Teil der offiziellen Regierungspolitik und jahrelang unkontrolliert weiter fortgesetzt. Die größeren Tierarten, wie der Büffel und die Elenantilope, waren bald verschwunden, und dann trat das ein, was vorauszusehen gewesen war: die Tsetsefliegen befielen nun Wildschweine und kleinere Antilopen, wie den Ducker, deren Jagd schwieriger oder weniger interessant war. 1956 machte ich in mein Tagebuch folgende Eintragung, die das Ergebnis intensiver Gespräche mit Wissenschaftlern gewesen war, die das Gebiet und die Lage gut kannten:

«Das Gebiet, in dem das Wild abgeschossen werden soll, grenzt im Norden an den Katongafluß, im Osten an die kleine Stadt Masaka, im Westen an die Straße von Umbarara nach Kahunge, und im Süden an die Straße von Umbarara nach Masaka; es handelt sich also hauptsächlich um das Gebiet um Nyabashosi Zaza. Der Wildbestand im Gebiet nördlich und südlich der Straße von Umbarara nach Masaka bildet jedoch eine ökologische Einheit, die sich nach Süden bis zur Nakivali-Seengruppe erstreckt. Jedenfalls böte der nördlich davon gelegene Landstrich für eine wachsende Bevölkerung genügend Raum, wenn der Boden sinnvoll genutzt würde. Die Bereitstellung eines zu großen Territoriums zur planlosen Besiedlung kann nur zu einer unwirtschaftlichen Bodennutzung führen, während der mögliche Ertrag aus der Jagd unwiederbringlich verlorengeht.»

Nachdem es dem Wildschutzamt nicht gelang, die Regierung von der Ausrottungspolitik abzubringen, entschloß man sich zur Durchführung eines großangelegten Unternehmens, um wenigstens einen Teil des Großwildes, wie Elenantilopen, Topi- und andere Kuhantilopen sowie Wasserböcke, zu retten. Viele nahmen sich dieser Sache durch Beistellung von Geldmitteln und persönliche Mitarbeit an. Ein Bataillon der African Rifles wurde ebenfalls entsandt, um mitzuhelfen. Mit ihrer Hilfe wurden in einem Tal riesige Gehege gebaut sowie lange, gut getarnte Zäune, die einen breiten Schlauch bildeten, durch den das Wild schließlich mit Hilfe eines Flugzeugs in die Gehege getrieben werden sollte. Es war ein großartiges Vorhaben, und daß es schließlich nicht funktionierte, mindert nicht die Bedeutung des Gedankens. Rückblickend kann man feststellen, daß Fehler gemacht wurden. Der größte Fehler war jedoch, daß diese Versuche nicht konsequent so lange wiederholt wurden, bis man genau wußte, wo die Fehler lagen und wie sie vermieden werden könnten.

Die Tätigkeit des Piloten war besonders eindrucksvoll. Mit viel Geschick und Kühnheit scheute er immer wieder ganze Herden von Elenantilopen gegen die Fangzäune. Die Tiere liefen sehr schnell, flohen jedoch die Hügel hinauf, anstatt in der Talsohle zu bleiben. Wenn sie jedoch entlang des Tals getrieben wurden, witterten sie sofort das neue Gerüst des Zauns und kehrten – trotz aller Bemühungen, sie weiter zu treiben – sofort um. Der wichtigste Unterschied zwischen den Gehegen von John Seago und den in Nyabashosi errichteten war die Neuheit der letzteren. Unser Plan hätte wohl besser funktioniert, wenn Gehege und Zäune ein Jahr Wind und Wetter ausgesetzt gewesen wären. So war der Boden von den hilfsbereiten Leuten des Armeebataillons und ihren Fahrzeugen zertrampelt und aufgewühlt. Gruppen von Männern waren hinter den Fangzäunen verteilt und blieben den Tieren sicherlich nicht verborgen, die sie wahrscheinlich auch hörten und witterten.

Manchmal schien der Erfolg in greifbarer Nähe, wenn die Herden in die Auffangschneisen galoppierten. Doch dann wandten sie sich wieder um und durchbrachen die Kette der Männer am Eingang, sprangen sogar über sie hinweg. Das Flugzeug brauste hin und her wie ein fliegender Schäferhund, begab sich in recht gefährliche Situationen und wurde offenbar von einem ehemaligen Militärpiloten geflogen. Die Passagiere des Flugzeugs halfen mit, indem sie Knallkörper warfen. In der Hitze des Gefechtes ging eine Flinte los, der Schuß zerstörte prompt ein großes Stück der Hauptstrebe des rechten Flügels. Irv Buss, ein großer, lakonischer Fulbright-Stipendiat, der zur Erforschung der Elefanten nach Kenia gekommen war, schilderte seine Reaktion auf klassische Weise. Beim abendlichen Tee erzählte er, wie er plötzlich bemerkt habe, daß der größere Teil der Strebe verschwunden war: «Ich guckte auf diese Strebe», sagte er langsam, mit unübertrefflichem Understatement, «und ich sage zu mir, na so was!»

Als die Tiere bei unserem letzten Versuch wiederum ausbrachen, sprang ein Tieraufseher wütend aus seinem Wagen, stürzte sich wie ein Rugbyspieler auf ein Zebrafohlen und warf es zu Boden. So kamen wir wenigstens nicht mit leeren Händen zurück. Das kleine Zebra, unsere einzige Beute, wurde von den zahlreichen Reportern von allen Seiten fotografiert, und sie konnten daher nach langer Fahrt und tagelangem Warten wenigstens etwas vorzeigen. Langsam fuhren wir wieder nach Hause, traurig, weil wir versagt hatten und die Tiere ihrem Schicksal überlassen mußten. Wiederum machte ich mir Gedanken über unsere Unfähigkeit, die Reaktionsmuster vieler Tiere richtig einzuschätzen, und fragte mich, ob unsere Fangmethoden nicht völlig falsch seien. In welcher Weise unterschied sich unsere Einstellung von jener der Trophäen- und Fleischjäger und jener Raubtiere, deren Raubzüge diese Tiere überlebt hatten? Sicher, wir verfolgten ein völlig anderes Ziel, doch war unsere Vorgangsweise die gleiche, nämlich die Anwendung von Gewalt mit Hilfe einiger hundert Männer und zahlreicher Explosionsmotoren. Vielleicht wird eines Tages ein freundlicher, unscheinbarer und unbekannter Dr. Doolittle dort Erfolg haben, wo Gewalt, Geld und Ministerien versagt hatten. Indessen war mir klar, daß der Wildfang in großem Maßstab nur eine Frage von Zeit und der Entwicklung richtiger Methoden war. Wir aber hatten noch viel zu lernen.

4

Wiederum war mein alter Vanguard-Kleinlaster vollgepackt, der Wagen, den ich im Frühling 1956 von London aus und quer durch die Sahara bis Nairobi gefahren hatte. Die Wüstenfahrt war sehr schwierig gewesen, vor allem, weil ich nicht wußte, wie sie enden würde, und wegen der Vorstellung, daß die Kupplung versagen könnte und ich den Wagen mit vierhundert Kilogramm Gepäck, Reservefedern, Schaufeln und Sandmatten als Wegmarke im Sand zurücklassen müßte, wie es anderen vor mir geschehen war. Damals wurden solche Autowracks tatsächlich als Wegweiser in der Wüste verwendet. Dazu kam noch der Gedanke an den möglichen Verlust der beträchtlichen Kaution, die ich für den Fall eines solchen Ereignisses in Algier hatte hinterlegen müssen. Die anschließende Fahrt durch Zentralafrika war streckenweise viel schwieriger und oftmals auch gefährlicher gewesen, wenn der schwer beladene Wagen auf Fähren über breite und tiefe Flüsse übergesetzt wurde und von steilen, schlammigen Flußufern auf das Floß bugsiert werden mußte, während die Ruderer faul und gleichgültig zusahen. Doch gab es immer die Hoffnung, daß man im Notfall noch einiges aus dem Fluß retten oder daß man ein wichtiges Ersatzteil irgendwo auftreiben könnte, obwohl es zwischen Kano in Nigeria und der Grenze Belgisch-Kongos kaum etwas gab, das ein solches Vertrauen hätte rechtfertigen können. Die einzige Ausnahme begegnete mir im – damaligen – Britisch-Kamerun, wo uns ein freundlicher junger Distriktsbeamter mit den Worten begrüßte: «Sie möchten sicherlich gerne ein Bad nehmen.» Diese Geste heimatlicher Gastfreundschaft war überwältigend, nachdem ich an sämtlichen bisher passierten Grenzen nur den barschen Ruf «Reisepaß!» vernommen hatte. In meiner Übermüdung hatte ich immer noch nicht ganz begriffen und hielt ihm meinen Reisepaß vor die Nase, worauf er meinte: «Lieber Freund, das hat Zeit bis morgen nach dem Frühstück.» Solche Art von Gastfreundschaft war damals in Ostafrika durchaus nicht ungewöhnlich, hingegen in allen anderen afrikanischen Ländern keineswegs die Regel.

Das Terrain, das ich dann mit meinem ausgezeichneten, wenn auch verbeulten Vehikel durchquerte, war schwieriger als alle bisher bewältigten. Das ansonsten ausgezeichnete Fahrzeug hatte keinen niedrigen Gang, und so mußte ich, um nicht steckenzubleiben, schlammige und überschwemmte Strecken mit erhöhter Geschwindigkeit überwinden, anstatt sie im niedrigen Gang eines vierradgetriebenen Land-Rovers oder Jeeps gemächlich durchqueren zu können. Manchmal wurde das ganze Fahrzeug durch im Schlamm oder Wasser verborgene Felsblökke in die Luft geschleudert oder blieb plötzlich stehen, wenn es in einen wassergefüllten Graben fuhr. Ich führte einen schweren Hammer mit, um verbogene Wagenteile wieder zurechtzuschlagen. Erst 1961 erhielt ich vom Wellcome Trust zur Unterstützung meiner Arbeit einen Land-Rover, der mir in den folgenden acht Jahren bis zum heutigen Tag ausgezeichnete Dienste leisten sollte. Im November 1960 fuhr ich die mir bereits bekannte 320 Kilometer lange Strecke von Kampala nach Westen, um wieder einmal Elefanten zu fangen. Ich passierte Mubende und erreichte Fort Portal, wo ich den Tank und die Reservekanister mit Treibstoff füllen ließ. Es gab dort ein kleines Café mit dem Spitznamen «Leimtopf», weil mancher, der einkehrte, dort kleben blieb. Das Lokal fungierte gleichzeitig als inoffizielles Postamt für Nachrichten, wie die Verlegung von Treffpunkten oder die Unpassierbarkeit von Fahrpisten. Wenn alles gutging, wollten wir die Straße nach Bundibugyo nehmen, die am Kichwamba-Hotel vorbeiführte, das am Abhang des Ruwenzorimassivs stand.

Von Fort Portal aus sieht man die Portal-Gipfel dunkel aufragen, hinter denen sich Gletscher verbergen. In Wirklichkeit muß man einen drei Tage langen anstrengenden Fußmarsch durch Schlamm, riesige Brennesseln, über verschlungene Wildpfade und durch etwa zehn Meter hohe verfilzte Vegetation unternehmen, ehe man das eigentliche Gebirge zu Gesicht bekommt. Und dann gilt es noch durch riesige Bestände von schleimigem Kreuzkraut und Jakobskraut hinaufzusteigen, ehe man die Schneegrenze erreicht. Wenn man sich durch das Gebiet des Ruwenzori bewegt, überfällt einen ein ganz besonderes Gefühl; das war vor allem an jenem Tag der Fall, als wir uns verirrten, nämlich, daß der Boden rechts und links des schmalen Weges noch nie von Menschen betreten worden war. Warum hätten sie es auch tun sollen? Die Eingeborenen hatten keine Veranlassung, dieses unwirtliche Gebiet zu betreten. Bei anderer Gelegenheit, als ich meine Reise für zwei Tage in Moshi unterbrach, um den Kilimandscharo zu ersteigen, meinte mein Safariboy sehr treffend: «Ich verstehe nicht, warum die Europäer immer auf Berge klettern wollen.» Während er mit weniger als der Hälfte unseres Gepäcks mühevoll mit uns zur höchsten Schutzhütte hinaufkletterte, fügte er hinzu: «Sie alle, Männer, Frauen und Kinder, wollen auf Berge klettern. Und was dann? Sie klettern wieder runter. Und was haben sie davon? Nichts!» Dabei schüttelte er ernsthaft den Kopf.

Es ist äußert zweifelhaft, ob ein afrikanischer Berg von Menschen bestiegen wurde, ehe die weißen Forscher kamen, die, erfüllt von

Neugierde und einem unverständlichen Wettbewerbsgeist, die Berggipfel erklommen und ihnen die Namen von Schutzherren oder Monarchen gaben, die dann auf den Landkarten von Afrika verzeichnet wurden. Auf manchem Gipfel befindet sich in einer passenden Höhlung ein Metallbehälter mit dem Gipfelbuch, in das die Gipfelstürmer ihren Namen eintragen können. Ein jovialer Farmer erzählte mir einmal lachend folgende Geschichte. Er hatte einen bekannten Alpinisten den Mount Elgon hinaufgeführt, der an seine Farm grenzte. Der Mount Elgon ist 4322 Meter hoch und fast bis zum Gipfel leicht begehbar. Das Gipfelbuch befindet sich jedoch auf einem riesigen, vertikal hochragenden Felsen aus vulkanischem Gestein, der aus der Bergkuppe herausragt. Sie hatten einen Farmboy bei sich, der den Korb mit dem Essen trug. «Hier sind wir», sagte der Farmer, als sie den Fuß dieses Felsens erreichten. «Oben auf dem Felsen ist das Gipfelbuch, und ich werde den Boy hinaufschicken, damit er es holt, während wir uns ein Bier genehmigen. Aber ehe man sich's versah», fügte er kichernd hinzu, «kletterte der Mann höchstpersönlich an dem Felsen hoch wie eine Spinne.»

Der erwähnte Alpinist sollte sich später am Mount Everest hervortun und nahm die Bergsteigerei offenbar viel ernster als mein Freund, der Farmer.

Auf dem Wege nach Bundibugyo steht ein Feigenbaum, und von der Stelle aus führt ein fast nicht erkennbarer Weg direkt zum Semliki. Der Weg führt in zahlreichen Haarnadelkurven den steilen Berghang hinab, und man muß jeden Augenblick gewärtig sein, daß der Autobus eines nahe gelegenen Dorfes oder ein mit Steinen vollbeladener Lastwagen des Arbeitsministeriums, vom Fahrer kaum beherrscht, einem entgegengerast kommt. Der in Westafrika übliche Brauch, religiöse Sprüche an Vorder- und Seitenflächen der Lastwagen zu malen, wäre in Ostafrika sicherlich ebenfalls am Platz, obwohl es etwas bestürzend ist, wenn man einen Bus oder Lastwagen über einen steilen, schmalen Pfad zwischen einem Abgrund und einer hochragenden Felswand auf sich zurasen sieht, der vorne die Aufschrift trägt: «Bereite Dich vor, Deinen Schöpfer zu sehen», wie ich es in Westafrika erlebt hatte.

Lange Strecken des Semliki waren mit grünem Schlamm bedeckt. Sorgfältig beobachtete ich meinen Kilometerzähler und berechnete ständig die abnehmende Anzahl von Kilometern, die ich in der Dunkelheit zu Fuß würde zurücklegen müssen, falls sich der Schlamm tiefer erweisen sollte, als meine Räder hoch waren. Als Treffpunkt war ein bestimmtes Wasserloch gewählt worden, wo ein Zelt bereitstand. Zuerst sollten Hal Buechner und ich separat eintreffen, später Bill Pridham. Hal und ich kamen etwa zur gleichen Zeit an, entdeckten gleich das Wasserloch, aber auch die entmutigende Tatsache, daß es vor kurzem auch von einigen Elefanten entdeckt worden war. Das Wasser sollte eigentlich klar und sauber sein, entpuppte sich jedoch als aufgewühlte Schlammbrühe, die penetrant nach Elefanten stank, was uns daran erinnerte, daß die Badesitten der Elefanten einiges zu wünschen übriglassen. Wir machten Tee und fügten ihm einige zusätzliche Löffel voll einer starken ortsüblichen Sorte namens Simba Tschai, oder Löwenblätter, hinzu. Das Gebräu war elefantengrau, schmeckte jedoch überraschenderweise nach Tee. Doch sollte sich dies als Täuschung erweisen. Die Elefantenausdünstung war vom Tannin gebunden worden. Beim Kontakt mit unserer Magensäure wurde diese Verbindung wieder gelöst, und dieser nunmehr freigewordene Elefantenextrakt kehrte nun wieder, rein, gesättigt und unverwechselbar, als lautstarkes Rülpsen ins Freie zurück.

Wir wollten Elefanten fangen, und wir wurden nicht enttäuscht. Drei kleine, aber erwachsene Elefanten gingen nach Injizierung gut berechneter Dosierungen zu Boden. Am Mittwoch, dem 16. November, konnte ich folgende typische Eintragung in mein Tagebuch vornehmen: «Weibliches Exemplar mit mehrere Jahre altem gut entwikkeltem Kalb. Geschätztes Gewicht: 2750 Kilogramm. Verwendete Dosis: 7 ml Flaxedil-Lösung (800 mg pro ml). Injektion um 9.43 Uhr in die rechte Schulter aus einer Entfernung von etwa 16 Schritt. Nachdem sich das Tier auf einige Distanz entfernt hat, begann es wiederum ruhig zu fressen. Um 10.02 Uhr konnte es den Rüssel nicht mehr über die Horizontale heben, und bald hing er kraftlos herunter. Um 10.05 Uhr begann es auf den Beinen zu schwanken, man konnte sich zum Zweck der Markierung nähern. Um 10.15 Uhr ging das Tier zu Boden, wurde gemessen und markiert (mit einer Ohrmarke und einer Kennummer, die auf den Rumpf gemalt wurde). Das Kalb machte sich sehr störend bemerkbar und versuchte, uns zu folgen. Um 10.30 Uhr verabreichten wir 1 ml Prostigmin-Lösung (100 mg pro ml) intravenös. 10.35 Uhr begann sich das Tier wieder zu bewegen, und um 10.46 stand es auf und entfernte sich.»

Nun trieb sich unser Elefant «S 1» (Semliki 1) im Gebiet des Semliki oder möglicherweise im Kongo herum, oder auch im Norden im Flachland von Butiba oder im Süden im Queen-Elizabeth-Park. Vielleicht wird man dieses Tier nie wieder zu Gesicht bekommen, vielleicht aber wird es zusammen mit anderen eine Quelle wertvoller Informationen werden. Jedenfalls hatten wir den Rubikon überschritten und bewiesen, daß die Immobilisierung und Markierung von Elefanten möglich ist. Während dieses Unternehmens konnten wir zwei weitere Tiere als Erfolg verbuchen.

Anläßlich einer späteren Fahrt zusammen mit Cecil Luck fingen wir sogar acht Elefanten und konnten einige äußerst aufschlußreiche Versuche an aufrechtstehenden Tieren durchführen. Wir bestimmten die

Durchblutungsgröße der Ohren sowie die Temperaturunterschiede zwischen arteriellem und venösem Blut. Dies gehörte zu den Vorarbeiten für spätere Versuche, bei denen die Funktion des Elefantenohrs als wichtiges Kühlungs- und Temperaturregelungsorgan festgestellt werden sollte. Daß sich ein Elefant widerstandslos untersuchen ließ und dabei aufrecht stehen konnte, war das Ergebnis einer verbesserten Immobilisationsmethode: Durch Hinzufügen starker Tranquilizer zum Flaxedil wurde der Widerstandswille des Elefanten gegen das Muskelrelaxans vermindert, und daher konnte die Dosis von etwa 2,4 mg auf 1,6 bis 1,8 mg pro Kilogramm Körpergewicht herabgesetzt werden. Der sonst nüchtern denkende Bill Pridham war so überrascht und erfreut, daß er die Ziffern, die er mit gummihaltiger Straßenfarbe auf die Rümpfe der Elefanten malte, mit allerlei Schnörkeln versah. Die erwähnte Farbe stellte auch einen Versuch im Zusammenhang mit der Erprobung verschiedener Markierungsmethoden dar. Bills Ruhe war durch nichts zu erschüttern, und die drei Zentimeter lange Asche an der Spitze seiner Zigarren bewies, daß er die Lage völlig beherrschte und unseren alchimistischen Kenntnissen vertraute. Die Elefantenkuh hatte ein großes Kalb bei sich und war daher ein voll erwachsenes Exemplar.

Der Größenunterschied zwischen dem männlichen Semliki- oder Waldelefanten und einem Steppenelefanten-Bullen ist erstaunlich. Glücklicherweise beschäftigten wir uns mit dem letzteren erst, nachdem wir einige weitere Fortschritte in der Anwendung der Medikamente gemacht hatten. Bei den damals angewandten Methoden war selbst die bei einem kleinen Elefanten verwendete Menge des Medikaments sehr groß. Die Flüssigkeitsmenge und die hohe Konzentration des Medikaments hatten eine langsame Resorption zur Folge. Die zur Immobilisierung eines größeren Elefantenbullen erforderliche Menge des Medikaments betrug 12 Gramm. Bei der Methode, die wir in späteren Jahren anwendeten, kamen wir mit einer dreitausendmal geringeren Menge, nämlich 4 Milligramm, aus. Ende 1960 fuhr ich nach Zululand, wo erstmals der Versuch einer Umsiedlung von Weißen Nashörnern unternommen wurde. Das gab den Anstoß zur Entwicklung wirkungsvollerer Medikamente.

5

In den letzten zwei Jahren hatten wir einige Fortschritte erzielt, dennoch betrachteten wir uns als Anfänger. Wir waren daher sehr überrascht, als wir von A. D. Frazer, dem Direktor des Rhodesischen Wildschutzamtes, aufgefordert wurden, an einer Aktion außerhalb Ostafrikas mitzuwirken.

Die Möglichkeit des Fangs und der Umsiedlung von Nashörnern war zwar anläßlich einer Konferenz der *International Union for the Conservation of Nature and Natural Resources* in Warschau diskutiert worden, und ich hatte dort meine Überzeugung vorgebracht, daß dies in nicht allzuferner Zukunft möglich sein würde. Dennoch kam diese Aufforderung völlig unerwartet und im Hinblick auf das akademische Jahr zu einer ungünstigen Zeit. Das Geld für einen Hin- und Rückflug wurde beigestellt und sollte sicherlich nicht für einen Besuch von nur wenigen Tagen verschwendet werden. Wir beschlossen, für das Geld lieber Treibstoff für zwei Fahrten per Auto zu kaufen. Ich sollte als erster losfahren, und John Lock sollte einige Wochen später nachkommen, wenn ich wieder zurückkehren mußte.

Von Uganda nach Kariba war es ein weiter Weg, und er erforderte ständiges Fahren mit nur wenigen Aufenthalten während der Tagesstunden. Der erste Aufenthalt erfolgte nach einer Fahrt von 720 Kilometern auf der damals noch sehr schlechten Straße nach Nairobi in Kenia. Dann ging es südwärts nach Tansania, vorbei am Landwirtschaftsgebiet von Arusha, vorbei an der Abzweigung der Straße, die zum Ngorongoro-Krater und zur Serengeti-Ebene führte, und dann über die unbeschreiblich schlechte Straße nach dem Eisenbahnzentrum Dodoma zur zweiten Übernachtung. Weiter ging die Fahrt über die fast ebenso schlechte, aber eine schönere Aussicht bietende Straße durch das südliche Hochland von Tansania, durch Iringa und Mbeya bis zur Grenzstadt Tunduma. In den damals noch friedlichen Zeiten war das die erste wirkliche Grenze, an der man den Paß vorzeigen mußte. Von dort führte eine gute, wenn auch staubige Straße unter Umgehung des «Kupfergürtels» direkt nach Süden, etwa 960 Kilometer weit durch eintöniges Mopane-Buschland bis nach Lusaka. Auf dem Weg gab es nur ein einziges kleines Hotel – es führte den schönen Namen «Kronenkranich» –, bei dem man Treibstoff bekam, ein klebriges Zeug, das an die Motorfilter hohe Ansprüche stellte. Die Straße nach Lusaka bestand aus zwei parallel laufenden Streifen eines Straßenbelages, und man mußte sich ständig bemühen, die Räder auf diesen Streifen zu halten, was sehr leicht zu einem Zusammenstoß mit einem entgegenkommenden Wagen führen konnte, der das gleiche tat. Weiter ging die Fahrt durch Livingstone und schließlich bis zur Stadt Kariba, eine lange Reise, aber wahrscheinlich der Mühe wert, denn nun durfte ich an der großangelegten, kühnen und ausgezeichnet organisierten Tierrettungsaktion von Kariba teilnehmen.

5. UNTERNEHMEN ARCHE NOAH

1

Als der Sambesi-Staudamm fertiggestellt wurde, was zur Bildung des Karibasees führte (der schließlich 6300 Quadratkilometer umfassen sollte), glaubte man – sofern man sich mit diesem Problem überhaupt beschäftigte –, daß die auf diesem Gebiet lebenden Tiere sich vor den steigenden Fluten zurückziehen und auf höher gelegenes Land ausweichen würden. Das betreffende Gebiet erstreckte sich etwa 280 Kilometer stromaufwärts in Richtung auf Livingstone und nach Westen bis zur Teufelsschlucht. Die Auswirkungen auf den Wildbestand waren jedoch weitaus größer, als man erwartet hatte. Viele Tiere wurden vertrieben oder ertranken, die Vegetation entlang des Sambesi, die während der Trockenzeit zahlreichen Tieren, auch aus weit entfernten Gebieten, als Nahrung gedient hatte, wurde nun überflutet, gleichzeitig verdorrte die Vegetation allmählich über eine Strecke von weiteren 80 Kilometer unterhalb des Staudammes. Viele Tiere mußten getötet werden, um dadurch die Umsiedlung des Batonga-Stammes zu ermöglichen, der von den steigenden Fluten aus seinem Siedlungsgebiet am Sambesiufer vertrieben wurde.

Bald nach Schließung des Staudamms begann sich die verzweifelte Situation des Wildbestandes abzuzeichnen. Zwar hatte man die riesige Summe von 80 Millionen Pfund Sterling für den Bau des Staudammes und des Kraftwerks bereitgestellt, doch waren darin keine Mittel für die Rettung der bedrohten Tiere enthalten. In der ersten Woche stieg das Wasser am Staudamm um 14 Meter, nach vier Wochen war es bereits um 25 Meter gestiegen. Die schnell steigenden Wassermassen des 2660 Kilometer langen Sambesi verteilten sich zwischen den umliegenden Hügeln als Wasserarme, die schließlich hinter den Bodenerhebungen zusammenflossen. Dadurch entstand eine Reihe von Inseln, auf die die Tiere flüchteten. Diese Inseln wurden vom Wasser wiederum geteilt und verkleinert und schließlich völlig überschwemmt.

Die Gewässer schoben sich von allen Seiten an die Tiere heran, so daß sie zuerst eingeschlossen wurden und dann zu verhungern und schließlich zu ertrinken drohten. Sie hatten ebensowenig Aussicht zu entkommen wie die Menschen zur Zeit der biblischen Sintflut zwischen Tigris und Euphrat.

Endlich wurde die öffentliche Meinung durch Pressemeldungen aufgerüttelt, und 1959 wurden Geldmittel zur Verfügung gestellt, vor allem durch die Regierung von Südrhodesien (dem heutigen Rhodesien). Anderwärts wurden Geldmittel hauptsächlich durch Männer wie Oberst R. A. Critchley gesammelt, der als Präsident der *Game Preservation and Hunting Association of Northern Rhodesia* (Wildschutz- und Jagdvereinigung von Nordrhodesien) über die *Fauna Preservation Society of London* (Londoner Gesellschaft zur Erhaltung der Fauna) einen Hilferuf ergehen ließ. Der *Northern Rhodesia Volunteer Service* (Freiwilliger Hilfsdienst von Nordrhodesien) sammelte 14000 Pfund Sterling, die *Fauna Preservation Society* 10000 Pfund. Bis September 1959 waren bereits an die 150 Inseln überflutet, von den restlichen etwa 500 Inseln sollte das Wild abtransportiert werden. Es stellte sich bald heraus, daß es sich um ein gigantisches Unternehmen handeln würde, das nur von Menschen gemeistert werden konnte, die sich voll und ganz dieser Aufgabe widmeten. Doch war noch viel mehr erforderlich. Man benötigte große Summen, um die verschiedenen Camps mit Booten, Treibstoff und Lebensmitteln zu versorgen. Mit Hilfe der von der *Fauna Preservation Society* aufgebrachten Mittel konnte ein aus Metall gebautes «Mutterschiff» gekauft werden. Die *Game Preservation and Hunting Association* stellte einige freiwillige Helfer zur Verfügung sowie drei etwa sechs Meter lange Stahlboote, die mit 40-PS-Motoren ausgerüstet waren. Eine ähnliche Flotte wurde für das Team aus Südrhodesien beschafft, das überwiegend von der Regierung finanziert wurde.

Zu Beginn des Rettungsunternehmens gab es noch viele unbekannte Faktoren. Einer davon war die Schwimmfähigkeit der Tiere, die sich als erheblich geringer erwies, als man angenommen hatte. Neue Untersuchungen ergaben, daß gute Schwimmer, wie der Wasserbock, etwa zweieinhalb Kilometer weit schwimmen konnten, der Kudu etwa anderthalb Kilometer und die Schwanzfersenantilope nur dreihundert Meter. Die Kuduböcke konnten wegen ihrer schweren Hörner den Kopf nur mühsam über Wasser halten. Andere Tierarten, wie der Büffel und der erwachsene Elefant, waren offenbar imstande, das Festland ohne fremde Hilfe zu erreichen. Die Tiere in diesem Gebiet waren oft völlig verwirrt und wußten nicht, wohin sie ziehen sollten und wo sie in Sicherheit wären. Viele Tiere zeigten ein ausgeprägt territoriales Verhalten, und manche versuchten nach ihrer Übersiedlung sofort wieder zu den Inseln zurückzukehren, von denen sie gerettet worden waren. Sie wollten sich nicht auf fremden Boden und in Territorien anderer Tiere vorwagen. In anderen Fällen verließen die Tiere ihre Wohnstätten nicht zeitgerecht. Das widerfuhr sogar Vögeln, wie Perlhühnern, die so lange blieben, bis sie vor Hunger zu schwach waren, um das Festland zu erreichen.

Wenn Tiere nach der Einleitung des Rettungsunternehmens doch noch ums Leben kamen, war das selbst durch die übermenschlichen

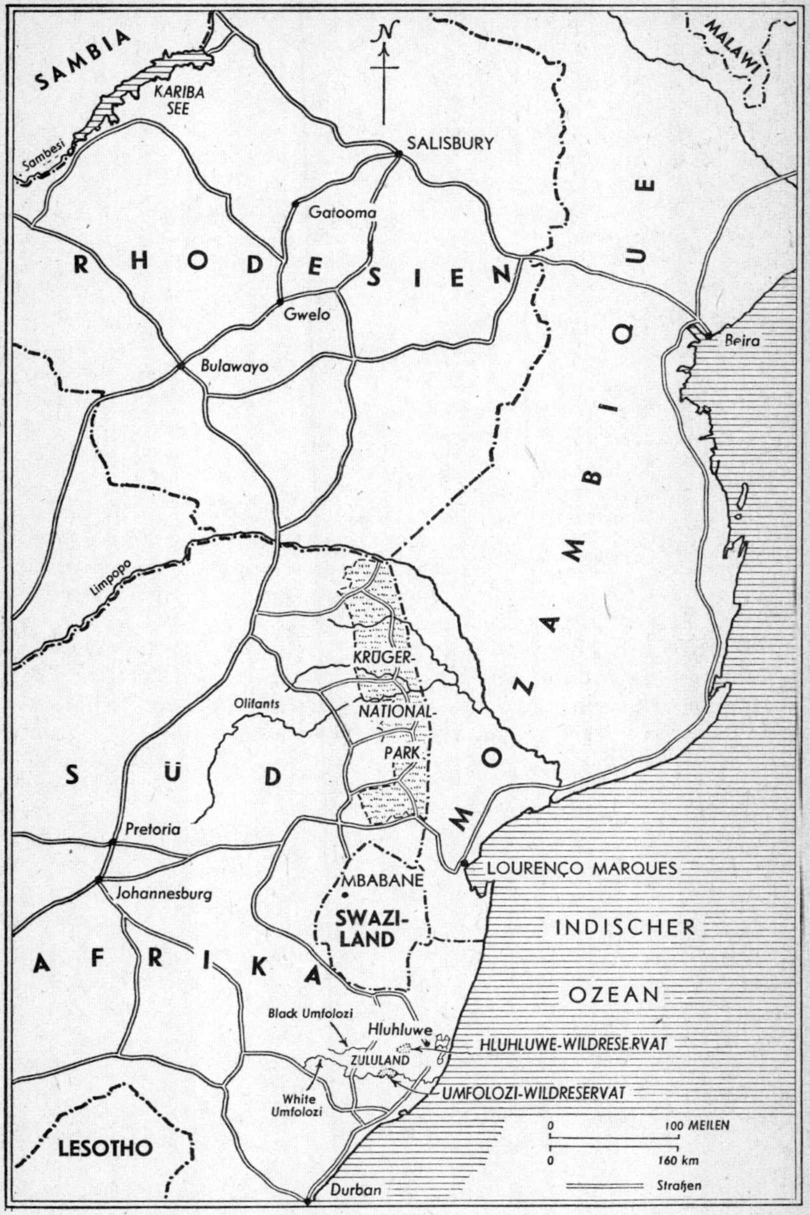

SAMBIA
KARIBA SEE
Sambesi
MALAWI
N
SALISBURY
Gatooma
RHODESIEN
Gwelo
Bulawayo
Beira
MOZAMBIQUE
Limpopo
KRÜGER-NATIONAL-PARK
Olifants
SÜD AFRIKA
Pretoria
Johannesburg
LOURENÇO MARQUES
MBABANE
SWAZI-LAND
INDISCHER OZEAN
Black Umfolozi
Hluhluwe
HLUHLUWE-WILDRESERVAT
ZULULAND
White Umfolozi
UMFOLOZI-WILDRESERVAT
0 100 MEILEN
0 160 km
Straßen
LESOTHO
Durban

Anstrengungen der kleinen Schar von Männern, die sich um sie bemühten, nicht zu verhindern. Die Fahrten zu den vielen, immer kleiner werdenden Inseln, auf denen die Tiere nicht mehr leben konnten, war eine gewaltige Aufgabe und erforderte lange Fahrten über den See, die noch vor Sonnenaufgang begannen und oft erst nach Mitternacht endeten. Tagsüber waren die Rettungsmannschaften auf den felsigen Inseln (in einer Höhe von etwa 450 Metern) oft Temperaturen von 43 Grad Celsius und mehr ausgesetzt, in der Nacht wiederum, wenn sie mit von Gischt durchnäßten Kleidern gegen den Wind fahren mußten, hatten sie unter bitterer Kälte zu leiden. Oft wurden die Lebensmittel knapp. Auf wochenlang dauernden Fahrten hatten die alten erfahrenen Leute oft große Mühe, ihre jungen Helfer bei Laune zu halten, wenn die Lebensmittelrationen immer kleiner wurden und es Tag um Tag nur altes Brot und Feigenmarmelade gab. Die Ausdauer der an dem Rettungsunternehmen Beteiligten kann nicht hoch genug gepriesen werden, der Einfallsreichtum und die Führungsqualitäten der Teamleiter wie Rupert Fothergill, Tad Edelmann und Richard Owen waren von höchstem Niveau. Das Einsammeln der Tiere von den einzelnen Inseln entwickelte sich nach verschiedenen Fehlern zu einer einfachen und wirksamen Methode. Für den Fang kleiner Antilopenarten, wie Schwarzfersenantilopen, wurden Netze verwendet. Diese etwa 140 Meter langen Seilnetze waren bis dahin bei den Operationen gegen die Tsetsefliege und bei den weniger rühmenswerten Aktivitäten von Wilderern verwendet worden. Diese Netze wurden kreisförmig ausgelegt, wobei ein Eingang freigelassen wurde, den man hochziehen konnte. Sie wurden meist quer über den schmalen Teil einer Insel gespannt, dann mit Gras und Ästen getarnt, so daß die Tiere sie erst wahrnahmen, bis es zur Flucht bereits zu spät war.

Sobald sich eine Antilope im Netz verfangen hatte, ergriff sie einer der Jäger und legte sie sich um den Hals, wobei er mit der rechten und linken Hand die Vorder- und Hinterbeine festhielt. Manchmal mußte ein Helfer den Kopf des Tieres separat festhalten. Größere Antilopen waren schwieriger zu fangen, und man fand heraus, daß sie eher überlebten, wenn man sie vorher ins Wasser trieb. Das Wasser schien eine beruhigende Wirkung auf sie auszuüben, denn nun ließen sich die Tiere in einer Weise behandeln, der sie auf dem festen Land äußersten Widerstand entgegengesetzt hätten. Sieben Tiere machten einen fast dankbaren Eindruck, als sie ins Boot gezogen wurden. Diese Methode war in zweifacher Hinsicht wirkungsvoll: Der geringere Widerstand verminderte auch die Lebensgefahr für das Tier, und das Wasser verhinderte ein exzessives Ansteigen der Körpertemperatur. Gefangene Tiere sterben häufig an der durch ihren heftigen Widerstand hervorgerufenen, zu abnormalen Höhe steigenden Körperwärme; das galt vor allem für Tierarten, die ihre Temperatur nicht durch Schwitzen regulieren können: Kreislaufschwäche stellt sich ein, die durch die Fesselung noch verstärkt wird; es kann zu Überhitzung kommen, die schließlich zum Tod führt.

Auch für kleinere Tiere war es von Vorteil, wenn man sie ins Wasser ließ, damit sie selbst an Land schwimmen konnten, wenn das Boot noch ein gutes Stück vom Ufer entfernt war. So konnten sich die Tiere nämlich aus eigenem orientieren, was einem Tier, das direkt an Land ausgesetzt wurde, nicht möglich war, nachdem es beim Einfangen von Menschen überwältigt und dadurch einen Schock erlitten hatte.

Manche Tiere, wie das Buschschwein, waren für ihre Errettung keineswegs dankbar, sondern gingen zum Angriff über. Der stets unerschütterliche Rupert Fothergill pflegte in solchen Fällen diesem äußerst zornigen kleinen Tier seinen Buschhut in den Weg zu werfen, das dann seine Wut an diesem Objekt und nicht an den Beinen der Mannschaft ausließ. Die zahlreichen dreieckigen Löcher in seinem Hut zeugten von den Zähnen und scharfkantigen Hauern, die einem Pechvogel, der nicht schnell genug das Weite sucht, sofort schwere Wunden zufügen können. Dank der weisen Voraussicht des obersten Tierschutzbeamten Archie Frazer war Rupert Fothergill mit drei Helfern als erster zur Stelle gewesen. Zunächst versuchte man die Tiere durch Schüsse aus den künftigen Überschwemmungsgebieten zu vertreiben. Das erwies sich als wenig erfolgreich; aber als Folge der jahrelang am Nordufer betriebenen Jagd war der zu rettende Wildbestand ohnehin schon sehr dezimiert.

2

Als der Staudamm im Dezember 1958 fertiggestellt wurde, waren diese vier Männer als einzige bereit, gegen die Gefahr zu kämpfen, daß Tausende von Tieren in den steigenden Fluten ertranken. Am Ende des zweiten Monats war der Stausee 160 Kilometer lang. Bis Juni 1959 hatte man trotz mangelhafter Ausrüstung und ungeheurer Schwierigkeiten bereits an die tausend Tiere retten können. Oft war es schwierig, die Inseln aufzufinden, beziehungsweise sie in dem sie umgebenden Mopanewald auszumachen. Manchmal blieb in dem halbüberfluteten Gewirr von Busch und Wald kein trockenes Land zurück. Ferner bestand die große Gefahr, daß man sich in dem Labyrinth ständig wechselnder Konturen verirrte. Die Boote mußten sich oft durch Vegetation zwängen, die von Giftschlangen und Skorpionen wimmelte. Manche Tiere, die man zu retten suchte, wie der Buschbock, flüchteten oft in das dichteste Buschwerk. Durch den ständigen Kontakt mit dem Wasser verheilten Schürfwunden, die sich die Mannschaft immer wieder zuzog, nur sehr schwer. Neben den Antilopen gab es auch

Warzenschweine, Buschschweine, Stachelschweine und Erdferkel sowie Paviane und Raubtiere, wie Zibetkatzen, und natürlich viele Schlangen. Die Elefanten, Nashörner und Büffel waren keineswegs gewillt, die Inseln zu verlassen, und nahmen ihren Rettern gegenüber eine drohende Haltung ein. Die Krokodile stellten eine ständige Gefahr dar und verschlangen zweifellos zahlreiche ertrunkene Tiere sowie lebende Tiere auf den untergehenden Inseln. Auf einigen Inseln magerten die Antilopen wegen Nahrungsmangels stark ab, andere starben, weil sie für ihre Mägen ungeeignete Pflanzen gefressen hatten.

Manche Tiere versteckten sich in Löchern und mußten ausgegraben werden. Rupert berichtete, daß er einen großen Pavian, ein Warzenschwein und ein Stachelschwein zusammen im Bau eines Erdferkels gefunden habe. Wo sich das Erdferkel inzwischen aufhielt, war nicht zu ermitteln. Auch mit dem Honigdachs gab es große Schwierigkeiten. Dieses angriffslustige und bissige Tier machte den Angehörigen des Teams das Leben sauer, wenn es sich aufrichtete und unermüdlich attackierte. Affen ließen sich ohne weiteres aus dem Wasser aufnehmen, oft von Männern, die ihnen nachschwammen. Größere Antilopen, wie der Kudu und die Rappenantilope, konnten auf diese Weise ebenfalls leichter und sicherer eingefangen werden. Am schwierigsten war das Einfangen von Zebras, die leicht ertranken oder an Herzversagen starben, sobald sie im Wasser den Boden unter den Füßen verloren, sich aber mit Hufen und Zähnen gegen jeglichen Rettungsversuch zur Wehr setzten.

Im Oktober traf ein etwa fünfzehn Meter langes, von zwei Perkins-Dieselmotoren getriebenes Ganzmetallboot ein, das als Mutterschiff dienen sollte. Damit konnte unser Aktionsradius ausgeweitet werden. Überdies wurde damit viel Zeit eingespart, die sonst durch die häufigen Rückfahrten zum Zweck des Auftankens und der Vorratsergänzung verlorenging. Auch sank dadurch der Treibstoffverbrauch, da das Dieselschiff die kleineren Boote bis zum Einsatzort ins Schlepptau nehmen konnte.

Zur Aufnahme der geretteten Tiere waren zwei neue Schutzgebiete zugewiesen worden. Erstens das Chizaria-Schutzgebiet, das von Leslie Gregory als funktionstüchtige Einheit geschaffen worden war, eine Gesamtfläche von etwa 9100 Quadratkilometer aufwies und über eine Strecke von 120 Kilometer an den Stausee grenzte, und zweitens das 520 Quadratkilometer große Matuziadona-Schutzgebiet, das von F. H. Middleton-Stokes beaufsichtigt wurde. Middleton-Stokes war ohne Schuhe zwei Meter groß und unser beider Verständigungsmöglichkeit daher, abgesehen von anderen Gründen, außerordentlich erleichtert: Wir sprachen sozusagen auf gleicher Höhe miteinander. Ein Teil der Tiere, die von der im Norden arbeitenden Gruppe gerettet wurden, schaffte man auf dem Landweg zum etwa 480 Kilometer entfernten Livingstone-Tierschutzgebiet. Sie mußten unbedingt in einer sicheren Gegend freigelassen werden, da die verstörten und erschöpften Tiere leicht den Speeren der wartenden Eingeborenen zum Opfer fallen konnten.

Die Rettung der Elefanten wurde hauptsächlich dadurch bewerkstelligt, daß man ihnen mit Knallkörpern und Treibern das Leben auf den Inseln vergällte. Die gleiche Methode wurde bei Büffeln angewandt, doch mußten manche getötet werden. Das Nashorn hingegen widerstand allen Versuchen, es ins Wasser zu zwingen. Es wurde erwogen, sie in Fallgruben oder mit Hilfe von Lassos zu fangen, doch wurde dies als undurchführbar fallengelassen. Ein Nashorn, das von der Mannschaft «Greta» benannt wurde, leistete allen Rettungsbemühungen erbitterten Widerstand. Schließlich setzte man sogar das Kleinflugzeug ein, mit dem sonst die fortschreitende Überflutung erkundet wurde, um das Tier ins Wasser zu treiben. Endlich ließ man es in Frieden und hoffte, noch wirksamere Methoden zu finden. Leider starb Greta bald darauf, wahrscheinlich an dem Wasser, das sie eingeatmet hatte, während sie ihre wohlmeinenden Quäler in den See hinein verfolgte.

In Kariba hatten wir bereits Tranquilizer verwendet, um die in den Netzen gefangenen Antilopen zu beruhigen. In verschiedenen Stadien hielt man Injektionen von Adrenalin und herzstärkenden Medikamenten, wie Coramin, zur Bekämpfung von Erschöpfungszuständen für angebracht, doch wären Cortison oder das adrenocorticotrope Hormon wohl eine geeignetere Behandlungsmethode gewesen. Das Capchur-Gewehr war bis dahin noch nicht eingesetzt worden, da es nun vor allem auf ein schnelles Einfangen möglichst vieler Tiere ankam. Dazu kam noch, daß das einzige, zusammen mit der Fangausrüstung verhältnismäßig leicht erhältliche Immobilisierungsmittel das Nicotinsalicylat war, das mit Recht als für Rettungsunternehmen ungeeignet betrachtet wurde. Die kritische Lage der Nashörner, von denen es hier noch viele gab, machte aber den Einsatz der medikamentellen Fangmethode unbedingt erforderlich. Es war Oberst Critchley gewesen, der angeregt hatte, daß wir hierherberufen werden sollten, um unsere Erfahrungen im Einfangen von Großwild anwenden zu können. Viele künftige Ereignisse sollten diese kluge Entscheidung später rechtfertigen, da die Aussichten auf einen sofortigen Erfolg sehr gering, die Schwierigkeiten und Gefahren hingegen jedoch sehr groß waren.

3

An einem frühen Morgen brachen wir zur «Nashorninsel» auf; das Motorschiff *Ark* schleppte das neugebaute Floß hinter sich her, und wir freuten uns auf den bevorstehenden Fang. Der Bau des Floßes hatte sich als interessante Aufgabe erwiesen, vor allem, weil in unserem Ausgangslager kaum geeignetes Baumaterial vorhanden war. Mit Hilfe des Improvisationstalents der Ingenieure von Kariba konnte schließlich das Erforderliche zusammengetragen werden, nämlich achtzehn große Öltonnen sowie eine Anzahl von Balken, Brettern und Drahtrollen. Mit diesen Materialien, einer Konstruktionszeichnung von Rupert Fothergill und viel Schweiß gelang dem Team der Bau eines Floßes, das ein kräftiges Nashorn, einen Aufbau und einige Hilfskräfte tragen sollte. Damit wir das Nashorn auch auf das Floß bekommen konnten, bauten wir aus glatten Baumstämmen und quer darüber genagelten Brettern eine Art Schlitten. Etwa dreißig Mann sollten ausreichen, um den Schlitten samt Nashorn zum Ufer und dann auf das Floß zu ziehen.

Nun lag also die Nashorninsel in morgendlichem Glanz vor uns und spiegelte sich in den stillen Wassern des Sees. Wir hatten schon einige Zeit vorher, zur Abwechslung während unserer Bautätigkeit, eine Erkundungsfahrt zur Insel unternommen und waren von einem ihrer Bewohner gehetzt worden, einem wütenden Nashornbullen, dessen Gewicht wir auf etwa 1700 Kilogramm schätzten. Der etwa 800 Meter lange Landstreifen war mit einem verfilzten Dickicht von Buschwerk bedeckt, dazwischen standen Bäume. Die Insel war ja ursprünglich eine Hügelspitze gewesen und daher sehr uneben und felsig.

Am Vortag hatten wir auf einer nahe gelegenen Insel ein provisorisches Camp aufgeschlagen und eine Schneise durch den Mopanewald gelegt, damit die *Ark* vertäut werden konnte. Wir fuhren mit einem kleinen Beiboot los. Darin befanden sich einige Wildaufseher, Rupert und ich sowie der Kameramann Ray Hancock, der bei der Herstellung des Films «Zambezi Story» mitwirkte und verständlicherweise darauf brannte, die Rettung des Nashorns zu filmen.

Unsere Landung auf der Nashorninsel ging so schnell wie möglich vonstatten. Rupert klagte in seiner humorvollen Art über die Nachteile, die man habe, wenn man einen Kameramann mitschleppe, während die jüngeren Wildaufseher auf die Vorteile hinwiesen, nämlich daß wütende Nashörner ausnahmslos die Kamera attackieren, was wiederum für die anderen Mitglieder des Teams mehr Sicherheit bedeutet. Zunächst gingen nur einige von uns an Land, während Ray im Boot blieb und leise die ersten Takte von Chopins Trauermarsch vor sich hin pfiff, wohl um uns aufzuheitern.

Bald entdeckten wir unser Opfer, wir konnten es nahe vor uns hören. Es zu sichten und vor allem es in Schußweite zu bekommen, war eine andere Sache. Gelegentlich konnten wir ein Stück grauer Haut wahrnehmen, doch war es nicht auszumachen, um welchen Körperteil es sich handelte; gelegentlich sahen wir ein Auge oder ein Ohr. Manchmal hörten wir ein bedrohliches Krachen, wenn das Nashorn auf uns zu oder auch in eine andere Richtung raste. Gegen Mittag hielten wir schließlich Kriegsrat und entschieden uns für eine andere Taktik. Da das Nashorn offenbar wußte, daß wir hinter ihm her waren, konnten wir unser heimliches Vorgehen aufgeben und uns direkterer und energischerer Methoden bedienen.

Ich sollte mich als Schütze auf einem Baum an einer schmalen Stelle der Insel verbergen. Die restliche Mannschaft, verstärkt durch einige Fährtensucher, sollte das Opfer an mir vorbeitreiben. Damit sollte wenigstens die Wahrscheinlichkeit vergrößert werden, daß wir das Tier zu Gesicht bekamen.

Ich füllte das Injektionsprojektil, prüfte das Gewehr und nahm meinen Posten auf dem Baum ein. Nach zwanzig Minuten hörte ich den Lärm der näherkommenden Treiber. Ich war auf das höchste angespannt, denn das Ziel würde nur wenige Sekunden sichtbar sein, vielleicht zu weit weg im Busch oder zu nahe und unter dem Baum. Es war die letzte Chance dieses Tages. Plötzlich tauchte das Nashorn auf, schweißbedeckt vor Erregung und von der anstrengenden Flucht vor den Treibern. Es lief sehr schnell, aber zu meiner Erleichterung verfiel es in einen langsameren Trab, um einige Felsblöcke zu umgehen. Die Entfernung betrug etwa siebenundzwanzig Meter und war für den Schuß günstig. Ich schwenkte mein Gewehr in bester Armeetradition durch das Laub und feuerte. Mit großer Erleichterung sah ich, wie der Pfeil, wie vom Schicksal selbst gelenkt, dem Tier nachflog und an einer günstigen Stelle am unteren Oberschenkel eindrang, wo die Haut dünner und die Durchblutung reichlich ist.

Sekunden später waren die Wildaufseher zur Stelle, blickten fragend zu mir herauf, fragten aber taktvollerweise nicht, ob ich getroffen hätte oder nicht. Sie grinsten begeistert, als ich meinen Daumen hochreckte. Meine Gefühle waren jedoch eher gemischt, da noch immer etwas schiefgehen konnte, denn das Medikament war bisher an Nashörnern noch nicht erprobt worden.

Sie warteten nur wenige Sekunden, dann schwärmten sie aus, um das Tier zu suchen. Ich hatte ausdrücklich angeordnet, daß man mich sofort verständigen sollte, wenn es stehenblieb. Wie sich später herausstellte, war Rupert fast in das Tier hineingerannt und hatte sich auf den nächsten Baum retten müssen, während das bereits schwankende Tier hinter ihm her trottete, unter dem Baum stehenblieb und böse hinaufglotzte. Schließlich sank es zu Boden. Rupert ließ einen schrillen Pfiff ertönen, und bald waren alle herbeigeeilt. Besorgt blickte ich auf das Tier, und wiederum fiel mir ein, wie schon oft, wie sehr ein großes Tier einzuschrumpfen scheint, wenn es gefallen ist. Ein Blick auf seine bebenden Flanken beruhigte mich jedoch. Eine kleine Dosis des Gegenmittels ins Ohr injiziert machte das Tier bald lebendiger, und wir mußten aus Sicherheitsgründen seine Beine zusammenbinden. Ein Tranquilizer ließ das Nashorn in schläfrige Gleichgültigkeit und eine regelmäßige Atemweise verfallen. Die Verladung konnte beginnen. Inzwischen hatte das Floß die Spitze der Insel umschifft und war zum Ufer gerudert worden. Der Schlitten wurde von etwa dreißig oder mehr Fährtensuchern zu dem ruhenden Koloß gezerrt. Alle drängten sich um das Tier und gaben ihrer Bewunderung mit großer Lautstärke Ausdruck. Das zutiefst erschrockene Nashorn versuchte verzweifelt, sich zu erheben, und beruhigte sich erst, als wieder Stille eintrat. Der Schlitten wurde an die Seite von «Rupert», dem Rhinozeros, geschleift, dann wurde das Tier umgedreht, so daß es auf dem Bauch lag, und schließlich wurde es auf die Bretter des Schlittens zwischen grasgefüllten Säcken niedergelassen und angebunden.

Unter rhythmischem Singsang, der in Afrika für jegliche physische Tätigkeit äußerst wichtig zu sein scheint, wurde der Schlitten etwa 270 Meter weit bis zum Floß geschleift. Als es ablegte und mit zunehmender Geschwindigkeit hinausfuhr, hatten wir ein Gefühl tiefer Befriedigung. Vorne saß Rupert Fothergill und kommandierte, Stuart Klassen, ein angehender Biologe und mein Ersatzmann für künftige Tierfangunternehmen in Kariba, war mit rektalen Temperaturmessungen beschäftigt. Die beiden anderen Tieraufseher, Tay Haslam und Peter Jones, steuerten die *Ark*.

4

Die Entfernung zum Festland betrug etwa zwanzig Kilometer. Als wir abfuhren, herrschte auf dem See erhöhter Wellengang. Zu unserem Ärger tauchten einige schnelle Motorboote mit Fotografen auf, die lärmend unser Floß umkreisten. Wir waren um die Sicherheit unseres neuen Floßes sehr besorgt und bedeuteten ihnen in unmißverständlicher Weise, uns nicht zu nahe zu kommen. Die Fahrt ging ohne Zwischenfälle weiter, ich stieg auf eines der Boote um und machte von dort einige Aufnahmen. Ray Hancock fingerte nervös an seiner Bell & Howell-Filmkamera herum, besorgt, daß die Sonne hinter einer Wolkenbank versinken könnte, ehe wir mit dem Floß angelegt und das Nashorn freigelassen hätten. Etwa anderthalb Stunden später legten wir ohne Schwierigkeiten an und zogen den Schlitten etwa 30 Meter weit ans Land, ehe wir die Fesseln des Tieres lösten. Das benommene

Ungeheuer schlief ruhig weiter. Rupert füllte eine Blechbüchse mit Wasser und schüttete es auf das Nashorn, welches sofort aufsprang, was die Männer nach allen Seiten flüchten ließ. Die Spurensucher hingen wie überreife Früchte in den Bäumen, nur Rupert blieb unerschütterlich wie immer stehen. Zur Freude des am Bug stehenden Fotografen attackierte das Nashorn das Boot, sprang ins Wasser und warf ein Ölfaß in die Luft. Ray war begeistert, bis wir ihn darauf aufmerksam machten, daß das Faß von der Firma Mobil Oil und nicht von Caltex war, und es diese Firma, die das Unternehmen finanzierte, sicherlich nicht freuen würde.

In den folgenden Wochen wurden zwei weitere Nashörner umgesiedelt, eines von ihnen schwamm über zwanzig Meter weit, um das herannahende Boot anzugreifen. Es lag tief im Wasser, die Nasenlöcher waren eben noch sichtbar, und nur sein Rücken und sein Vorderteil ragten aus den Fluten. Nachdem es losgelassen wurde, schwamm es wieder hinaus, um nochmals anzugreifen, und ertrank beinahe, als es sich mit dem Außenbordmotor herumschlug. Dann ruhte es eine Stunde lang, zur Hälfte aus dem Wasser herausragend, die Beine im Wasser. Die große Dosis des Beruhigungsmittels und die verfilzten Wasserpflanzen hatten wohl seine Angriffslust vermindert.

Ein anderes Mal attackierte eine «Chippy» genannte und mit einem äußerst spitzen Horn ausgestattete Nashornkuh das Boot und richtete einigen Schaden an. So wie das erste Nashorn blieb auch dieses Tier nach dem Lösen der Fesseln zunächst ruhig. Wiederum überschüttete es der unerschrockene Rupert Fothergill mit einem Kübel Wasser. Chippy erhob sich, wandte sich um und attackierte das Boot, ehe sie ihre Aufmerksamkeit Rupert zuwandte, der auf dem Floß stand. Während sie versuchte, ihn umzuwerfen, nahm er seinen oftmals malträtierten Hut ab und schlug ihn ihr mehrere Male um die Ohren, bis sie von dieser unwürdigen Behandlung genug hatte und sich in den Busch zurückzog. Als man Rupert mit dieser Geschichte aufzog, behauptete er, er habe dem abziehenden Tier ja nur mit dem Hut gewinkt.

Schließlich konnte eine ganze Reihe von Nashörnern umgesiedelt werden. Im Verlauf dieser Aktion leisteten Dr. John Lock, Dr. Graham Child und Dr. Harold Roth wertvolle Hilfe. Als das Medikament Themalon (Thiambuten) erhältlich wurde, erfuhr unser Team Einzelheiten darüber erstmals in einer engen Flugzeugkabine, wo ich zufällig mit dem Cheftieraufseher zusammentraf, und dann ausführlicher auf dem Postweg. Die Übersiedlung von Nashörnern wurde zur Routinesache, und das Team war in der Anwendung chemischer Substanzen bald ebenso erfahren wie früher in der Übersiedlung von Tieren mit anderen Methoden.

Die Rettungsaktion am Karibasee war ein großer Erfolg und wird zum Vorbild für andere ähnliche Aktionen, die notwendig werden dürften, wenn große Wasserreserven zum Zweck der Bewässerung oder Stromerzeugung erschlossen werden*.

Der Erfolg bestand vor allem auch darin, daß dadurch das Interesse der Öffentlichkeit geweckt wurde und Menschen in Afrika und andernorts erkannten, daß die durch menschliche Maßnahmen bedrohten Tiere gerettet werden müssen und die Menschheit dafür die Verantwortung trägt. Zyniker haben diese Aktion kritisiert und Vergleiche zwischen der Anzahl der geretteten Tiere und der Anzahl der im Verlauf des Kampfes gegen die Tsetsefliege getöteten Tiere angestellt. Indessen ist Ethik keine Sache der Statistik, und die Rettungsaktion vom Karibasee wird ein Ruhmesblatt in der afrikanischen Geschichte bleiben.

* 1966 berichtete die Zeitschrift *Oryx*, daß innerhalb von vierzehn Monaten etwa achttausend Tiere von Inseln gerettet wurden, die durch die Fertigstellung des Affobakka-Staudamms in Surinam entstanden waren. Diese unter dem Namen «Operation Gwamba» durchgeführte Aktion wurde von der *International Society for the Protection of Animals* organisiert. *Oryx* VIII. 218 (1966).

6. NICHTS ALS NASHÖRNER

1

Das riesige und friedliche «Weiße» Breitmaulnashorn ist ein wirklich eindrucksvolles Tier. Manche Bullen wiegen bis zu 2500 Kilogramm. Der massige Eindruck wird noch durch Hautfalten über den Beinen und Schultern verstärkt. Man sieht es furchtlos und gelassen auf offener Fläche grasen. Es ist ganz anders als sein wilderer Vetter, das «Schwarze» oder Spitzmaulnashorn, das junges Laub bevorzugt und hauptsächlich im Dorngestrüpp und Wald lebt.

Das Weiße Nashorn ist größer als das Schwarze, das selten mehr als 1750 Kilogramm wiegt und auch ein anderes Erscheinungsbild aufweist. Die Schulterpartie des Weißen Nashorns wird von einem fleischigen Buckel überragt, der sich mit zunehmendem Alter des Tieres in drei kleinere Wülste gliedert und nach vorne bis zum Ohrgrund reichen kann. Beim Grasen trägt es den Kopf, der etwas größer ist, tiefer als das Schwarze Nashorn. Die Augen sitzen hoch und weiter vorn, auch die Ohren sind höher angesetzt. Von den zwei prächtigen Hörnern auf dem Vorderteil des langen Schädels ragt das erste meist gerade auf. Diese beiden Hörner besitzen sowohl das Weiße als auch das Schwarze Nashorn und unterscheiden sie damit von ihren indischen Vettern.

Der Name «Weißes Nashorn» ist irreführend. Diese Tiere sind keineswegs weißer als das sogenannte «Schwarze Nashorn». Sie mögen gelegentlich weiß erscheinen, wenn sie mit trockenem Schlamm bedeckt sind. Wenn sie auf offenem Gelände grasen und die Sonne von den staubigen Resten ihres letzten Schlammbades reflektiert wird, können sie ebenfalls heller erscheinen. Über die Herkunft der Bezeichnung «Weißes Nashorn» sind verschiedene, einander widersprechende Vermutungen angestellt worden. Jedenfalls sollte man statt «Weißes» besser «Breitmaul-» und statt «Schwarzes» besser «Spitzmaulnashorn» sagen. Da diese wissenschaftlichen Bezeichnungen jedoch weniger bekannt sind, wollen wir hier dem allgemeinen, wenn auch unwissenschaftlichen Sprachgebrauch folgen und bei den Bezeichnungen Weißes und Schwarzes Nashorn bleiben. Es gibt zwei Unterarten des Weißen Nashorns, von denen die eine nördlich, die andere südlich des Äquators in Afrika lebt. Die nördliche Form (*Diceros [Ceratotherium] simum cottoni*) lebt vor allem im äußersten Westen von Uganda, im Garamba-Reservat in Zaire und im südlichen

Sudan. Die Zahl der überlebenden, noch existierenden Exemplare ist nicht genau bekannt, politische Probleme und Kampfhandlungen in diesen Gebieten machen eine genaue Zählung äußerst schwierig. Bis vor kurzem waren sie auch in Zoos sehr selten zu finden, da sie mit Seilen nur schwer zu fangen waren, und das Einfangen eines Kalbes wurde nur selten genehmigt.

Das südliche Weiße Nashorn (*Diceros [Ceratotherium] simum simum*) hatte einst ein großes Verbreitungsgebiet, das von Angola und Rhodesien im Norden über Portugiesisch-Ostafrika, Botswana (heute Betschuanaland) und Zululand bis hinunter zum Oranje-Fluß im Oranje-Freistaat und Transvaal reichte. Eine Karte über ihr Verbreitungsgebiet um das Jahr 1800 wurde von Player und Feely zusammengestellt.

Bald nach dem Jahr 1800 begann die Ausrottung des südlichen Weißen Nashorns. Es war ein leichtes Ziel für die Feuerwaffen europäischer und afrikanischer Jäger, vor allem jener afrikanischen Jäger, die für die Händler arbeiteten. Einer dieser Händler beschäftigte vierhundert Eingeborene als Jäger. Player und Feely schreiben: «Um das Jahr 1800 war diese Tierart aus der nördlichen Kapprovinz, Südwestafrika und Betschuanaland verschwunden. Um 1896 war sie auch in Transvaal und Südrhodesien ausgestorben. Um die Jahrhundertwende gaben in Portugiesisch-Ostafrika nur noch einige gebleichte Schädel Zeugnis für ihre einstige Anwesenheit.» In einem Zeitraum von nur achtzig Jahren war ein in großer Zahl vorkommendes Säugetier durch rücksichtslose Jagd praktisch ausgerottet. Die letzten Überlebenden der südlichen Art wurden im Gebiet der heutigen Wildreservate von Hluhluwe und Umfolosi unter Schutz gestellt und waren bis vor kurzem nirgendwo sonst in der Welt zu finden.

In den zwanziger Jahren war die Zahl der Nashörner so weit zusammengeschrumpft, daß kaum Aussicht auf ihr weiteres Überleben zu bestehen schien. Vaughan Kirby schätzte sie auf 25 Exemplare. Spätere Zählungen zeigten, daß diese Zahl zu niedrig bemessen war und die Zahl der restlichen Tiere an die hundert betrug. Angesichts des damaligen fast krankhaften Dranges, jegliches heute so geschätzte Wild auszurotten, wirkte die niedrige Schätzung wenigstens als Schock auf jene Naturfreunde, die bereit waren, für die Sache des Tierschutzes einzutreten.

Jahrelang tobte ein harter, erbitterter Kampf um die Gründung und Aufrechterhaltung eines Nashornschutzgebietes zwischen den beiden Armen des Umfolosi-Flusses. In diesem Fall hatte man fast jenen Punkt erreicht, an dem eine Tierart wegen zu geringer Anzahl vom völligen Aussterben bedroht war. Angesichts der heutigen aufgeklärten Einstellung ist es schwer verständlich, daß man damals um die Aufrechterhaltung eines nur etwa 1200 Quadratkilometer umfassen-

Die Zulus . . .

... treffen keine Vorsorge für schlechte Zeiten. Das liegt wohl weniger an ihrer Sorglosigkeit als vielmehr an dem Problem: Was soll jemand, der nicht in einer Geldwirtschaft lebt, vorsorglich aufheben? Wer nur den Bankauszug anzusehen braucht, um festzustellen, ob er ausreichend vorgesorgt hat, dem fällt die Vorstellung schwer, daß man anderes als Geld sparen könnte.

den Gebiets kämpfen mußte, von dem etwa ein Drittel ohnehin ein offizielles Wildreservat war. Es scheint, daß man aus Gründen der politischen Opportunität sogar in unseren Tagen den Kampf um die Verwirklichung eines lange gehegten Wunsches des Chefkonservators aufgegeben hat, der sich um die Einrichtung eines Verbindungsstreifens zwischen den Wildreservaten von Hluhluwe und Umfolosi bemühte, um damit eine lebensfähigere und ökologisch zweckmäßigere Einheit zu schaffen.

1930 glaubte man, daß nur noch fünfzig Weiße Nashörner vorhanden seien, doch war auch diese Schätzung nicht verläßlich. 1959 ergab eine genaue Zählung aus der Luft, daß noch 567 Exemplare, darunter 86 Kälber, lebten. Außerdem war anzunehmen, daß noch weitere Exemplare in verschiedenen Gebieten außerhalb der Grenzen des Reservats lebten. Das Ergebnis dieser Zählung zeigte den Erfolg jahrelanger hingebungsvoller und sorgfältiger Tierschutzbemühungen. Anderseits riefen diese Zahlen ernste Besorgnis hervor. Vom Standpunkt der Anzahl und der Fortpflanzungsmöglichkeit war der weitere Bestand des Weißen Nashorns gesichert. Die anderen Gefahren aber, wie Krankheit oder Nahrungsmittelmangel als Folge von Trockenheit oder die Konkurrenz durch andere Tiere, waren nicht geringer geworden. Solange die Nashörner auf einem einzigen, verhältnismäßig kleinen Gebiet zusammenblieben, würden diese Gefahren weiterbestehen und im Laufe der Jahre sogar zunehmen.

2

Oberst Jack Vincent, Chef des *Natal Parks and Fish Preservation Board* (Natur- und Fischschutzbehörde von Natal) hatte damals seine Behörde zu einer gut funktionierenden und geachteten Organisation ausgebaut und erfreute sich der vollen Unterstützung aller untergeordneten Stellen. Einem weniger tüchtigen Mann wäre es wohl kaum gelungen, von den anderen Mitgliedern seiner Behörde die Zustimmung zu einer so beispiellosen und radikalen Maßnahme zu erlangen, wie dem Einfangen einer Anzahl von Exemplaren des einmaligen und damals bereits höchst wertvollen Weißen Nashorns mit Hilfe der neuartigen und wenig bekannten chemischen Betäubungsmethode.

Die Gründe für diese Maßnahme waren klar. Die Dichte der Nashornpopulation nahm bedrohlich zu, man hatte bereits Konzentrationen von über vierzig Exemplaren pro 2,6 Quadratkilometer festgestellt. Etwa fünfundzwanzig Jahre vorher hatte eine harte Trockenperiode zum Tod vieler Nashörner geführt. Nun waren die von einer Trockenperiode hervorgerufenen Gefahren noch größer, denn die illegale Besiedlung angrenzender, der Krone gehörender Gebiete und die erheblich angestiegene Bevölkerungszahl an den Grenzen der Wildreservate hätten unweigerlich zu einer Invasion des Schutzgebietes geführt, sobald die Rinder zu hungern begannen. Wie alle Weidewirtschaft treibenden Stämme Ostafrikas halten auch die Zulus so viele Rinder, als es in guten Jahren überhaupt möglich ist. Man trifft keine Vorsorge für schlechte Zeiten, und wenn Lebensmittelmangel einsetzt, bedeutet dies das Ende des Viehs und schließlich auch der Menschen, nachdem vorher jegliche Vegetation vernichtet und zertrampelt wurde. Sogar der gegenwärtige Umfang des Wildbestandes innerhalb des Reservats kann nur durch sorgfältiges Vorgehen bei Rodungen mittels Abbrennen aufrechterhalten werden, die vom behördlichen Ökologen, C. J. Ward, genauestens geplant wurden, um ein maximales Wachstum besten Grases zu gewährleisten. Der krasse Unterschied zwischen den abgeweideten, erodierten und immer schlechter werdenden Böden auf der einen Seite des Zaunes, und dem blühenden Themida-Grasland auf der anderen war ein beliebtes Diskussionsthema des Parkpersonals.

Gleichzeitig mit der Zunahme der Zahl der Tiere und ihrer Dichte erhob sich eine weitere Gefahr. Die Schwächung der Tiere durch Futtermangel hat verschiedene Krankheiten zur Folge. Es können parasitäre Krankheiten sein, es kann eine chronische enzootische Krankheit sein, oder die Form einer epizootischen Seuche annehmen, die einen Großteil der Tiere, wenn nicht alle, in wenigen Wochen oder Monaten töten kann. Oberst Vincent ersuchte die Aufsichtsbehörde um die Genehmigung, «sofort nicht weniger als einhundert Nashörner umzusiedeln», um auf diese Weise die Populationsdichte zu vermindern und gleichzeitig die Art gegen die Gefahr des Aussterbens zu schützen.

Die Möglichkeit einer praktischen Lösung dieses Problems wurde erstmals besprochen, als ich Jack Vincent anläßlich einer Konferenz der *National Section for the Conservation of Nature and Natural Resources* Anfang des Jahres 1966 in Warschau kennenlernte. Der Gedanke, beim Fang eines der größten Landsäugetiere die Methoden der medikamentellen Immobilisierung einzusetzen, wirkte im Rahmen dieses umfangreichen Naturschutzplans besonders attraktiv. Als später das amtliche Einladungsschreiben eintraf, wurde mir die Größe und Wichtigkeit dieses Unterfangens besonders deutlich. Angesichts einer Öffentlichkeit, die mit Recht einer neuen und möglicherweise gefährlichen Methode kritisch gegenüberstand, sollte ich die Verantwortung für die Immobilisierung einer Anzahl von Tieren übernehmen, deren damaliger Marktwert von 5000 Pfund Sterling pro Exemplar allein genügte, um einen zögern zu lassen.

Noch verantwortungsvoller war die Aufgabe, einem Team von Jagdaufsehern die Feinheiten der Physiologie und Pharmakologie dieser

Methode beizubringen. Dies war ein zusätzlicher Aspekt eines Problems, das an sich erheblich größer erschien als die Aufgabe, die zum Untergang verurteilten Schwarzen Nashörner von den versinkenden Hügelkuppen des Karibasees zu retten. Die heute erwiesene Grundlosigkeit meiner diesbezüglichen Besorgnisse ändert nichts an ihrer damaligen Realität.

Die erste Fahrt in das Umfolosi-Wildreservat im Jahre 1960 sollte ein erster Versuch sein, um eine neue Situation und eine neue Tierart zu prüfen und den Umsiedlungsplan zu beurteilen, dessen Umfang je nach dem Erfolg dieses Einsatzes festgesetzt werden sollte. Während dieser Zeit erreichten wir wenig, aber wir sammelten viele Erfahrungen. Wir diskutierten viel, entwarfen besondere Behälter, die ein erwachsenes wildes Nashorn aufzunehmen vermochten, und verbesserten die Ladegeräte, mit denen diese Behälter durch dichtes Buschland transportiert werden konnten. Während der langen Abende sprachen wir über Injektionsprojektile und die Reaktion der Tiere auf verschiedene Medikamente. Zu unserer Bestürzung entdeckten wir, daß die chemische Verbindung, die wir bei den Nashörnern von Kariba angewandt hatten, bei den frei lebenden Exemplaren im Buschveld und vor allem im Zusammenhang mit einem von einem Team von Wildaufsehern durchgeführten umfangreichen Umsiedlungsunternehmen nicht geeignet war. Diese Versuchsarbeiten wurden zur Grundlage des einige Monate später beginnenden eigentlichen Unternehmens. Sie zeigten die grundsätzlichen Erfordernisse und regten Forschungsarbeiten an, die zur Entwicklung eines erfolgreich anwendbaren Präparats zur medikamentellen Immobilisierung führten.

Die dazwischenliegenden Monate stellten hohe Anforderungen und große Probleme. Ich hatte die Probleme ebenso geprüft wie das betreffende Gebiet, ich hatte Männer getroffen, die bereit waren, ihr Bestes zu geben, um die Lage zu bessern. Die Ausrüstung und die Geldmittel waren vorhanden, es mangelte nur an geeigneten chemischen Substanzen, und es blieb die Frage, ob wir sie noch zeitgerecht finden würden. Die Anzahl der in Ostafrika erhältlichen Substanzen war sehr gering. Wochen- und monatelang war ich bemüht, eventuell geeignete Substanzen für die Experimente aus dem Ausland zu beschaffen. Höchst unangenehm war der Mangel an einem nashornähnlichen Tier für Versuchszwecke. Alles, was wir hatten, waren einige Stiere und Esel sowie sechs wilde und ungebärdige Büffel, die ich für Wachstums- und Fütterungsversuche hielt. Jede Minute, die ich mir bei der Leitung eines Universitätsinstitutes abringen konnte, verbrachte ich im Laboratorium und in den Ställen. Immer noch zeichnete sich keine Lösung des Problems ab. Anästhetika und Muskelrelaxanzien konnten nur verwendet werden, wenn das Körpergewicht des Tiers genau bekannt war, mit anderen Worten, nur bei Tieren in

Gefangenschaft und unter Verwendung aller Einrichtungen für tierärztliche Anästhesie. Die Tranquilizer dämpften zwar die Aktivität des Tiers, konnten aber nicht verhindern, daß es weglief. Narkotika schienen nur erregende, aber keine sedierende oder einschläfernde Wirkung zu haben. Mit einemmal wurde die Lösung so klar, als wäre sie schon immer dagewesen, ohne daß ich es bemerkt hätte. Was wir brauchten, war ein Narkotikum in Kombination mit einem starken Tranquilizer – der die erregende Wirkung des Narkotikums verhindern sollte – und einem Schlafmittel.

An diesem Abend verabreichte ich einem Stier eine Dosis Morphin, die normalerweise nur einen Erregungszustand hervorgerufen haben würde, fügte aber ein geringes Quantum Hyoscin (nach der amerikanischen Terminologie Scopolamin genannt) hinzu. Ohne besondere Erwartungen ging ich hinaus, um die Spritze zu säubern, als mich der Stallwärter zurückrief und mir meldete, daß das Tier zusammengesunken sei.

Es lag tatsächlich am Boden. Viele Tiere waren bereits unter den wachsamen Augen des Stallwärters betäubt worden, bei diesem Tier waren jedoch die Erscheinungen anders als sonst. Der Stier ruhte nicht mit geschlossenen Augen, im Tiefschlaf oder entspannt auf der Seite, sondern aufrecht auf dem Bauch. Den Kopf hielt er in normaler Stellung hoch, als ruhte er bequem im Schatten unter einem Baum. Trotzdem konnte er nicht aufstehen. Als ich versuchte, ihn auf die Seite zu legen, leistete er starken Widerstand, auch schien er es kaum zu spüren, als ich eine dicke Injektionsnadel in seine Halsvene einführte. Versuchsweise injizierte ich ein Gegenmittel gegen das in dem Immobilisierungsgemisch enthaltene Morphin, und bald konnte er sich auf die Beine erheben, offenbar ohne von den anderen beiden Medikamenten beeinträchtigt zu sein.

Weitere Versuche ergaben das gleiche Erscheinungsbild. Ich veränderte die Mischung, verwendete andere Tranquilizer und ersetzte das Morphin durch synthetische morphinähnliche Substanzen, aber die Wirkung blieb im großen und ganzen gleich. Jetzt war es nur noch die Frage, ob sich der Vorgang beim Weißen Nashorn ebenfalls bewähren würde. Mit einigem Bangen packte ich neun verschiedene Medikamente in Quantitäten ein, die für Nashörner geeignet waren, hoffte inständig, daß die Zollbeamten mein Gepäck nicht untersuchen würden, und machte mich auf den Weg nach Zululand.

3

Damals war Ian Player Oberwildaufseher des Umfolosi-Wildreservats, ein Mann, der ganz in seiner Arbeit aufging. Er war ausdauernd und stets einsatzbereit, aber dennoch humorvoll und umgänglich. Am glücklichsten war er, wenn er durch die entlegenen Gebiete von Umfolosi wandern oder reiten und dabei unermüdlich verschiedene Pläne und Theorien zur Verbesserung des Reservats erläutern konnte. Die Reservate und Naturparks dieser Gegend waren in ihrer Entwicklung erheblich weiter gediehen als jene in Ost- und Zentralafrika, teils, weil sie alle zusammen viel kleiner waren als jene, teils weil sie ökologisch von den anderen Wildgebieten getrennt waren. Als Folge ihrer etwas turbulenten Geschichte hatte sich in ihnen eine fortschrittliche und intensive Leitung herausgebildet. Wenn man Verhältnisse gewöhnt ist, bei denen es im großen und ganzen der Natur selbst überlassen wird, das Gleichgewicht wiederherzustellen, ist man erstaunt, wenn man hört, daß verhältnismäßig große Buschflächen durch sorgfältige Anwendung von Arboriciden mit der Hand gerodet wurden. Derartige Maßnahmen wurden gewöhnlich dort durchgeführt, wo es galt, Fehler der Vergangenheit wiedergutzumachen. Da in diesen Gebieten der Löwe ausgerottet worden war, kam es zu einer Überbevölkerung durch grasende Tiere, wie das Warzenschwein, und dies wiederum hatte zur Folge, daß der Busch überhandnahm. Der Ausfall des Elefanten, dieses großartigen «Gärtners», die Bekämpfung der vernichtenden Grasbrände, die über das *veld* zu rasen pflegten, all diese Faktoren brachten derart große Umweltveränderungen mit sich, daß ein Einschreiten notwendig wurde.

Ian war ein leidenschaftlicher Kämpfer für die Sache des Naturschutzes, vor allem was die Wasserreserven betraf, und er hatte eine unfehlbare Methode gefunden, wie man reichen Geschäftsleuten Gelder für diesen Zweck entlocken konnte. Trotz eines behinderten Beines war Ian ein eifriger Wanderer. Bei solchen Ausflügen sammelte er eine Gruppe von Leuten um sich. Wenn die Essenszeit gekommen war, teilte er den Leuten mit, daß es nun kalte Getränke aus der Kühlkiste gebe. «Aber ehe wir uns setzen, wollen wir uns ein wenig mit den uns umgebenden Problemen beschäftigen, vor allem mit der Frage des Wassers für das Wild.» Des tieferen Verständnisses seines von ausgedörrten Kehlen gequälten Publikums gewiß, konnte er nun eine lange Rede über die Notwendigkeit des Wassers für das Wild und über den Nutzen der Durchführung der erforderlichen Schutzmaßnahmen halten.

Wir waren immer wieder überrascht, daß noch immer Geldsendungen einlangten, nachdem die Opfer schon längst nach Hause zurückgekehrt waren, wo sie vermutlich ihren persönlichen Wasserhaushalt ausgeglichen hatten, und daß die gleichen würdigen Geschäftsleute später noch wiederkamen, um sich diesen Qualen neuerlich zu unterziehen. Für diese Leute, die wohl niemals die Schmerzen echten Durstens verspürt hatten, eröffnete die verhältnismäßig milde Unannehmlichkeit eines getränkelosen Marsches durch den trockenen Busch einen Ausblick auf eine Realität, die sie tief beeindruckt haben mußte.

Der vorgeschlagene Umsiedlungsplan fand die volle und uneingeschränkte Zustimmung Ian Players. Er hatte sicherlich gewisse Zweifel an der Durchführbarkeit und Wirksamkeit der Methode und an den Fähigkeiten eines Mannes, der aus dem fast unerforschten Teil Afrikas nördlich von Rhodesien gekommen war. Doch ließ er sich das nie anmerken. Er äußerte respekt- und verständnisvolle Zustimmung und leitete das Team mit Begeisterung und Disziplin. Seine Planung war gründlich, und seine Anweisungen wurden widerspruchslos befolgt, auch wenn sie gelegentlich von den Wildaufsehern mißverstanden wurden. Auf geheimnisvolle Weise pflegten sich just in dem Augenblick Verwirrungen einzustellen, wenn der Vertreter des Obersten zu uns kam, um sich an Ort und Stelle über den Fortgang unserer Arbeit zu informieren.

Der heutige Direktor des Amtes für die Naturschutzparks von Natal, John Geddes-Page, war damals Sekretär und brachte immer ein wenig vom Klima der Zentrale mit, dazu meist einen fortschrittlichen, wohlgemeinten Plan, der sich jedoch aus irgendeinem Grund nie verwirklichen ließ. Einmal hatte er ein riesiges Tonbandgerät mit, auf dem die Diskussionen über die Arbeit des Tages verewigt und vernünftige Fragen und Antworten aufgenommen werden sollten. Das führte dazu, daß die ganze Versammlung verstummte und kaum etwas aufgezeichnet werden konnte, außer einem kargen und kümmerlichen Vortrag, den ich unpassenderweise hielt, um die peinliche Stille zu überbrücken. Bei anderer Gelegenheit wurde auf der Kuppe eines Hügels ein Beobachtungsstand eingerichtet, der der Verbesserung der Nachrichtenverbindungen und der Leitung der Arbeit unten auf der Ebene dienen sollte. Das war sicherlich eine ausgezeichnete Idee zur Verbesserung und Beschleunigung der Arbeit, doch schien sie zunächst das Gegenteil zu bewirken. Am ersten Tag, als wir unsere Arbeitsweise auf die neue Methode umgestellt hatten, meldete der Beobachtungsposten ein Nashorn, das sich anscheinend unmittelbar vor unserem Land-Rover befinde. Wir konnten jedoch keine Spur von diesem Tier sehen und vermuteten allmählich, daß es ausschließlich in der Phantasie des Beobachters existierte. Auf meine respektlose Frage: «Erkundigen Sie sich mal, welche Farbe es hat», kam die Antwort mit dem stark nasalen Akzent eines jungen burischen Wildaufsehers: «Nun ja, Mr. Player, es kommt mir irgendwie weißlich-grau vor.» Da unser Land-Rover allein auf weiter Flur stand und das Sprechfunkgerät ausgeschaltet war, erlaubten wir uns, in schallendes Gelächter auszubrechen. Der große, nüchterne, etwas düstere John Vage machte gute Miene zu unseren mehr oder weniger unverhohlenen Bemerkungen, mußte aber sicherlich als Verbindungsmann bei seinen Leuten einiges einstecken.

Das erste Nashorn, dem wir unsere Mixtur injizierten, war ein junger, halb erwachsener Bulle von etwa 900 Kilogramm Gewicht. Das Team beherrschte bereits die Prozedur des Füllens und Abfeuerns der Injektionsprojektile und war mit diesem seltsamen Vorgang vertraut. Da wir über eine Anzahl verschiedener Mischungsverhältnisse verfügten, die wir ausprobieren wollten, beschlossen wir, mit dem ersten und einfachsten Gemisch zu beginnen, das aus Morphin, einem Tranquilizer und Hyoscin bestand. Von den Medikamenten benötigten wir große Quantitäten, und das Morphin war zudem schwer löslich. Die größten Injektionsspritzen, die ich auftreiben konnte, faßten zwanzig Kubikzentimeter. Da der Mai auf der südlichen Hemisphäre kühl ist, dauerte es lange, bis das Morphin aufgelöst war, das aus verschiedenen Gründen nicht im aufgelösten Zustand transportiert werden konnte. Aus Raumersparnis wurde es im Tranquilizer aufgelöst und Hyoscin nachträglich beigefügt. Wegen der Kälte wurde die Mischung dann gewärmt, indem wir die gefüllte Injektionsspritze auf den Radiator des Land-Rovers legten. Ich bemerkte, daß das Team die ganze Prozedur mit einigem Mißtrauen beobachtete. Zweifellos machten sie sich einige Gedanken darüber, wem wohl nach meiner Abreise die Rolle des Alchimisten zufallen würde und ob die Nashörner wohl willens wären, so lange zu warten, bis wir mit dem Zusammenbrauen unserer Medikamente fertig waren.

Der junge, ahnungslose Bulle schlief gemeinsam mit einer großen Nashornkuh, wahrscheinlich seiner Mutter, im Windschatten eines schroffen Felsens, der etwa auf halbem Weg zwischen ihnen und uns lag. Von der bei Stieren anzuwendenden Dosis ausgehend, hatte ich die für große Pflanzenfresser erforderliche Menge berechnet, nämlich 1,25 Gramm Morphin und eine entsprechende Menge des Gegenmittels zur Wiederbelebung. An letzterem mangelte es in Kenia, und ich hatte soviel wie möglich mitgebracht, mit der Absicht, später mehr davon in Durban oder Pietermaritzburg zu kaufen. Zu meiner Überraschung war es in den großen Städten des Südens noch schwieriger, ausreichende Quantitäten dieser Medikamente aufzutreiben, und so hatte ich für die Arbeit nur geringe Mengen zur Verfügung. Schließlich war die Mischung genügend erwärmt, und wir bewegten uns in gebückter Haltung, um nicht aufzufallen, in Richtung auf den Felsen. Unsere Annäherung blieb unbemerkt, und wir sahen mit Freude, wie das lange Injektionsprojektil nach einem etwas wackligen Flug die richtige Stelle traf und den Schultermuskel injizierte. Nun aber ging es los! Die Nashörner erwachten schnaubend, fuhren herum, um nach dem Eindringling zu spähen, und galoppierten dann davon, glücklicherweise nicht in unsere Richtung. Als sie im Busch untertauchten, liefen wir zu unserem Land-Rover und folgten vorsichtig in einiger

Entfernung, wobei wir erhebliche Umwege machen mußten, wenn wir die Tiere im Auge behalten wollten, da sie kleine Wasserläufe, Schluchten und dichte Dornenhecken durchquerten.

Nach fünfzehn Minuten wurde der Bulle langsamer. Die Kuh, die noch einige Male hin und her gelaufen war, verließ ihn schließlich, und er blieb mit gesenktem Kopf und gespreizten Beinen stehen. Als wir uns näherten und den Wagen in etwa 30 Meter Entfernung anhielten, sank er langsam auf seine linken Schenkel nieder und rollte dann friedlich, ohne zu strampeln und ohne zu kämpfen, auf die Seite. Vorsichtig näherten wir uns zu Fuß, das Gefühl des Erfolges durch das Bewußtsein gedämpft, daß mit der Betäubung des Tiers erst die Hälfte des Ziels erreicht war. Bisher war noch kein Nashorn mit Hilfe dieses Medikamentengemisches gefangen und schon gar nicht wiederbelebt worden. Die Atmung war langsam und flach.

Eine kleine Dosis des Gegenmittels Nalorphin (Lethidron), die in eine Ohrvene injiziert wurde, wirkte sofort, und wir sahen mit Befriedigung, daß der Atem schneller wurde und das Tier die Augen öffnete. Bald danach versuchte der Bulle, sich auf den Bauch zu wälzen, und wir halfen ihm dabei, so daß er in eine günstigere Lage kam. Wir brachten Ohrmarkierungen an, was er nicht zu bemerken schien, machten Messungen und fotografische Aufnahmen und verabreichten ihm schließlich eine genau berechnete Dosis des Gegenmittels. Er war jedoch zu verschlafen, um sich zu erheben.

Offenbar war er in gutem Zustand und nicht besonders erschrokken. Wir schickten einen Wildaufseher mit einer leeren Ampulle des Gegenmittels ins Lager um Nachschub, während wir inzwischen das Nashorn weiter beobachteten. Nach zwei Stunden kehrte der Mann zurück und meldete, daß er das Mittel nicht gefunden habe. Das war meine Schuld, denn die andere Flasche trug die chemische Bezeichnung des Mittels und nicht den einfachen Namen, den wir verwendeten. Wir teilten uns wieder, die Mehrzahl der Leute kehrte in der hereinbrechenden Dämmerung ins Lager zurück, und ich blieb mit einem Wildaufseher allein zurück. Kurze Zeit später erhob sich das Nashorn von seinem Lager aus trockenem Gras, das wir zu seinem Schutz gegen den Wind angelegt hatten, machte aber keine Anstalten zu gehen. Gemächlich an seinen grauen, massiven Flanken lehnend besprachen wir die Ereignisse des Tages.

Etwa vier Stunden später kehrte die Mannschaft zurück, nachdem sie einige Schwierigkeiten gehabt hatte, uns in der Dunkelheit zu finden. Da sie zunächst nur uns, nicht aber das Nashorn erblickten, näherten sie sich uns sorglos und fragten, wo es hingekommen sei. Wir tasteten nach hinten, packten den Schwanz des Tieres, brachten seine Schwanzquaste nach vorne und baten: «Würden Sie das einen Augenblick halten?» Der Wildaufseher, der gehorsam zugriff, starrte uns ungläubig an, als er erkennen mußte, daß er ein Nashorn gepackt hatte, das zwar offensichtlich unbeweglich war, aber ebenso offensichtlich auf eigenen Beinen stand. Wir verabreichten dem Tier noch etwas von dem Gegenmittel und beobachteten dann aufgeregt, wie der Patient in den Busch und die Dunkelheit des nächtlichen Zululandes entschwand.

Wir hatten bei diesem Unternehmen viel gelernt, und zwei Dinge waren uns klargeworden. Die Dosis konnte stark vermindert werden, aber das Gegenmittel mußte in verhältnismäßig größerer Menge verabreicht werden, als das bei dem Stier der Fall gewesen war. Unter Anwendung dieser neuen Erkenntnis konnten wir am nächsten Tag einen weiteren erfolgreichen Fang tun. Der dritte Fang am folgenden Tag war besonders interessant, da es sich hier um ein erwachsenes Exemplar von etwa 2500 Kilogramm handelte. Wir verwendeten dabei nur die Dosis, die wir zur Betäubung des jungen Bullen am ersten Tag benützt hatten. Trotz dieser für ihn milderen Dosis ging er schnell nieder, er lief nur etwa 300 Meter weit, ehe er zum Stillstand kam. Er brach an einem Abhang zusammen, rollte auf den Rücken und blieb zwischen einigen großen runden Felsblöcken liegen. Da wir Verletzungen befürchteten und ihn so rasch wie möglich wieder auf die Beine bekommen wollten, markierten wir ihn schnell und verabreichten ihm die volle Dosis des Gegenmittels, er aber strampelte brüllend und hilflos mit den Beinen in der Luft umher und erkannte wohl erst jetzt, in welcher Lage er sich befand. Besorgt sahen wir zu, wie Wildaufseher sich bemühten, die Felsblöcke zu bewegen. Nachdem sich dies als unmöglich erwiesen hatte, füllten sie den Hohlraum unter dem Rücken des Tieres mit Steinen und setzten schließlich Holzstücke und einen Wagenheber ein, um das riesige Tier teilweise anzuheben. Mit großer Besorgnis sah ich, wie die begeisterten Wildaufseher wie Bergleute unter die überhängende Masse des Nashornkörpers krochen, um den Hohlraum mit Steinen zu füllen. Sie waren so sehr um das Wohl ihres Schützlings besorgt, daß sie nicht an die Gefahr dachten, vielleicht von seinem enormen Gewicht zerdrückt zu werden. Kaum einer von uns kam dazu, sich Gedanken darüber zu machen, ob sie sich noch rechtzeitig zurückziehen konnten, falls sich das wütende Tier herumwälzen und mit der wohlbekannten Behendigkeit des zornigen Nashorns auf die Beine stellen würde. Die Sache dauerte dann doch erheblich länger, als wir gedacht hatten, und als sich das Tier schließlich auf die Seite wälzte, blieb es noch einige Minuten lang erschöpft in dieser Stellung liegen. Wir waren sehr erleichtert, als es schließlich aufstand. Nachdem es sein massives Horn hin und her geschwungen hatte, als ob es auf die einzelnen Mitglieder der Mannschaft zielen wollte, suchte es dann doch lieber sein Heil in der Flucht und lief in dem bemerkenswert eleganten, für das Weiße Nashorn charakteristischen leichtfüßigen Trott den Abhang hinunter.

4

Das Unternehmen begann sich immer mehr einzuspielen und in organisatorischer Hinsicht auszuweiten. Die eigentliche Umsiedlung der Tiere sollte nun beginnen. Nach dem Vorbild der Transportkisten, welche die mit uns befreundeten Tierfänger in Kenia verwendeten, hatte man Kisten gebaut sowie einen Kipplaster samt Seilwinde beschafft. Ferner wurden lange, schwere, leiterähnliche, mit Kugellagern versehene Gebilde gebaut, die als Gleitbahnen für die Kisten samt Nashörnern fungieren sollten, die zusammen bis zu vier Tonnen wiegen konnten. Auf der Rückseite des Lastwagens wurden passende Klammern angeschweißt, um die Vorrichtung festzuhalten. Die Schnelligkeit und sachgerechte Weise, mit der diese Konstruktionsaufgaben bewältigt werden konnten, waren höchst eindrucksvoll und mußten einem Menschen geradezu wunderbar erscheinen, der notgedrungen an die gemütlichere Vorgangsweise in weniger entwickelten Teilen des Kontinents gewöhnt war.

Die Verfolgung der injizierten Nashörner wurde in zunehmendem Maß zu einer Routineangelegenheit. Zunächst stellte es sich heraus, daß der geräuschvolle Land-Rover die Tiere zu sehr verschreckte, die angesichts des hinter ihnen herratternden Ungetüms so schnell wie möglich zu flüchten versuchten. Glücklicherweise waren einige der jüngeren Wildaufseher ausgezeichnete Reiter. Zwei von ihnen, Owen Lethley und Nick Steele, wurden ausersehen, dem getroffenen Tier sofort zu Pferd zu folgen, sobald sie vom Schützen das entsprechende Zeichen erhielten. Der Einsatz von zwei Pferden erlaubte eine Verfolgung in größerem Abstand, denn das aus einem Dickicht oder Buschwerk hervorbrechende Nashorn war auf alle Fälle in Sichtweite des einen oder anderen Reiters auf der rechten oder linken Seite. Die bessere Übersicht, die die Reiter vom Pferd aus hatten, ermöglichte es ihnen, das Tier besser im Auge zu behalten. Außerdem konnten die Reiter rechts und links von der Fährte des Tieres vorgehen und dadurch die dornigen Dickichte vermeiden, durch die die Nashörner zu fliehen pflegten. Das Geräusch der Hufe war den Tieren vertrauter und offenbar weniger erschreckend als das Rattern von Motor und Chassis; der Lärm eines durch den Busch preschenden Reiters war nur ein Bruchteil dessen, den ein Auto verursachte. Daher lief das Nashorn langsamer und nicht so weit. Außerdem führten die Reiter einen Notvorrat des Gegenmittels mit sich, um sofort helfen zu können, sobald das Tier stehenblieb. Das hatte sich mehrere Male als lebensrettend erwiesen, als teilweise gelähmte Tiere einen Wasserlauf zu überqueren versuchten, aber das andere Ufer nicht mehr erklimmen konnten. Sobald das Tier in Sicherheit war, konnte ein Reiter zurückkehren, um den Land-Rover und die Mannschaft zu holen.

Die Tätigkeit der Reiter war sehr schwierig, aber von unschätzbarem Wert. Lange vor Tagesanbruch und Stunden bevor die Mannschaft aufbrach, ritten Owen und Nick bereits zu einem festgesetzten Treffpunkt in dem Gebiet, in dem an diesem Tag gearbeitet werden sollte. Lange nach unserer Heimkehr abends ins Lager befanden sie sich erst auf dem Heimweg, wobei sie häufig in der Dunkelheit krokodilverseuchte Flüsse durchqueren mußten. Kleidung und Haut wurden von heimtückischen Dornen aufgerissen, und die Pferde mußten sorgfältig ärztlich behandelt und versorgt werden, ehe sie für die Nacht in den Stall gebracht werden konnten. Eine strenge Ausbildung und großer Idealismus sind die Voraussetzungen für diese Art von Arbeit.

Bei den größeren Unternehmen stießen zwei Wildaufseher vom Hluhluwe-Wildreservat zu uns, Oberwildaufseher Norman Deane und Wildaufseher Hugh Dent, ein schlanker, bärtiger, etwas älterer Mann, der gut malen konnte und dessen Erscheinung und Haltung zu Pferde verblüffend an einen Indianer erinnerte.

Das erste Nashorn, das wir fangen und umsiedeln wollten, sollte in das etwa 160 Kilometer entfernte Mkuze-Wildreservat geschafft werden, wo seit über hundert Jahren kein Nashorn mehr gelebt hatte. Wir wählten ein junges, weibliches, etwa zu drei Viertel erwachsenes Nashorn. Die Injektion und die Verfolgung gingen fast routinemäßig vor sich. Wir benützten nun synthetisches Morphin, das leichter löslich ist, sowie einen anderen, wirksameren Tranquilizer. Der Lastwagen mit der Transportkiste stand in Sprechfunkverbindung mit dem Kommandowagen und wartete in der Nähe des eigentlichen Einsatzgebietes. Etwa eine Stunde nachdem das Nashorn zu Boden gegangen war, traf der Lastwagen ein. Inzwischen war das Tier bereits unruhig geworden und mußte mit einem Bein an einen Baum gebunden werden, was ihm in seinem benommenen Zustand keineswegs lästig war, sondern nur verhinderte, daß es langsam durch den Busch davontrottete. Nachdem das Tier einmal gefangen war, bereitete die Verabreichung weiterer Mengen des Beruhigungsmittels mit der Hand keine weiteren Schwierigkeiten, und die Abstufungen zwischen Immobilisierung und Benommenheit konnten genauestens abgestimmt werden. Die Wirkung eines völlig ungewohnten Objektes wie einer Transportkiste auf ein empfindsames und zweifellos temperamentvolles weibliches Nashorn sollte sich jedoch erst erweisen. Wir luden die riesige Kiste so leise wie möglich mit Hilfe der Rollen ab, während sich das Nashorn wiederum zu einem Schlummer niederlegte, ohne sich durch die Geräusche des Metalls und das Knirschen von Seilen und Hebewerkzeugen stören zu lassen. Die Kiste stellten wir mit dem offenen Ende vor das schnarchende Tier und versuchten es hineinzuschieben, beeindruckten es aber damit keineswegs. Wir injizierten noch ein wenig von dem Gegenmittel in eine Ohrvene, und dann stand das Nashorn auf, begann zu gehen, blieb wiederum stehen, um an dem Gras zu schnüffeln, das wir auf den Boden der Kiste gelegt hatten, und nach einigen ermutigenden Stößen von hinten marschierte es in die Kiste hinein.

Die Verschlußwand wurde schnell eingesetzt und die Bolzen verschraubt. Wir hätten uns nicht beeilen müssen, denn das Tier schien sich ruhig in sein Schicksal zu fügen. Selbst als die Kiste über die schiefe Gleitbahn auf den Lastwagen gezogen wurde, zeigte es keine Furcht. Als dann die Fahrt losging, bot das Nashorn ein Bild stiller Beschaulichkeit.

Damit hatte die Umsiedlung der Nashörner begonnen, und dieser Anfang war ein gutes Omen. Guten Muts fuhren wir zum Mkuze-Wildreservat. Mit verständlicher Begeisterung betrachteten wir das bevorstehende Abladen eines funkelnagelneuen Weißen Nashorns als etwas, das nicht mehr der Rede wert war.

7. COCKTAILS UND SCHMUGGELWARE

I

Die Zahl der eingefangenen Nashörner stieg von zehn auf zwanzig und dann auf dreißig. Die Umsiedlungsaktion entwickelte sich somit weit besser, als zu erwarten war. Wir hatten einige Routine entwikkelt. Die Aufgabe, die noch vor kurzer Zeit als undurchführbar erschienen war, wurde nun als praktische Möglichkeit akzeptiert. Selbst bis zu drei Tonnen schwere Nashornbullen konnten so weit betäubt werden, daß sie sich ohne Zwang, Kampf oder Unannehmlichkeiten in die Transportkiste führen ließen. Wenn jemand Unannehmlichkeiten hatte, so waren wir es.

Zur Umsiedlung unseres ersten Nashorns benötigten wir dreißig Stunden harter Arbeit, bei der wir nicht zum Schlafen kamen. Sobald wir unsere Beute in der Kiste hatten und feststellten, daß alles in bester Ordnung war, setzten wir uns zum hundertsechzig Kilometer entfernten Mkuze in Bewegung, wo das Tier in einer Umfriedung ausgesetzt werden sollte. Doch das war nicht so einfach. Der Lastwagen blieb in der schlammigen, von Zuckerrohrfeldern gesäumten Straße stecken und mußte schließlich von einer Straßenbaumaschine herausgezogen werden. Wir hatten Gras geschnitten, um damit die schief liegende Kiste zu unterlegen und wieder in die Waagrechte zu bringen, da die Räder auf einer Seite tief im Schlamm eingesunken waren, und die Kiste mit einer riesigen Plane eingehüllt, um den Passagier gegen den Nachtwind zu schützen. Als wir versuchten, das Tier mit Wasser und Beruhigungsmitteln zu versorgen, stellten wir fest, daß die Kiste über keine geeigneten Öffnungen verfügte, und nahmen uns vor, diesem Mangel später abzuhelfen. Die Aufregung unseres Unternehmens, unsere Besorgnis über das eventuelle Ergebnis und der bitterkalte winterliche Wind im Zululand hatten uns notgedrungen wach und geschäftig gehalten.

In Mkuze ergaben sich weitere Schwierigkeiten beim Abladen der Kiste, die sich nicht öffnen ließ, weil sich das Nashorn gegen die Tür stemmte. Wir erkannten, daß es besser wäre, künftig das Nashorn mit dem Hinterende zuerst herauszulassen, damit es seiner Begeisterung über die Freilassung in weniger heftiger Form Ausdruck verleihen würde. Auch stellte es sich heraus, daß es günstiger war, das Tier mit dem Hinterende in Fahrtrichtung zu transportieren, damit es im Fall der häufig vorkommenden scharfen Bremsungen mit dem Schwanzende und nicht mit dem Kopf gegen die Kistenwand prallte. Wir kehrten in den frühen Stunden eines kalten, grauen Morgens zurück und beschlossen, noch am selben Tag ein weiteres Nashorn zu fangen. Wenn die Mannschaft über diese Entscheidung auch entsetzt war, so ließ sie es sich nicht anmerken. Beim Transport unseres ersten Passagiers hatten wir viel gelernt, und nur das Einfangen weiterer Tiere würde erweisen, wie die verschiedenen Schwierigkeiten überwunden werden könnten. Ich dachte an die beiden Flugtickets, die die Parkbehörde für meine Fahrten bezahlt hatte, und war mir sehr wohl bewußt, daß nur kurze Zeit zur Verfügung stand, um diese Ausgabe zu rechtfertigen.

Nach dem zwölften Nashorn mußte ich abreisen und mich widerstrebend den normalen Aufgaben daheim widmen. Das Team setzte die Arbeit fort und fing in etwas mehr als einem Jahr mehr als die vorgesehenen einhundert Nashörner. Sie wurden in andere südafrikanische Wildschutzgebiete umgesiedelt, vor allem in den Krüger-Nationalpark, wo das letzte Weiße Nashorn im Jahre 1896 erlegt worden war. Das erste Nashorn, das nach so langer Zeit wieder in diesem Gebiet auftauchte, wurde zum Anlaß großer Festlichkeiten sowie nationalen und weltweiten Interesses. Schließlich trafen insgesamt an die neunzig Nashörner im Krüger-Nationalpark ein und haben seither Kälber bekommen, die in der neuen Umgebung gezeugt wurden, ein Ereignis, auf das man mit Spannung gewartet hatte. Ein «Gelehrter», der aber weder über echte Sachkenntnis noch überzeugende wissenschaftliche Argumente verfügte, hatte behauptet, daß alle mit Hilfe chemischer Substanzen gefangenen Tiere unfruchtbar werden würden. Merkwürdigerweise erregte dies das Interesse der Öffentlichkeit, und die Presse verbreitete diese Ansicht in Schlagzeilen. Presseausschnitte und Briefe wurden in großer Zahl nach Norden geschickt. Ich diktierte einen fünf Seiten langen Brief, zerriß ihn dann wieder und schrieb nur: «Abwarten!» Kurze Zeit später wurden die ersten gesunden und makellosen Kälber geboren, zuerst von Muttertieren, die bereits trächtig waren, als sie eingefangen wurden, von denen kein einziges eine Fehlgeburt erlitt, und später Kälber von Nashornkühen, die erst nach ihrer Freilassung trächtig geworden waren. Nashörner wurden in alle größeren Wildschutzgebiete Südafrikas umgesiedelt: achtzehn nach Ndumu, wo später sechs Kälber das Licht der Welt erblickten, und acht in das Willem-Pretorius-Reservat. Zehn Nashörner wurden an Zoos in Europa und in den Vereinigten Staaten geschickt, wo sie sich zweifellos vermehren werden, da nun erstmals in der Geschichte fundierte Informationen über die Voraussetzungen zur Vermehrung vorliegen, wie die Zusammensetzung der Nahrung, die Größe der Umfriedung und die erforderliche körperliche Bewegungsmöglichkeit. Später gelangten sechs weitere Exemplare bis in den Norden Afrikas, in den Meru-Nationalpark in Kenia.

Bei diesem Fangunternehmen war nicht nur die geplante Anzahl von hundert Nashörnern in einer Zeitspanne gefangen worden, die niemand für möglich gehalten hätte, sondern es überlebten auch alle hundertachtzig Exemplare, denen ein «Cocktail» aus synthetischem Morphin, einem Tanquilizer und Hyoscin injiziert worden war, den Schreck, der mit der Immobilisierung verbunden ist. Ein solches Ergebnis wäre sogar bei einem ausschließlich aus Veterinäranästhesisten bestehenden Team bemerkenswert gewesen. Daß dies von einem Team von Wildaufsehern ohne medizinische Grundausbildung, ohne Ausbildung in Anästhesiologie und Pharmakologie erreicht wurde, war erstaunlich und wurde nur durch ständige und gründliche Berücksichtigung aller Einzelheiten ermöglicht, die höchstes Lob verdient.

Dieser Cocktail wirkte insofern befriedigend, als er seinen Hauptzweck erfüllte: den sicheren Fang von Nashörnern durch das Parkpersonal. Er erwies sich auch für andere Zwecke brauchbar, und bald nachdem das Unternehmen in Zululand in Gang gekommen war, konnte den Behörden des Tierschutzgebietes im Ngorongoro-Krater in Tansania bewiesen werden, daß man auch das Schwarze Nashorn mit dem gleichen Gemisch ebenso leicht und sicher fangen kann. Ein weiteres Ziel waren die jungen Elefanten, die damals zu früh, nämlich im Stillstadium, gefangen wurden, wobei häufig die Mutter erschossen werden mußte, um ihr buchstäblich das Jungtier von der Brust zu reißen. In Ostafrika, wo zwölf im Lauf eines einzigen Unternehmens gefangene Elefantenkälber an Einsamkeit, ungeeigneter Nahrung, Schmutz und Verzweiflung eingegangen waren, konnten wir beweisen, daß abgestillte Jungelefanten ohne Gefahr für Leib und Leben mit Hilfe einer Methode gefangen werden konnten, die jener ähnlich war, wie sie beim Fang von Nashörnern in Zululand verwendet wurde.

Schließlich wurde unser Cocktail verwendet, um Giraffen aus Farmgebieten zu evakuieren, um die noch in Kariba verbliebenen Schwarzen Nashörner zu fangen und um andere Tiere wie Flußpferde und Antilopen für wissenschaftliche Zwecke einzufangen.

Das Medikamentengemisch war zwar sicher in der Anwendung, aber noch keineswegs ideal. Der Hauptnachteil war die lange Zeitspanne zwischen Injektion und Eintreten der Immobilisierung des Tieres, was ausschließlich dem großen Volumen des zu injizierenden Mittels zuzuschreiben war. Ein weiterer Nachteil war die Größe der erforderlichen Injektionsspritzen, die nur mit Schwierigkeiten über größere Entfernungen genau ins Ziel zu bringen waren. Der Aufprall einer großen Injektionsspritze erschreckte die Tiere und war häufig auch schmerzhaft. Das notwendigerweise dünne Metall des Spritzenkörpers verformte sich beim Aufschlag durch das eigene Gewicht, was wiederum zu Lecks und zu einer langsameren Resorption des Medikaments führte. Letzteres verursachte ein zu langes Intervall zwischen der Injektion und dem Eintreten des Dämmerzustands. Die Tiere rannten manchmal sehr schnell noch eine halbe Stunde oder länger herum und mußten oft durch sehr schwieriges Gelände verfolgt werden, wenn sie nicht verlorengehen sollten. Eine zufriedenstellende Lösung dieses Problems sollte erst zwei Jahre später gefunden werden.

2

Das Einfangen und Umsiedeln der ersten einhundert Nashörner im Reservat von Umfolosi hatte dem Team keine ruhigeren Zeiten beschert. Abgesehen von den bereits umgesiedelten Tieren mußten andere markiert werden, um ein klares Bild des Nashornbestands zu erhalten. Dank dieser Methode wurde die Existenz einer unerwartet großen Anzahl von Nashörnern, vor allem von alten Bullen, auf angrenzenden Landstrichen festgestellt. Der wachsende Bodenbedarf der zunehmenden Bevölkerung und die durch die vorherigen Umsiedlungen verursachte vergleichsweise geringe Nashornpopulation der Reservate führte zu einem Zustrom der Tiere ins Schutzgebiet, wodurch wiederum der eigentliche Zweck der Verminderung der Nashornpopulation im Reservat in Frage gestellt wurde. Der einzige Ausweg war die Übersiedlung weiterer Nashörner, wobei Tiere sowohl außerhalb als auch innerhalb der Reservate von Umfolosi und Hluhluwe eingefangen werden mußten.

Es warteten jedoch noch weitere Aufgaben auf das schon stark beanspruchte Team. Der aus Kornland bestehende Korridor zwischen den beiden kleinen Reservaten war seit langem als integraler und ökologisch wichtiger Bereich des Lebensraumes der Nashörner angesehen worden, doch war sein Status ungewiß (siehe Kapitel 6). Die Lage wurde ferner durch die wachsende Anzahl wilder Siedler verschärft, was wiederum zu einer Zunahme von Wilderern führte und den Konflikt zwischen Tier und Mensch verstärkte. Die Aufsichtsbehörde erbot sich, das Reservat mit einem nashornsicheren Zaun aus Drahtseilen zu umgeben, und wies besonders darauf hin, daß eine Einschränkung der Bewegungsfreiheit der Nashörner durch einen Zaun diesen Korridor zu einer ökologischen Notwendigkeit mache.

Der Streit um diesen Korridor sollte sich viele Jahre lang hinziehen, ohne daß eine Entscheidung fiel, obwohl alle hofften, daß er in die Reservate von Hluhluwe und Umfolosi einbezogen würde. Jedenfalls mußten die Weißen Nashörner aus dem östlichen und westlichen Teil des Korridors ausgesiedelt werden, weil sie die Pflanzungen der Eingeborenen beschädigten. Einige Landstriche im Süden und Westen von Umfolosi waren ebenfalls Afrikanern zugewiesen worden, und die darin befindlichen Nashornbestände mußten ausgesiedelt oder getötet werden.

Wiederum erging der Ruf an die schwergeprüfte Mannschaft, die unmöglich ihre gesamte Zeit für den Fang von Nashörnern verwenden konnte, sondern dies gleichsam als Nebenbeschäftigung zusätzlich zu ihren normalen Aufgaben bewältigen mußte. Das Einfangen und Umsiedeln wurde in beschleunigtem Tempo fortgesetzt. Es wurden neue, rascher wirkende Präparate verwendet, und die Männer arbeiteten noch angestrengter. Die Zahl der eingefangenen Tiere erreichte zweihundert, dann dreihundert, es blieben aber noch immer einige, die umzusiedeln waren.

Zur Beschleunigung der Arbeit wurden die Injektionsprojektile nach kurzer Verfolgung vom Auto aus abgefeuert, womit das zeitraubende und manchmal erfolglose Anschleichen überflüssig wurde. Dadurch erhöhten sich aber auch die Gefahren, denn das Team mußte die Nashörner durch ein Terrain verfolgen, das voller – meist völlig im Gras verborgener – Erdlöcher und Felsblöcke war. Der Schütze, der nach vorn gelehnt seine ganze Aufmerksamkeit auf das Ziel richtete, war daher stets in Gefahr, aus dem Fahrzeug geschleudert zu werden, wenn es plötzlich an einem Felsblock oder in einem Erdloch zum Stillstand kam.

Das Unternehmen erlitt einen vorübergehenden Rückschlag, als sich tatsächlich ein derartiges Unglück ereignete. Mit einem lauten Krach blieb das Fahrzeug stehen, die Passagiere wurden über oder durch die Windschutzscheibe geschleudert und lagen halb ohnmächtig in verschiedenen Abständen um den Land-Rover verstreut. Wie Ian Player berichtete, kam ein alter, erfahrener Wildaufseher angeritten, betrachtete die Szene ungerührt, stieg ab, marschierte über die blutenden Opfer hinweg und begann die Seite des Wagens zu untersuchen. Man konnte ihn kopfschüttelnd murmeln hören: «Sie haben Ihre Federung ruiniert.» Er sah unter den Wagen und murmelte: «Das Getriebe ist hin», und beendete seine Inspektion am Vorderteil des Wagens mit der Bemerkung: «Der Kühler auch!» Ian, der sich das Knie und den Rücken verletzt hatte, langte es, und er brüllte dermaßen wütend: «Holen Sie sofort einen Arzt!», daß der Mann gekränkt davonritt – vermutlich doch, um Hilfe zu holen.

Bis zu diesem Zeitpunkt waren Nashörner, die über weite Entfernungen transportiert werden sollten, vorher in besonderen Gehegen gezähmt worden, während jene, die nur bis zu 150 Kilometer weit transportiert werden sollten, sofort im Dämmerzustand an ihren Bestimmungsort gebracht wurden. Mit der zunehmenden Anzahl der zu transportierenden Tiere wurde die Periode der Zähmung zu einer verwaltungsmäßigen und finanziellen Belastung. Im Verlauf der Aktion eintretende Verluste ereigneten sich fast ausschließlich in der Zeit zwischen dem Einfangen und der Umsiedlung.

Die Zähmung war an sich schon eine große Leistung, und das Verdienst für den Erfolg dieses wichtigen Übergangsstadiums im Leben eines Nashorns gebührt dem Wildaufseher John Clark. Johns Liebe und Interesse gehörte ausschließlich seinen Nashörnern, er lebte praktisch mit ihnen. Das Tragen von Schuhen hatte er längst als lästige Behinderung aufgegeben, und wir bemerkten mit einiger Besorgnis, daß seine Füße bereits Nashornhufen ähnlich wurden. Vermutlich als Belohnung für seine aufopferungsvolle Arbeit wurde er als Begleiter eines Transports von Nashörnern in die Vereinigten Staaten entsandt. Nach seiner Rückkehr wurde er von seinen Freunden ausgefragt, die ihn wegen seiner Reise beneideten und viel darum gegeben hätten, eine solche Möglichkeit, die Welt zu sehen, zu bekommen. John war sehr verschlossen. «Wie war die Seereise?» wurde er gefragt. Er antwortete ohne zu zögern: «Den Nashörnern hat sie nicht sehr imponiert.» «New York muß doch aufregend gewesen sein», meinte ein anderer. «Nein, den Nashörnern war es zuwider», war Johns kompromißlose Antwort.

John identifizierte sich offenbar mit seinen Schützlingen so sehr, daß er die Welt mit ihren Augen betrachten konnte. Das war wahrscheinlich auch der Grund für seinen Erfolg, denn hier bestand ein echtes Verständnis zwischen Mensch und Tier, und kaum ein zweiter hatte seine Geduld und seine Erfolge bei der Pflege kranker und der Zähmung bösartiger Tiere, wobei er nur wenige Mißerfolge oder Verluste in Kauf nehmen mußte. John mußte sich nicht nur um das physische Wohlbefinden seiner Schützlinge kümmern, sondern auch auf ihre psychologischen Eigenheiten Rücksicht nehmen. Ian Player berichtet, daß einmal ein Nashorn sofort nach Eintreffen im Auffangsgehege um Mitternacht gefüttert werden sollte, wobei man am Tor des Geheges rüttelte, um die Aufmerksamkeit des Tieres auf das Futter zu lenken. Danach weigerte sich das Nashorn zu jeglicher Tages- oder Nachtzeit, Futter auch nur anzurühren, wenn man nicht zuvor seinen privaten «Essensgong» anschlug, nämlich am Tor rüttelte. Ein anderes Nashorn verweigerte noch längere Zeit nach dem Einfangen die Nahrungsaufnahme und mußte daher in liegendem Zustand gewaltsam gefüttert werden. Schließlich lernte es, von selbst zu fressen, aber nicht in normaler Nashornart, sondern hingestreckt wie ein römischer Imperator.

John entdeckte, daß die Nashörner Musik schätzten und daß diese auf frischgefangene ungebärdige Exemplare eine besänftigende Wirkung ausübte. Er gab sich große Mühe, um zu erforschen, welche Art von Musik den Nashörnern gefiel, und spielte sie ihnen zu allen möglichen Tages- und Nachtstunden mit dem Transistorradio vor.

Trotz aller Sorgfalt wurden die Gehege von einer verheerenden Überschwemmung betroffen, die den Tod vieler Tiere verursachte. Später führte eine Virusepidemie zu Lungenentzündungen, der weitere Tiere zum Opfer fielen. Andere Nashörner konnten sich nicht an die Gefangenschaft gewöhnen und mußten schließlich wieder freigelassen werden, da sie die Nahrungsaufnahme verweigerten und immer magerer wurden. Es stellte sich heraus, daß eine derartige Konzentration von Nashörnern unnatürlich war und zu Krankheiten und Todesfällen führen mußte.

Inzwischen hatte man eine Menge über Methoden der medikamentellen Immobilisation und verschiedene Kombinationen von Tranquilizern gelernt. Die Konstruktion der Transportkisten war verbessert worden, und man hatte mehr Erfahrungen mit dem Verladen und Transportieren gewonnen. Viele Transporte wurden direkt vom Fangort im Busch aus durchgeführt, und die Nashörner schienen das ohne nachteilige Folgen zu überstehen. Anscheinend besaßen sie nach dem Einfangen noch viel größere Kraftreserven als nach monatelanger Gefangenschaft in den Gehegen, wo sie häufig zu wenig Nahrung zu sich nahmen und überdies an Bewegungsmangel und daher Verstopfung litten.

Aus diesem Grund wurden die mit frischgefangenen Nashörnern unternommenen Fahrten immer länger, wodurch auch die Periode der Gefangenschaft jener Tiere, die in andere Reservate kommen sollten, wesentlich verkürzt werden konnte. Schließlich wurden zwei Nashornpaare sofort nach dem Einfangen in Umfolosi über eine Entfernung von 1300 Kilometer ins Kyle-Damm-Wildschutzreservat in Rhodesien geschafft. Im Verlauf der über dreißig Stunden langen, ununterbrochenen Reise wurde ihnen alle sechs Stunden ein Beruhigungsmittel injiziert, und so ging alles gut aus. Am Bestimmungsort hatte man ein großes Gehege errichtet, in dem sich die neu eingetroffenen Tiere unter Aufsicht an Klima und Landschaft gewöhnen und vor ihrer Freilassung an die örtlichen Gegebenheiten anpassen konnten. Sobald sich ein Nashorn an ein Territorium gewöhnt hat, wird es sich nur noch langsam und stufenweise davon wegbewegen, wenn es aber in einer fremden Gegend sofort freigelassen wird, kann es vorkommen, daß es das Reservat sofort verläßt und in gerader Linie 150 Kilometer weit wandert, gewöhnlich in Richtung Heimat.

3

Der Transport des neuen Präparats M 99, oder Etorphin, wie es drei Jahre später genannt wurde, war an sich eine abenteuerliche Sache. Die M-Verbindungen waren bis zu zehntausendmal wirksamer als

Morphin und somit extrem starke Narkotika, auf die die Behörden ein wachsames Auge hielten. Anderseits wußten damals nur etwa ein Dutzend Wissenschaftler von ihrer Existenz, bis ich dann im September 1963 vor einem größeren Forum von Biologen in Pretoria über meine Erfahrungen mit dieser Substanz beim Betäuben und Einfangen von Tieren berichtete. Anläßlich meines früheren Flugs nach Südafrika hatte ich mir ernste Sorgen gemacht, wie ich die erforderlichen Mengen Morphin einführen könnte. Die für den Fang von Nashörnern nötige Menge war, im Vergleich zu den sonst für medizinische Zwecke benötigten Quantitäten, so enorm groß, daß ich zweifelte, dafür eine amtliche Einfuhrgenehmigung zu erhalten, beziehungsweise die Menge an Ort und Stelle beschaffen zu können. Die Probleme, denen ich mich in Zululand gegenübersehen würde, waren ohnehin schon groß genug, auch ohne die zusätzlichen Komplikationen einer amtlichen Untersuchung meiner Vorräte an chemischen Substanzen und der Einhaltung der zahlreichen amtlichen Verordnungen. Es ist schon schwierig genug, das Verschwinden einer halben Unze Morphin glaubhaft zu machen, nämlich des Inhalts von zwei Dutzend Injektionsprojektilen, die ihr Ziel verfehlt hatten und deren Inhalt unwiederbringlich im *veld* versprüht worden war. Als Optimist versah ich daher meine kleinen, ein Gramm fassenden Morphinampullen mit der euphemistischen Aufschrift «Nashornbetäubungsmittel» und dachte mit leisem Unbehagen an die Zustände in afrikanischen Gefängnissen.

Glücklicherweise besaß ich auch ein Tierfanggewehr. Da das neue, mit Pulverladung funktionierende Gewehr in Afrika nicht erhältlich war, konnte ich darauf hinweisen, daß ich dieses neue Schußgerät vorführen wollte. Der Stapel von Dokumenten, die ich benötigte, um das Gewehr von Kenia nach Südafrika transportieren zu dürfen, war so gewaltig, daß er einen wesentlichen Teil meines Gepäcks ausmachte. Die Zollbeamten waren mit der Prüfung und der Untersuchung der Waffe und der Feststellung, daß ich zu Jagdzwecken nur Blindmunition mit mir führte, so sehr beschäftigt, daß sie völlig vergaßen, mich zu fragen, ob ich noch etwas zu deklarieren hätte. Die Geschichte von dem Verrückten, der bis nach Südafrika reiste, um mit einem sichtlich veralteten Gewehr und blinder Munition auf die Jagd zu gehen, wurde vermutlich zu einer klassischen Anekdote in Zöllnerkreisen. Jedem, der beabsichtigt, Konterbande (Schmuggelware) durch die ansonsten sehr wachsamen Zollkontrollen zu bringen, kann ich daher nur empfehlen, ein Gewehr mitzunehmen.

Das Mitführen von M 99 war jedoch eine ganz andere und damals viel einfachere Sache. Ein kurzes Ansuchen an die zuständige Behörde um eine Einfuhrgenehmigung für nur 1 Gramm Tetrahydro-7alpha(1-hydroxy-1-methylbutyl)-6,14-endo-ethenooripavin-Hydrochlorid (diese Formel wurde später vereinfacht) brachte einen ebenso kurzen Bescheid, daß diese Verbindung weder auf der Liste der gefährlichen Medikamente noch auf jener der importgenehmigungspflichtigen Waren aufscheine und daß ich daher damit tun könne, was mir beliebe.

Die Anwendung von M 99 vereinfachte, komplizierte aber auch zugleich die Fangmethoden. Mit Hilfe dieses Mittels wurden an die dreihundert Nashörner gefangen. Sie blieben schneller und sicherer stehen als früher. Zwei Todesfälle durch Herzversagen, von denen wir später vermuteten, daß sie durch zufällige Injektion in eine Vene und damit direkt in den Blutkreislauf hervorgerufen worden waren, gaben noch keinen Anlaß zur Beunruhigung. Die Zahl der Todesfälle nach unserer Art betrug weniger als ein Prozent, was etwa dem entsprach, was auch unter günstigsten Bedingungen von einem Team von Veterinärchirurgen bei der Anwendung von Anästhesie unter freiem Himmel erreicht werden könnte. Die Behandlung dieses Medikaments erwies sich jedoch als bedeutend schwieriger. Schon geringe Veränderungen in der Wasserstoffkonzentration konnten es zersetzen oder seine Wirksamkeit vermindern. Spuren von Alkalinität im Glas konnten seine Haltbarkeit wesentlich herabsetzen. Zahlreiche Briefe gingen zwischen Natal und Kenia hin und her, in denen die Probleme geschildert und Antworten übermittelt wurden, die allzu häufig nur Vorschläge und Vermutungen waren. Die Arbeitsbedingungen in einer mehr als 3000 Kilometer entfernten Landschaft waren ja völlig verschieden von jenen, die man im eigenen Laboratorium vorfindet. Im letzteren wurden Glasgefäße zum Zweck der routinemäßigen Reinigung vierundzwanzig Stunden lang in ein Säurebad gelegt. Sollte das Fehlen dieser Vorgangsweise die Ursache der verminderten Wirksamkeit des Medikaments sein, oder war es die Schuld des Herstellers, der nun die benötigten Mengen direkt nach Zululand sandte? Vielleicht war der ortsansässige Chemiker, der die Abfüllung in die Ampullen besorgte, ungenau gewesen? Aus Briefen geht nicht immer das genaue Alter der betreffenden Menge hervor, auch nicht, ob sie aus einem noch entsprechend wirksamen Vorrat entnommen worden war.

Man hatte auf verschiedene mögliche Ursachen hingewiesen, doch es war nicht klar, ob sie stichhaltig waren. Bei der ursprünglich angewandten Methode hatte ich zuerst den Tranquilizer Acepromazin in die Spritze eingefüllt und dann das M 99. Später wurde diese Vorgangsweise geändert, und die Folge davon war, daß das Hyoscin durch den Ionisierungseffekt einen Teil des M 99 aus der Lösung ausfallen ließ, da sich M 99 zusammen mit dem Tranquilizer besser gelöst hatte. Das entdeckten wir jedoch erst viel später, nachdem viel Zeit und eine Menge von dem Medikament vertan worden waren. Schließlich lösten wir dieses Problem, indem wir Wasser als Lösungsmittel verwendeten, das durch einen Zusatz von Salzsäure auf einen pH-Wert (Maßeinheit für die Wasserstoffionenkonzentration) von 4,5 gebracht worden war.

4

Im Lauf einer meiner letzten offiziellen Reisen nach Zululand sollte ich Nyala-Antilopen mit Hilfe von M 99 fangen. Zebras und Antilopen, wie das Gnu, verursachen keine Schwierigkeiten, die grazilen und nervösen Nyalas hingegen zeigten nach der Injektion Erregungszustände und verschwanden schnell. Dieses schöne Tier, das in dichtem Buschland zu Hause war, pflegte «wie ein Geist» aufzutauchen und wieder zu verschwinden, und wenn das Medikament nicht schnell wirkte, blieb es in der dichten Vegetation unauffindbar. So wie bei vielen anderen Anlässen vorher und später waren wir auch diesmal über die ungewöhnlich feine Witterung dieser Tiere erstaunt, die offenbar über ein geheimnisvolles, uns unbekanntes Sinnesorgan verfügten. Nach unserer Ankunft wurde ich mit meiner Frau feierlich durch das Reservat geführt. Man zeigte uns mit berechtigtem Stolz einige der herrlichen Nyalaböcke, und Norman Deane, der damalige Oberaufseher von Hluhluwe, lobte ihre bemerkenswerte Zutraulichkeit. Sobald wir uns an die Arbeit machten, bekamen wir diese Böcke jedoch nicht mehr zu Gesicht und mußten tagelang die ganze Gegend absuchen, um Tiere für unsere Versuche zu finden. Zufall? Vielleicht.

Während dieses Aufenthalts in Hluhluwe trafen wir wieder Jan Olafsen, einen ehemaligen Tierfänger aus Tansania, den ich während der Dreharbeiten des Films «Hatari» kennengelernt hatte. Wir mußten damals Schwarze Nashörner mit Hilfe der medikamentellen Methode einfangen. Mir war aufgefallen, wie gut Jan mit den Tieren umgehen konnte und wie hingebungsvoll er eine Nashornkuh gepflegt hatte, die wir nach dem Namen des Medikaments, mit dessen Hilfe sie gefangen wurde, «Gallamine» getauft hatten. Teils wegen unserer Unerfahrenheit und teils durch die Unberechenbarkeit der Filmwelt hatte Gallamine Lungenentzündung bekommen, und Jan hatte sie wieder gesundgepflegt.

Ich war froh, daß er sich in seiner neuen Umgebung gut eingelebt hatte, wo er dann – vor allem beim Antilopenfang – ausgezeichnete Arbeit leisten sollte. Später entwickelte er eine besondere Fangmethode, die hauptsächlich darin bestand, ganze Herden von Gnus und sogar Zebras nur mit Hilfe bunter Plastikstreifen so weit zu bringen, daß sie sich von selbst in die wartenden Lastwagen begaben. Wahrhaftig ein großartiges Beispiel angewandter Tierpsychologie! Eines Tages besuchten wir die Olafsens. Nachdem wir einige Zeit auf ihr Eintreffen gewartet hatten, waren wir einigermaßen besorgt, als wir seine Frau, offenbar in Selbstgespräche vertieft, eintreten sahen und sie dann laut vor sich hinredend durch das Haus ging. Später stellte es sich heraus, daß ihre Konversation einem winzigen Hyänenbaby galt, einem fleischfressenden Geschöpf, das sich gewöhnlich unter Stühlen oder einer Sitzbank versteckte. Wir hatten bereits ausgewachsene zahme Hyänen kennengelernt, die sich wie freundliche Hunde benahmen, dieses kleine Biest aber fixierte uns mit tückischem Blick und schwenkte ständig den Kopf hin und her, während es uns von seinem Versteck aus beobachtete. Ich machte mir Gedanken, was wohl aus ihm werden würde, sobald es erwachsen war, und wir hörten später von Zeit zu Zeit mit Erleichterung, daß Jan und seine Frau heil und gesund waren. Wir unterschätzen ja häufig die Eigenheiten wilder Tiere. Forscher auf dem Gebiet der besonderen Temperamente und Verhaltensweisen der Raubtiere und Aasfresser haben noch ein weites Feld vor sich.

Nun sind schon über fünf Jahre vergangen, seit die Aktion zur Umsiedlung der Weißen Nashörner richtig in Gang gekommen war. Über fünfhundert Nashörner sind in neue Lebensräume umgesiedelt worden. Die Art der südlichen Breitmaulnashörner konnte gerettet werden, und die seither in Kraft getretenen Schutzbestimmungen können kaum überboten werden. Die ursprünglich verwendete Medikamentenmischung wurde geändert, was bedeutende Verbesserungen zur Folge hatte. Auch die ursprüngliche Mannschaft erfuhr Veränderungen. Ian Player ist heute Chefkonservator von Zululand und überwacht nun aufmerksam die Umsiedlung von Nashörnern, die er selbst mit soviel Schwung und Energie in Gang gebracht hatte. John Geddes-Page wurde Direktor und damit Nachfolger von Oberst Jack Vincent, der in die Zentrale der *International Union for Conservation of Nature* (Internationale Naturschutzvereinigung) in Morges in der Schweiz versetzt wurde. Nick Steele ist heute Obertieraufseher in Umfolosi. Viele der von dem Team gesammelten Ergebnisse müssen noch ausgewertet werden, darunter die Gewichte und genauen Maße aller eingefangenen Nashörner, eine einmalige Sammlung von Informationen. Abgesehen davon, daß es auf diesem Gebiet kaum Statistiken gab, waren noch nie zuvor Messungen an lebenden, aufrechtstehenden Nashörnern vorgenommen worden. Sicherlich war das Unternehmen nicht ungefährlich, auch wenn es die daran Beteiligten kaum zugeben würden. Beispielsweise gelang es einmal einem Pferd nicht, einer mittelgroßen Nashornkuh zu entkommen, und es wurde fast drei Meter hoch in die Luft geschleudert. Wie berichtet wurde, hatte das Pferd diesen Zwischenfall überlebt; der Reiter wird bezeichnenderweise nicht erwähnt.

Jedenfalls zeigte dieser Zwischenfall die große Stärke der Kopf- und

Nackenmuskeln dieser ansonsten geruhsamen Tiere und wessen sie fähig sind, wenn sie gereizt werden, bevor die injizierten Substanzen ihre Wirkung tun können.

Episoden aus diesem Unternehmen sind veröffentlicht, andere in dem ausgezeichneten Film «To Catch a Rhino» festgehalten worden, der von dem damals für die südafrikanische Fremdenverkehrsorganisation tätig gewesenen Sven Person gedreht wurde. Später tauchte ein amerikanisches Filmteam auf, das Immobilisationsmedikamente gleich kistenweise mitbrachte. Der Apotheker des Teams war völlig von der Wirksamkeit und Überlegenheit einer Curareverbindung überzeugt, die wir schon fünf Jahre vorher, anläßlich der Rettungsaktion von Kariba, als untauglich erkannt hatten. Man gestattete ihm schließlich, seine Mischung an einem Zebra auszuprobieren. Das Team ließ dann mehr Medikamente zurück, als wir uns im Verlauf unserer Forschungsarbeiten auf dem Gebiet der Immobilisationsmittel je hatten leisten können. Ich bemerkte jedoch, daß eine ganze Kiste mit der Aufschrift «LSD» völlig leer war! Vielleicht hatte man das Mittel den Nashörnern insgeheim verabreicht.

Wir trafen bald nach der Abreise des Filmteams ein und hörten allerlei Anekdoten, die Ian in seiner charakteristischen Art erzählte, wobei er das Lachen unterdrückte, bis ihm die Augen wie bei einem Frosch hervorquollen und sich röteten, wenn er seine Heiterkeit nicht länger im Zaum halten konnte. In einer amerikanischen Zeitschrift entdeckte ich später einen Artikel mit Fotos, die immobilisierte Nashörner und andere Tiere mit ihren Fängern zeigten. Über jene Mannschaft, die diese Arbeit seit Jahren verrichtete und sie auch dann noch tun würde, wenn die Unterbrechung durch die Filmarbeiten längst vergessen war, wurde kaum berichtet.

Es gibt wohl einen besonderen Grund, der die Naturschutzarbeit für viele Menschen so anziehend macht, einen Grund, warum jene, die draußen in der Natur arbeiten, einsatzfreudiger sind, warum sie bereit sind, für einen wesentlich geringeren materiellen Lohn zu arbeiten, als manche aus anderen Berufen stammenden Leute. Es ist das Gefühl der Beständigkeit der Natur und alles dessen, wofür sie sich einsetzten, die Hoffnung, daß die Tiere, die Wälder und das *veld* auch dann noch existieren werden, wenn unsere zeitgenössische Zivilisation längst zugrunde gegangen und alle Namen oder Titel vergessen sein werden. Dann wird es keine Rolle mehr spielen, wer das eine oder andere geleistet hat. Entscheidend wird sein, ob eine bestimmte Tierart ausgestorben ist oder der Nachwelt erhalten werden konnte, ob noch einige tausend Quadratkilometer gerettet werden konnten oder ob die heute schon riesigen Wüsten der Welt noch größer und somit für Mensch und Tier gleichermaßen nutzlos geworden sind.

8. EIN JAHR DES FORTSCHRITTS

I

«Das Zebra hat kein ‹Stehvermögen›. Wenn es gehetzt wird, gehen immer einige Tiere zugrunde.» Diese Behauptung erweckte unser Interesse und erforderte zweifellos eine Untersuchung.

Wir befanden uns auf der etwa 120 Quadratkilometer großen Ranch von Carr Hartley in Rumuruti, auf der er Rinderzucht betrieb und auch zahlreiche Antilopen und Giraffen fing, die dort lebten. Der Besitz war ein Beispiel mehrfacher Landnutzung, da das Wild eine Menge zusätzlichen Geldes einbrachte, ohne daß sich der Tierfang auf die Arbeit in der Rinderzucht störend ausgewirkt hätte.

Man hat den stämmigen und jovialen Carr Hartley wegen seiner grobschlächtigen Fangmethoden kritisiert. Mit einiger Berechtigung, aber sicherlich auch mancher Übertreibung sprach man von einer hohen Sterblichkeit unter den gefangenen Tieren. Es gibt ja kaum einen erfolgreichen Mann, der keine Feinde hätte. Sicher, Carr hatte seine Fehler, doch waren sie vor allem seiner ungestümen Art und unbändigen Energie zuzuschreiben. Wenn er in einem Gebiet eine Anzahl von Tieren eingefangen hatte, pflegte er in seinen Chevrolet zu springen, sich sofort in das nächste Unternehmen zu stürzen und die eingefangenen Tiere gleich den Händen eines eher gefühllosen und uninteressierten Personals zu überlassen. Die afrikanischen Arbeitskräfte haben häufig nicht die geringste Vorstellung vom eigentlichen Sinn ihrer Arbeit. Ihr Leben ist meist viel zu hart und schwierig, als daß sie dabei noch Mitgefühl mit Tieren aufzubringen vermögen, die daher nicht versorgt wurden und starben. Diese Periode im Leben Ostafrikas kann heute nur im Licht der damaligen Verhältnisse beurteilt werden. Menschen starben am Wundbrand, weil die Erkenntnisse der modernen Medizin noch nicht bis zu ihnen gedrungen waren, immer noch wurde Zauberei betrieben, im Verlaufe riesiger Jagdzüge wurden Tausende von Tieren hingeschlachtet, um Raum für den Weizenanbau oder Eingeborenensiedlungen zu schaffen, in den Büschen hingen buchstäblich viele Kilometer von Drahtschlingen der Wilderer, in denen die Tiere oft einem langsamen Tod ausgeliefert wurden, nur um Trophäen, wie Schwanzhaare, zu liefern, die den Touristen als Armbänder oder Fliegenwedel verkauft wurden. Es war ein gnadenloses Land, in dem nur die Rücksichtslosesten überleben konnten.

Wenn man auch nicht mit zweierlei Maß messen soll, so wird die eigene Lebensauffassung doch von der Umwelt beeinflußt, und hierin liegt das Dilemma. Viele Leute lieben die Jagd, und paradoxerweise sichern sie das Leben dieser Tierarten, indem sie die finanziellen Mittel für ihr Weiterbestehen liefern. Ich zum Beispiel träume davon, mich einmal auf eine kleine Farm zurückziehen zu können und dort Obstbäume und Teesträucher zu züchten; und doch bedeuten Obst- und Teeanbau den Tod der wilden Fauna, weil er nur auf Kosten der pflanzenfressenden Tiere betrieben werden kann. Es bereitet mir Schmerz, wenn ich sehe, wie ein Zebra gehetzt und mit Seilen eingefangen wird, doch werden jedes Jahr Tausende von Zebras im Zug der Wildreduzierung, oder zum Schutz des Eigentums, getötet, und unzählige weitere Tiere werden auf Privatgütern umgebracht. Die Auslagen der Tierfänger sind hoch, und das Einfangen eines Tiers kostet ihn fünfmal soviel wie das Erlegen, und dann muß er es noch monatelang füttern, ehe es abtransportiert werden kann. Moral predigen ist leicht, aber das Leben fordert ständig Kompromisse. Man kann durch Versäumnisse ebenso töten wie durch Absicht. Zahllose Leute tragen durch Gedanken- oder Tatenlosigkeit zum Tod afrikanischer Tiere bei; und die Weste derjenigen, die einige Tiere töten, aber andere leben lassen, kann oft sauberer sein als die Weste der Gleichgültigen.

Carr war auf seine Art an den Forschungsarbeiten sehr interessiert und stellte uns in großzügiger Weise Dinge zur Verfügung, die andernorts nicht erhältlich waren. So hatte er uns schon seinerzeit erlaubt, seine Tiere für Experimente zu verwenden, bei denen er nichts zu gewinnen, sondern nur zu verlieren hatte. Ein Veterinär hatte seinen ganzen Bestand an Wiederkäuern gegen die örtlich grassierende Rinderpest geimpft, obwohl es klar war, daß viele Tiere dabei umkommen würden, und viele kamen auch tatsächlich um. Zwei Wissenschaftler wollten Scolin an seinen Rindern ausprobieren, offenbar nur um festzustellen, wie tödlich es war, obwohl man zu dieser Zeit bereits wußte, daß Rindern der entsprechende «Abwehrstoff» im Blut (Cholinesterase) fehlte. Während die verabreichten Scolin-Quantitäten kleiner und die Haufen toter Tiere größer und größer wurden, tanzte der afrikanische Tierhüter einen Kriegstanz und raufte sich die Haare, Carr aber nahm seine Verluste mit stoischer Ruhe hin und meinte nur: «Vielleicht wären sie sonst den Löwen zum Opfer gefallen.»

Rumuruti lag nördlich des Farmlandes von Thomson's Falls und grenzte an den nördlichen Provinzdistrikt, wo es trockene Erde und riesige Farmen gab. Arbeitskräfte waren schwer zu bekommen, die meisten kamen vom Turkanastamm. Sie waren ausgezeichnete Tierfänger, da sie persönliche Gefahren ignorierten, wenn ihnen ein entsprechender Anreiz geboten wurde, verfielen aber sofort in völlige Tatenlosigkeit und Trägheit, wenn dies nicht der Fall war. Gewöhnlich war es der Hunger, der sie zu Aktivität veranlaßte. Warum sollte

Ein Massai «hoch zu Roß» auf einem immobilisierten Zebra

Oben: Kob-Antilopenbock unmittelbar nach dem Markieren. *Unten:* Die im Jahr 1958 zur Verfügung stehenden «Narkosewaffen»: das Capchur-Gewehr und die erste zu diesem Zweck eingesetzte Armbrust

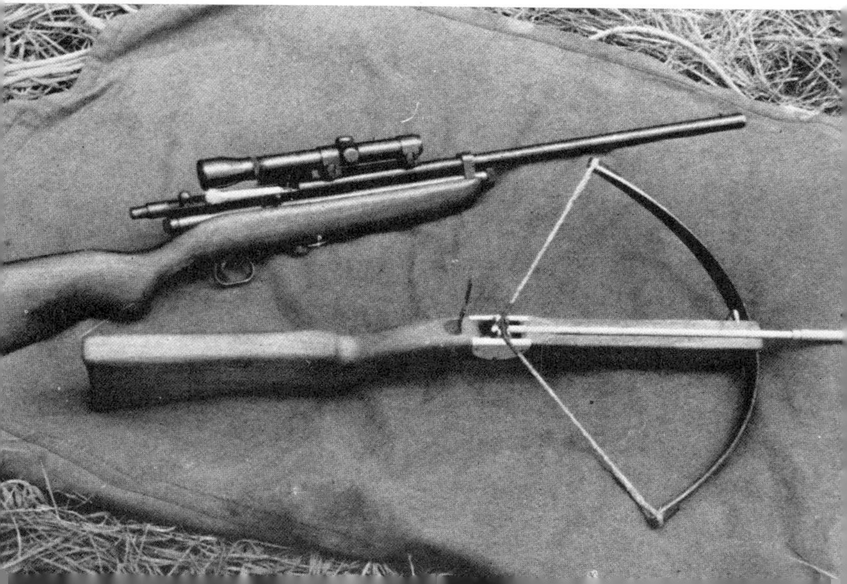

Oben: Bill Pridham mit Kaffernbüffel im Serengeti-Gebiet (Der Schwanzteil des damals eingesetzten Injektionsprojektils ist in seiner Hand gut zu erkennen.). *Unten:* Mit Muskelrelaxanzien immobilisierte Tiere bleiben gefährlich: «Erwischt, aber nicht erledigt» – ein mit Tubarin gefangener Büffel

Oben links: Ein in die Enge getriebenes Nashornkalb
Oben rechts: Das Nashorn wurde mit einer Seilschlinge gefangen und wird zum Lastwagen getrieben.

Konventioneller Nashornfang

Links: Die Beine werden festgebunden
Unten links: Das Nashorn wird auf den Lastwagen gezogen, um ins Lager transportiert zu werden

Oben: Sobald die Fesseln gelöst sind, beginnt ein Sturmlauf auf die mächtigen Bohlen des Geheges. *Unten:* Ein medikamentell immobilisiertes Weißes Rhino hingegen läßt alles mit sich geschehen

Im Meru-Wildreservat. *Oben:* Diesen hohlen baobab-Baum benutzten sechs Wilddiebe als Versteck. *Unten:* Der Gejagte wird zum Jäger: Ein Nashorn im Busch macht kehrt und geht selbst zum Angriff über

Rechts: Bei einem großen Bullen wird die erste Beinfessel angebracht

Giraffen sind bereits nach Verabreichung geringer Dosen der entsprechenden Medikamente leicht zu fangen und lassen sich ohne weiteres führen. Kenia

Rechts: Ist das Tier erst einmal gestoppt, kann eine Halsschlinge übergeworfen werden

Unten links: Trotzdem ist Vorsicht am Platz; wenn eine Giraffe ausschlägt, kann das verheerende Folgen haben

Unten rechts: Mit zwei Seilen als Zügel läßt sich das Tier über weite Strekken führen

Tierrettung im Karibasee. *Oben:* Das erste gerettete Nashorn. *Unten:* Schwerfällig taumelt das Nashorn hoch, nachdem das Floß ans Ufer gezogen wurde

Oben: Ian Player mit zwei gleichzeitig immobilisierten Nashörnern. *Unten:* John Clark bemüht sich, ein über zweitausend Kilo schweres Tier in die gewünschte Stellung zu drehen

Ein Spitzmaulnashorn wird im Rahmen einer Umsiedlungsaktion gefangen

Ein Patient, der uns entwischt ist

Verschiedene Möglichkeiten nach einer Immobilisierung. *Oben:* Ein immobilisierter Elefant steht ruhig und läßt sich ohne weiteres markieren. *Unten:* Elen-Antilopen bleiben auch nach medikamenteller Immobilisierung nicht von selbst stehen und müssen festgehalten werden

Immobilisierter Elefant im Krüger-Park 1963; ein fehlgegangenes Armbrustprojektil ist im rechten Ohr erkennbar

Ein junger, viertausend Kilo schwerer Elefantenbulle, der für telemetrische Messungen mit dem Capchur-Gewehr immobilisiert wurde

Oben: Susanne Hart untersucht den Einstich der Injektionsnadel an einem immobilisierten Elefanten. Amboseli 1967
Unten: Löwenfang: Ein Löwenpaar zehn Minuten vor der Immobilisierung

Oben: Der Löwe unmittelbar nach der vollen Wirkung des Medikaments. August 1962. *Unten:* Immobilisierte Tiere können sogar gewogen werden. Der Tierarzt des Krüger-Parks, Johan van Niekerk, bei der Arbeit

Oben: An einem immobilisierten Zebra werden die Herztöne kontrolliert. *Unten:* Oft genügt ein kleines Hindernis, um immobilisierte Tiere zu stoppen: im Bild ein Zebra vor einem abgebrochenen Ast

Immobilisierter Giraffenbulle bleibt im niedrigen Gebüsch «stecken»

Immobilisierte Tiere sind gefügig. *Oben:* Barrie Chappell untersucht ein Streifengnu. *Unten:* Eine frisch gefangene Elen-Antilope wartet friedlich im Schatten

Blutdruckmessung an einer immobilisierten Elen-Antilope

Oben: Ein immobilisiertes Streifengnu wird zur Verabreichung des Gegenmittels in die große Halsvene festgehalten. *Unten:* Die Oryx-Antilopen, wegen ihrer lanzenartigen Hörner auch Spießböcke genannt, haben einen schlechten Ruf; unmittelbar nach Verabreichung des Antidots sind die eingeborenen Helfer nicht mehr scharf ins Bild zu bekommen ...

Oben: Kontrolle der Herztöne bei einem Elefanten. *Unten:* Professor E. C. Amoroso von der Londoner Universität entnimmt einer immobilisierten Kuh-Antilope eine Milchprobe

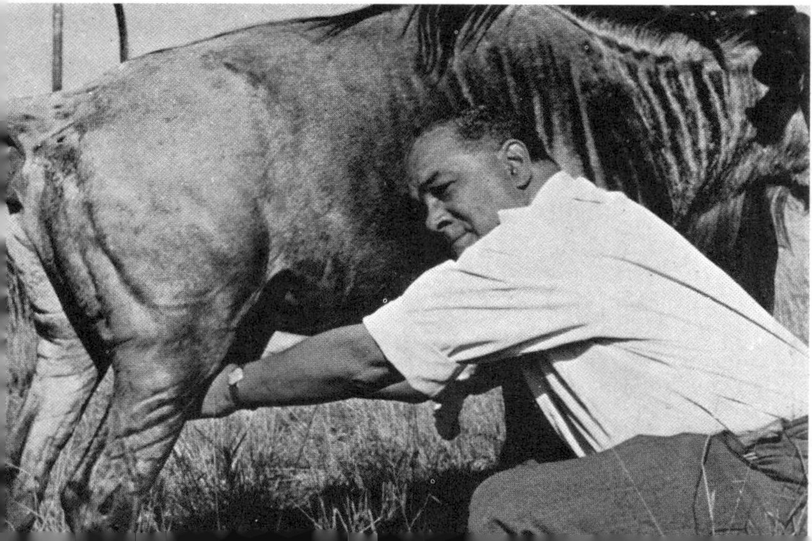

Oben und unten: Barrie Chappell bereitet einen Elefanten für Untersuchungen des Blutkreislaufs vor

Oben: Büffelfang und -impfung gegen Rinderpest in Westuganda, November 1959: Das Projektil ist im Bild oberhalb des rechten Horns zu erkennen. *Unten:* Zwecks Markierung wurde ein Plastikband an seinem Schwanz befestigt

Oben: Auf der Seite liegend wird er geimpft. *Unten:* Anschließend wurde er zu Beobachtungszwecken mit einer Ohrmarke und einem Plastikband markiert

Höchste Zeit, sich aus dem Staub zu machen

Für die Feldarbeit benötigte Medikamente und Instrumente zum Einpflanzen von Sensoren

Die Giraffe mit dem Gewächs im Ohr wenige Sekunden nach der Injektion: im Brustmuskel ist das Injektionsprojektil zu sehen

Tsavo. *Oben:* Der Busch vom Hubschrauber aus gesehen. *Unten:* Der zu Immobilisierungsarbeiten an Elefanten im Tsavo-Nationalpark benutzte Hubschrauber

Tsavo. *Oben:* Ein Elefant eine Minute nach der Injektion. *Unten:* Der Rand eines bewässerten Gebiets

Die beiden Gesichter Afrikas. *Oben:* Über Felsblöcke tosende Wassermassen, die eineinhalb Meter tiefe Löcher hinterlassen, sind alles, was von einer Straße in Manyara übriggeblieben ist. *Unten:* Nach Trinkwasser muß man in einer unter Sand verborgenen Wasserader graben

Der Autor mit seiner Frau, Susanne Hart

man etwas tun, wenn man satt war? Während der Fangoperationen bestand der Anreiz aus Carrs ständiger Suada in Kisuaheli. Wenn er aufgeregt war, schrie er mit der Lautstärke eines trompetenden Elefanten. Dies trieb die Turkanas zur Arbeit an, und seine magische Eindringlichkeit hätte ausgereicht, sie in einen Abgrund und in den sicheren Tod zu treiben. Ich hatte volles Verständnis für sie, denn der einzige mir bekannte Mann, der über eine derartige Lautstärke verfügte, hatte mich in meinen jüngeren Jahren über den Exerzierplatz des Royal Military College gehetzt. Ich glaube nicht, daß wir imstande gewesen wären, seinen gebrüllten Verwünschungen zu widerstehen, wahrscheinlich wäre das ganze Bataillon von einer Klippe hinabgesprungen, wenn uns seine Stimme dazu getrieben hätte. Einmal machte ich heimlich eine Tonbandaufnahme von Carrs Gebrüll, und als er mit seiner Frau zu Besuch kam, spielte ich die Aufnahme ab. Carr, der in der Stadt stets umgänglich und freundlich war, starrte auf den teuflischen Kasten, als traute er seinen Ohren nicht. Ich kann mich nicht erinnern, daß ich danach je wieder seine Stimme in ihrer ganzen Pracht und Herrlichkeit erschallen gehört hätte.

Wir begannen das Zebraproblem zu untersuchen. Cecil Luck, Peter Wright, der später nach dem Ausscheiden von Cecil Professor für Physiologie an der medizinischen Fakultät wurde, und ich entdeckten eine zumindest teilweise wirksame Methode. Obwohl wir zu dem Schluß kamen, daß die gehetzten Tiere an akuter Herzerweiterung starben, ergab es sich seltsamerweise, daß eine sofortige Anwendung von Sauerstoff mit einem Zusatz von 5 Prozent Kohlendioxyd den Tod des Zebras verhindern konnte. Vielleicht war das nur ein Zufall. Wir konnten die Untersuchungen nicht abschließen, da die Nachfrage nach Zebras nur sporadisch war und wir sie nicht wegen eines bloßen Experiments hetzen wollten. Carr führte dann noch jahrelang eine Sauerstoff-Flasche in seinem Fangwagen mit, doch ist schwer abzuschätzen, ob es von Vorteil war.

Carr Hartleys Heim und das dazugehörende Gehege in Rumuruti waren für Kenia typisch. Das Wohngebäude bestand zum großen Teil aus Veranden, die die ursprünglichen drei Hütten miteinander verbanden. Gezähmte Tiere liefen aus und ein. Das Sofa zeigte die unverwechselbaren und unauslöschlichen Eindrücke eines nicht zu kleinen Flußpferdbabys, das nach dem Bad gerne darauf ruhte. Die Füße und Sprungfedern des Sofas hatten den ungleichen Kampf aufgegeben und ruhten mehr oder weniger auf dem Boden. Der Gepard Rita sprang gern vom Sessel auf den Tisch. Mahnendes Geschrei, wie «Rita, hinaus mit dir!» erhob sich, sowie das Geräusch zerreißenden Kalikos hörbar wurde, wenn er vergnügt die Vorhänge in Fetzen riß. Draußen unter einem Baum hockte Nan, eine misanthropische Schimpansin, deren Unterhaltung hauptsächlich darin bestand, harmlose, auf Besuch weilende indische Damen in Reichweite ihrer Kette zu locken, mit festem Griff ihren Sari zu packen und daran zu ziehen, wobei sie durch schnelles Abziehen dieses Wickelgewandes die entsetzten Damen um die eigene Achse wirbeln ließ. Kameras und Ferngläser liebte sie ganz besonders und schleppte sie zur genaueren Untersuchung auf den Baum. Das richtige Verständnis für die Leiden ihrer Opfer erlangte ich erst, als ich eines Tages im Garten umherging, Eintragungen in mein Notizbuch machte und innehielt, um Nan zu streicheln. Sie riß mir das kostbare Notizbuch aus der Hand, flüchtete schnatternd auf ihren Baum und riß bündelweise Seiten heraus. Ich muß gestehen, daß ich mich eines unvernünftigen Gefühls der Abneigung gegenüber diesem analphabetischen Affen nicht erwehren konnte, doch brachte Nan wohl nur ihre Persönlichkeit zum Ausdruck, wie liebevolle Eltern zu erklären pflegen, wenn ihre geliebten Sprößlinge sich in ähnlich extrovertierter und undisziplinierter Weise benommen haben.

Carr besaß einen prächtigen jungen Büffelbullen mit besonders ausladenden Hörnern, der zum Spaß Menschen attackierte, die dann mit größter Schnelligkeit vor seinen donnernden Hufen flüchteten, bis sie schließlich im Schlamm auf die Nase fielen, worauf er sie neugierig beschnüffelte und dann friedlich zu weiden begann. Die Leute beschwerten sich bei Carr, und er war ehrlich verwundert: «Wenn die Dummköpfe nicht davonliefen», klagte er, «würde Mugie sie nicht verfolgen. Man muß nur stehenbleiben und ihm fest ins Auge blicken, dann zieht er sich von selbst zurück.» Er konnte einfach nicht einsehen, daß es Leute gab, die nicht die Nerven hatten, einem heranrasenden, fünfhundert Kilo schweren Büffel ins Auge zu blicken. Schließlich mußte Mugie eingesperrt werden.

Carr war zweifellos ein mutiger Mann. Er erzählte, daß ihm Terroristen zahlreiche Zettel zukommen ließen, in denen sie ihm mitteilten, daß sie ihn töten würden. Er antwortete ihnen, daß er fast täglich von acht bis zehn Uhr abends allein im Licht der Öllampe Briefe schreibend auf seiner Veranda sitzen und zu ihrer Verfügung stehen würde. Wohl hatte er ein Gewehr bei sich, aber im ganzen Umkreis gab es keine Hilfe. Obwohl Dutzende von Terroristen oft stundenlang nur wenige Meter außerhalb des Lichtkreises saßen und auf das ausgezeichnete Ziel spähten, wagte es keiner, einen Schuß abzufeuern. Am nächsten Tag konnte man die Abdrücke ihrer Gewehrkolben zwischen den Abdrücken ihrer Fersen und Gesäße sehen. So groß war die Macht persönlichen Mutes in einer Zeit und in einem Land, in dem Kampf noch eine Sache von Mann zu Mann war und noch nicht zu einer abstrakten Sache von verschiedener Feuerkraft und Waffenstärke geworden war.

Der Vorarbeiter der Ranch war ein Kikuyu, der von seinen Untergebenen eine sichtlich schlechte Meinung hatte. Wir wohnten in einem

Zelt, teils um dem Haushalt keine zusätzlichen Lasten aufzubürden, teils weil wir zu ungewöhnlicher Stunde unser in der Nähe stationiertes mobiles Laboratorium aufsuchen mußten, um nach dem launenhaften Generator zu sehen, der die Kühlschränke mit Strom versorgte. Cecil Luck stellte gern seine verborgenen kulinarischen Fähigkeiten unter Beweis, indem er gelegentlich ein Chateaubriand briet, und er wollte nun zu diesem Zweck ein Stück Zebrafleisch von den aufgehängten Kadavern schneiden, die zur Fütterung der Löwen, Leoparden und anderer gefangener Raubtiere auf Carrs großer Tierfarm bestimmt waren. Der Vorarbeiter war dagegen und zählte verschiedene Gründe auf, warum man Zebras nicht essen solle, Gründe, die hauptsächlich mit den merkwürdigen und größtenteils hypothetischen Aspekten ihres Geschlechtslebens zu tun hatten. Als seine verschiedenen Argumente widerlegt wurden und er in der Debatte sichtlich den kürzeren zog, brachte er einen letzten und diesmal echten Protest vor: In einem letzten Appell an die verehrungswürdigen, aber unwissenden Fremden breitete er seine Arme flehentlich aus und meinte auf Kisuaheli: «Aber Bwana, die Turkanas essen sie!»

2

Wir beabsichtigten, den Blutdruck von Giraffen zu messen. Die Fortschritte bei der Anwendung von Tranquilizern ließen uns hoffen, daß wir diese Art der Untersuchung an Tieren vornehmen konnten, die weder vollständig betäubt noch hochgradig erregt waren. Wir wurden nicht enttäuscht und konnten mit Hilfe einer Lokalanästhesie den für die Blutdruckmessung nötigen Arterienkatheter bei dem stark gedämpften, noch aufrechtstehenden Tier einführen. Als Arbeitsplattform benützten wir einen Farmlastwagen, das Aufnahmegerät lag auf dem Dach des Fahrerhauses. Carr war von unserer Leistung sehr beeindruckt, obwohl die Fortschritte in der Anwendung von Tranquilizern in gewisser Weise eine Bedrohung seines Lebensunterhaltes bedeuteten, und wir besprachen die mögliche Rolle medikamenteller Fangmethoden im Zusammenhang mit der Tierbeschaffung für zoologische Gärten.

Carr meinte, daß man den Tierfängern die Anwendung dieser Methode erlauben sollte, da sie nun offenbar gefahrlos sei. Als ewiger Optimist war er der Ansicht, daß die Verminderung oder Erleichterung der Leiden der Tiere die Behörden zum Nachgeben veranlassen würde. Wir wußten jedoch, daß es die Tieraufsichtsbehörde in naher Zukunft kaum sanktionieren würde, vor allem, da sie selbst bei der Anwendung dieser Methode nur geringe Fortschritte gemacht hatte. Wir erwähnten nicht, daß nach unserer Ansicht die Entwicklung –

nach Überwindung der Schwierigkeiten – schließlich zu einem Tierfangmonopol der Behörde führen würde, und hofften, daß wir, wie sich die Dinge auch entwickeln sollten, nicht für die Verzweiflung und Verbitterung der Tierfänger verantwortlich gemacht würden.

Während des vorangegangenen Jahres (1960) waren einige Fortschritte erzielt worden, die es ermöglichten, physiologische Untersuchungen an gedämpften und nicht wie früher völlig betäubten Tieren vorzunehmen. Anderwärts hatte man bereits Blutdruckuntersuchungen an einer Giraffe vorgenommen, die durch ein mit Hilfe einer Gewehrkugel verabreichtes Immobilisierungsmedikament bewegungsunfähig gemacht wurde. Obwohl auch unser Versuchstier nicht in völligem Normalzustand war, glaubten wir doch, daß unsere Experimente einen merklichen Fortschritt gegenüber früheren darstellten. Unser Versuchstier war zumindest dem Normalzustand so nahe, wie es bei Anwendung der Medikamente und der Apparate möglich war, an die es mit Plastikschläuchen und Drähten angeschlossen werden mußte.

Unter den interessanten Tieren von Rumuruti befand sich ein Weißes Nashornpaar namens Gus und Mitzi. Zu dieser Zeit waren die Preise für erwachsene Weiße Nashörner astronomisch, aber Carr hatte der Versuchung, sie zu verkaufen, in der Hoffnung widerstanden, daß sie sich fortpflanzen würden. Jeden Tag wurden sie unter der Aufsicht eines Hirten hinausgelassen, um frei grasen und herumlaufen zu können. Sie waren verhältnismäßig zahm, aber geneigt, Eindringlinge zu verscheuchen. Gus schien gelegentlich Anwandlungen sexueller Erregung zu verspüren, in deren Verlauf er wild herumrannte, entsetzte Kamele zu begatten versuchte und zu Übungszwecken sein Horn durch teure Traktorenreifen bohrte. Diese Ausbrüche trafen nie mit Mitzis Brünstigkeit zusammen, und man hatte keine Paarung beobachten können. Da sich Carr sehnlichst ein Weißes Nashornbaby auf seiner Farm wünschte, versprachen wir ihm, daß wir versuchen wollten, auf elektrischem Weg Sperma von Gus zu gewinnen, wie das häufig mit sehr wertvollen Stieren vorgenommen wird, die nicht mehr selbst decken können. Mein Techniker und ich begannen eine Rektalsonde zu konstruieren, wie sie sonst bei Stieren verwendet wird, aber auch für ein großes Nashorn ausgezeichnet geeignet ist. Es wurde ein eindrucksvolles Gerät. Es war aus durchsichtigem Plastik gefertigt, von bemerkenswerter Länge und mit sechs Messingringen versehen, durch die der erforderliche Strom niederer Spannung die Nerven der inneren Organe unterhalb des Rektums erreichen sollte. Die Ringe waren durch bunte Drähte verbunden, die innerhalb des durchsichtigen Gerätes lagen und somit deutlich sichtbar waren. Der Gegenstand erinnerte mehr an das Symbol eines korybantischen Ritus als an ein wissenschaftliches Instrument.

Zur Erleichterung des Experiments hatten wir aus zwölf Zentimeter dicken Wasserrohren einen Futtertrog gebaut. Während des ersten Versuchs kletterte Gus, seine Luzerne kauend, mit den massiven Vorderfüßen hinauf und stützte sich auf die oberste Sprosse des Gerüstes, wie ein Farmer, der seine Weizenfelder überblickt. Das ganze Gerüst verbog sich unter der Last, und er entfernte sich, ohne einen weiteren Blick darauf zu verschwenden. Wir kamen zu dem Schluß, daß es nur eine Möglichkeit gab, nämlich ihm volle Bewegungsfreiheit zu geben und die Sonde mit Hilfe eines sehr langen Kabels mit dem Apparat zu verbinden.

Die Sonde mußte sorgfältig eingeführt werden, eine Aufgabe, die mir zufiel. Gus ließ sich davon nicht aus der Ruhe bringen, sondern wandte sich nur gelegentlich um, um zu sehen, was ich da täte. Mitzi hingegen war über diese unnatürlichen Vorgänge erbittert und attakkierte mich mehrere Male unerwartet, als ich mich auf meine Tätigkeit konzentrierte und kaum in der Lage war, meinen Arm schnell genug unter den etwa zwanzig Kilogramm schweren und rauhen Kotklumpen hervorzuziehen. Es ereigneten sich allerlei interessante Dinge, doch entbehrten jene Gerüchte jeglicher Grundlage, die behaupteten, daß ich mit dem Arm in der Öffnung eingeklemmt wurde, als sie sich durch einen Muskelkrampf zusammenzog, und ich auf schändliche Art und Weise hinter der beleidigten Nashornkuh durch den Busch geschleift worden sei.

Die Spannung des in den Messingringen fließenden Stroms konnte genau geregelt werden; schon eine sehr geringe Spannung versetzte Gus in Unruhe, und er begann zu traben. Wenn er sich in unsere Richtung wandte, mußten wir nur die Spannung erhöhen, worauf er sofort stehenblieb. Da der dünne Plastikschlauch im hellen Licht fast unsichtbar war, hatte man den Eindruck, daß hier auf magische Weise Mensch und Maschine ein riesiges Ungetüm lenkten und das fast zwei Tonnen schwere Nashorn an unserem dünnen Draht wie ein Fisch an der Angelschnur zappelte.

Alles deutete darauf hin, daß wir uns dem Resultat näherten, und erwartungsvoll gingen die Gehilfen mit Kübeln zu dem Tier hin. Es wurde jedoch nichts eingesammelt. Wir beschlossen, die Sonde zu ändern und sie den Gegebenheiten der Anatomie anzupassen, die wir bei der Rektaluntersuchung festgestellt hatten, und es neuerlich zu versuchen, sobald Mitzi sich williger zeigen sollte. Gus verschrieben wir das Hormon Gonadotropin und hofften, daß dies seine natürliche Paarungsbereitschaft steigern würde.

Das Einführen der Sonde in das Nashorn wurde von einem enthusiastischen Amateur gefilmt und später einem exklusiven Publikum unter dem respektlosen Titel «Vorstoß ins Innere» vorgeführt. Leider starb das Tier bald darauf an einem Blutparasiten, gegen den, wie bei der Löwin Elsa, damals die erforderlichen Heilmittel nicht rechtzeitig beschafft werden konnten.

3

Die bei der Arbeit mit den Weißen Nashörnern von Zululand gewonnenen Erkenntnisse hatten sich bei der Immobilisierung anderer Tiere als nicht befriedigend erwiesen, und der Druck anderer Aufgaben hatte leider zu einer vorübergehenden Unterbrechung der Forschungsarbeiten geführt. Im September 1961 wurde ich aufgefordert, nach Nordrhodesien (dem heutigen Sambia) zu kommen. Das Angebot kam von der *Rhodesian Game and Fauna Preservation Society* (Rhodesische Wildschutzvereinigung), die auch die Reisekosten bezahlte. Dringende Probleme im Kafue-Nationalpark hatten die Entwicklung von Immobilisierungsmethoden für Wasserbock und Büffel in diesem Gebiet und in Lechwe auf der Kafue-Ebene notwendig gemacht. Ich freute mich, wieder mit Oberst Critchley und seiner Frau zusammenzukommen und wieder in ihrem großen Farmhaus am Rand des Lechwe-Gebiets wohnen zu dürfen.

Damals war ich noch nicht sicher, ob sich ein synthetisches Morphin enthaltendes Gemisch bei Antilopen als wirksam erweisen würde, hoffte jedoch, daß zu einem späteren Zeitpunkt desselben Jahres gezielte Versuche in Tansania und Uganda durchgeführt werden könnten.

Die verschiedenen Präparate waren jedoch nur ein Teil der Fangmethoden, und es gibt noch viele andere Entwicklungen zu berichten. Eine davon betraf das für Experimentierzwecke gebaute, mit Pulverkartuschen zu ladende Gewehr. Es stellte einen bedeutenden Fortschritt dar, und wenn es im Vergleich zu unserem heutigen ausgefeilten Modell noch recht primitiv wirkte, so war es doch erheblich wirksamer und zielsicherer als alles, was wir vorher verwendet hatten. Der neue Spritzenmechanismus stieß auf besonderes Interesse, und ich war der Ansicht, daß schon eine Erklärung und Vorführung dieses Mechanismus meine Reise nach Sambia in hohem Maße gerechtfertigt hatte, und fühlte mich daher schon viel wohler. Das Gewehr bestand noch immer aus einem glatten Metallzylinder, der in eine einläufige Flinte eingesetzt worden war. Die Spritze wurde durch drei Steuerfedern stabilisiert, die an dem etwa neun Zentimeter langen Schwanzstab angebracht waren, der seinerseits eine flache Scheibe trug, die den Explosionsdruck der Kartusche und den Aufprall des Kartuschenpfropfens aufzufangen hatte. Der Lauf mußte nach jedem Schuß gereinigt werden, um die Reste des Kartuschenpfropfens und des Schwarzpulvers zu entfernen.

Aus verschiedenen Gründen erwies sich ein Zusatz von hochexplosivem Corditpulver so lange nicht als vorteilhaft, bis wir einen gezogenen Lauf beschaffen konnten. Zur Verringerung des durch die Reinigung zwischen den Schüssen verursachten Zeitverlustes verwendeten wir schließlich Doppelzylinder, die bei Öffnen des Flintenverschlusses automatisch ausgeworfen wurden. Der gebrauchte Zylinder wurde einem Gehilfen zur Reinigung und zur Entfernung der leeren Kartusche übergeben, während der Schütze einen sauberen Zylinder einlegte; nach Einführung eines Injektionsprojektils und einer neuen Kartusche war das Gewehr sofort wieder schußbereit.

Der Mechanismus war schwerfällig, aber immer noch besser als die Armbrust, die schwer zu spannen war, weil sich der Schütze entweder hinlegen und seine Beine verwenden mußte, oder aber ein Spanngerät brauchte. Durch unermüdliches Üben hatte John Lock schließlich auf seinem Bauch harte Schwielen bekommen und konnte daher leichtere Armbrüste mit der Hand spannen, indem er sie gegen seinen dicken Bauch stemmte, doch gab es kaum jemanden, der ihm das nachmachen konnte.

Später wurde das Reinigen des Laufs zwischen den Schüssen durch die Verwendung eines besonderen Mechanismus und von Blindmunition vom Kaliber 22 überflüssig. Es wurde auch vorgeschlagen, eine doppelläufige Flinte mit zwei Zylindern zu verwenden, was den zusätzlichen hypothetischen Vorteil gehabt hätte, daß man den rechten und linken Lauf gleich nacheinander auf dasselbe Ziel hätte abfeuern können. Das erwies sich jedoch aus verschiedenen Gründen als undurchführbar. Das Gewicht einer solchen Flinte mit zwei schweren Metallzylindern im Lauf näherte sich dem eines Panzerabwehrgewehres, wie es Kommandotruppen von der Schulter abfeuern konnten, was aber gewöhnliche Sterbliche kaum fertigbrachten. Ferner konnte man nicht zwei Tiere gleichzeitig verfolgen, und selbst ein Fehlschuß mußte erst zweifelsfrei festgestellt werden, um die Möglichkeit einer zweimaligen Injektion desselben Tieres auszuschalten. Und selbst wenn alles gut ginge, würde die erste Spritze im Verlauf der anschließenden Verfolgungsjagd sicherlich verlorengehen oder vergessen werden.

Damals hatten wir bereits umfangreiche und detaillierte Informationen gesammelt, sie aber niemals in unseren Berichten festgehalten, da strenge redaktionelle Vorschriften, je nach thematischer Ausrichtung des betreffenden Journals, radikale Kürzungen der Artikel bis auf die wichtigsten Fakten zur Folge hatten. Manche unserer Entdeckungen waren für Leute, die Tierfangunternehmen beginnen wollten, von großem Wert und konnten ihnen viel Zeit und Mühe sparen. Unsere Arbeit begann mit der erfolgreichen Betäubung zweier Wasserböcke mit Hilfe von Flaxedil. Ich war der Ansicht, daß die Tiere auf diese

Substanz so gut reagiert hatten, daß ihre Verwendung gerechtfertigt war und keine weiteren Versuche erforderte. Als nächstes stand der Puku auf dem Programm. Wegen seiner Ähnlichkeit mit Kob-Antilopen versuchten wir es mit Scolin, das gut wirkte. Bei den Büffeln war es jedoch eine andere Sache.

Wir hatten damals die Resultate unserer Arbeit mit Büffeln in Uganda noch nicht ausgewertet, und in Kenia hatte es keinen Grund zu Büffelfang gegeben. Das Präparat Tubarin hatte keine besonders guten Ergebnisse gezeitigt, und Scolin hatten wir für dieses Tier als ungeeignet ausgeschieden. Wegen der erheblichen Größenunterschiede zwischen den einzelnen Büffeln und der damit gegebenen Gefahr einer Überdosierung wollte ich kein Flaxedil anwenden. Zwar wiesen auch die Giraffen erhebliche Größenunterschiede auf, aber man konnte diese Tiere in aller Ruhe untersuchen und, falls notwendig, mehrere Injektionen verabreichen.

Die Schätzung des Körpergewichts der Büffel mußte schnell erfolgen, und nach der Injektion mußten sie aus dem dichten Buschwerk getrieben werden. Diese Umstände hatten häufig zur Verabreichung von Medikamentenmengen geführt, die über dem Sicherheitsfaktor lagen und stärker waren als die Wirkung des Gegenmittels.

Wir entschlossen uns daher, das Themalon-Tranquilizergemisch, das sich bei Nashörnern gut bewährt hatte, zu versuchen. Wir suchten uns einen großen Büffelbullen und verabreichten ihm eine Injektion, was ihn sehr zu ärgern und zu überraschen schien. Er gab jenes tiefe Grollen von sich, das sorglose Spaziergänger zu höchster Eile anzustacheln pflegte, und lief ins nächste und natürlich dornigste Buschwerk. Wir setzten uns nieder, um zu warten, bis das Mittel zu wirken begann, und beneideten jenen keineswegs, dem die Ehre zufallen würde, dem Tier ins Gebüsch nachzukriechen. Und dann geschah es. Zunächst ließ sich ein Knacken von Zweigen hören, wie von einem kräftig ausschreitenden Spaziergänger, und dann erblickten wir einen verwirrten Büffel, der uns aus dem Buschwerk schielend anblickte. Ohne zu zögern, schritt er schwankend, aber zielbewußt an unserem Fahrzeug samt sprachlosen Insassen vorbei und beschrieb einen großen Kreis, bis er wieder zu seinem Ausgangspunkt zurückgekehrt war.

Unverdrossen vollführte er dieses Manöver ein zweites Mal und beschrieb dabei einen Kreis von etwa 360 Meter Durchmesser. Wir sahen ihm verblüfft zu und beschlossen hoffnungsvoll, abzuwarten, ob die Wirkung des Mittels zunehmen und ihn dadurch zum Stehen bringen würde. Er trottete jedoch ruhig weiter. Schließlich folgten wir langsam seinen Spuren und bildeten dabei eine groteske Prozession, in der der Büffel am unbekümmertsten war. Schließlich verabreichten wir ihm noch eine Injektion, brachten eine Ohrmarkierung an, gaben ihm das Gegenmittel und überließen ihn dann seinen Vermutungen, ob das nun alles Wirklichkeit oder nur ein Büffeltraum gewesen sei. Es war damals unsere Absicht, junge Büffel zu fangen und sie heimzubringen, um eine Herde für Versuche und Beobachtungen zusammenzustellen. Dafür erwies sich unsere Methode als ausgezeichnet. Bei diesen Tieren wagten wir es ohne weiteres, hinzulaufen und sie an Hörnern oder Schwanz zu fassen, sobald das Medikamentengemisch den erforderlichen Dämmerzustand bewirkt hatte.

4

Während der restlichen Zeit des Jahres wurde dieses Medikamentengemisch in verhältnismäßig großem Umfang angewandt, zuerst von einer Gruppe britischer Studenten der Veterinärmedizin, die im Queen-Elizabeth-Park arbeiten sollten und Erfahrungen mit der Immobilisierung von Tieren sammeln wollten. Ich war der Ansicht, daß das Themalongmisch am sichersten war, doch hatte ich starke Zweifel, ob es sich bei Antilopen bewähren würde. Dem Cocktail aus Themalon und dem Tranquilizer Phencyclidin (Sernylan) wurde noch Hyoscin beigefügt. Diese Kombination hatte eine doppelte Wirkung. So wie das häufig von uns verwendete Atropin verursachte es durch Hemmung des Speichelflusses ein Austrocknen der Mundhöhle und, was noch wichtiger war, das Austrocknen der Atemwege. Tranquilizer führen nämlich häufig zu einer starken Schleimabsonderung, während die morphinähnliche Wirkung von Themalon den Hustenreflex unterdrückt und die Atmung verlangsamt. Ich hatte den Eindruck, daß unser Cocktail bei dem betäubten Tier Atembehinderung verursachte, was zu Sauerstoffmangel im Gehirn und tiefem Koma mit allen dazugehörenden Gefahren führen konnte. Hyoscin hatte gegenüber Atropin den Vorteil, daß es ebenfalls eine einschläfernde Wirkung erzielte, welche die Wirkung morphinähnlicher Substanzen verstärkte. Die Kombination von Morphin und Hyoscin verursachte einen sogenannten Dämmerschlaf und wurde in der Humanmedizin schon seit Jahren als schmerzstillendes Mittel bei Geburten verwendet. Ich war einigermaßen besorgt, ob sich diese Mischung bewähren würde, doch sollte sich diese Sorge als unberechtigt erweisen.

Die nach ihren Bestandteilen – Themalon, Phencyclidin und Hyoscin – TPH genannte Mischung bewährte sich bei der Arbeit der Londoner Studenten ausgezeichnet. Sie erzielten besonders gute Erfolge und waren darüber sicherlich sehr froh. Später veröffentlichten sie einen Artikel, aus dem hervorging, daß sie Flußpferde, Kuhantilopen, Büffel und Topi-Leierantilopen gefangen hatten. Leider konnte ich die Wirkung dieses Medikamentengemisches auf Antilopen nicht bestätigt finden. Im Dezember arbeitete ich zusammen mit David Orr und Bill Moore-Gilbert im Ngorongoro-Krater in Tansania. David war Wildaufseher und hatte eben mit seiner Arbeit in diesem Schutzgebiet begonnen. Bill Moore-Gilbert sollte später weiter südlich in Tabora arbeiten, aber zunächst hierbleiben, bis die Markierung der Gnus voll in Gang gekommen war. Damals hatte ich noch nichts von den Ergebnissen des Studententeams gehört und konnte mich somit unbeeinflußt an die Arbeit machen. Die Tiere wurden zwar betäubt, aber so wie bei den Büffeln dauerte es auch bei ihnen viel zu lange, und es war fast unmöglich, ihrer habhaft zu werden. Leider wurden sie dann von den großen Hyänenrudeln gerissen, die in dem weiten Krater hausten. Sie erbeuteten ja sogar oftmals ausgewachsene und vermutlich völlig gesunde Gnus. Manche Opfer, die früher den Löwen zur Last gelegt wurden, waren in Wirklichkeit von Hyänen getötet und ihnen erst nachträglich von Löwen abgenommen worden. Ungeschulte Beobachter, die einen Löwen von einem getöteten Tier fressen und gleichzeitig einige Hyänen in sicherer Entfernung warten sahen, haben stets angenommen, daß der Löwe das Tier getötet habe und die Hyänen auf die Reste warteten. Hans Kruuk, ein Biologe am Forschungsinstitut von Serengeti, konnte Jahre später nachweisen, daß es gewöhnlich umgekehrt war, daß nämlich die Hyänen die Tiere töteten und die Löwen dann die Hyänen verscheuchten.

Ein von uns injiziertes Gnu geriet auf diese Weise in eine üble Lage, und David tat das einzig Richtige: er erschoß das Tier, ehe die Hyäne es auf ihre übliche, unappetitliche Weise zerfleischen konnte. Ich wollte die Moschusdrüsen der Haut untersuchen, für die ich mich sehr zu interessieren begonnen hatte, da sie vermutlich im Zusammenhang mit dem Paarungszyklus, der Markierung des Territoriums und den Wanderungen dieser Tiere eine Rolle spielten. Wir schafften den Kadaver ins Lager, um ihn zu sezieren, verschoben es aber wegen der hereinbrechenden Dunkelheit auf den nächsten Morgen, was sich als verhängnisvoller Entschluß erweisen sollte.

Die von uns benützte Hütte befand sich im Lerai-Wald auf dem Grund des Kraters. Sie war aus Steinen gebaut, die angeblich von den Ruinen des Hauses eines der Brüder Ziedentopf stammten. Diese beiden Brüder hatten auf etwas erhöhtem Grund an gegenüberliegenden Seiten des Kraterbodens Häuser errichtet. Es heißt, daß sie auf alle Massais feuerten, die in Schußweite kamen. Die jungen Morani, oder Krieger, waren darüber keineswegs erzürnt, sondern betrachteten es als eine Art Sport und wetteiferten miteinander, wer den Häusern am nächsten käme. Die Zahl der Opfer, die dieses tödliche Spiel forderte, ist nicht bekannt, gewährt aber einen bezeichnenden Einblick in die Psychologie der Massai und zeigt den Grund, warum es ihnen große Freude bereitet, persönlich mit Löwen und Nashörnern zu kämpfen, ein Brauch, der von den Naturschützern nicht gerne gesehen wird, und heute vor allem deswegen verabscheuungswürdig ist, weil es dort bereits weniger Tiere als Menschen gibt. Jedenfalls ist es ein Brauch, den wohl keiner von uns nachahmen wollte.

Die Steinhütte war klein, und der Kadaver des Gnus wäre unseren abendlichen Gesprächen kaum förderlich gewesen, daher ließen wir ihn draußen. Ich schob ihn unter das Moskitonetz, welches das Zelt überspannte, in dem während unseres Unternehmens ein halbes Dutzend Spurensucher schliefen.

In der Nacht hörten wir seltsame Geräusche, wir riefen sogar zu den Spurensuchern hinüber, da aber keine Antwort erfolgte, beruhigten wir uns und schliefen gemütlich bis zum Morgen. Dann erblickten unsere verschlafenen Augen ein höchst interessantes Bild: Ein Rudel Löwen war eben dabei, die Reste des Gnus zu verspeisen, was uns ausgesprochen ärgerlich stimmte. Dann fielen uns die Spurensucher im Zelt ein, und nachdem wir die störenden Löwen losgeworden waren, betraten wir das Zelt, wo wir die Spurensucher zusammengekauert und in ausgesprochen deprimiertem Zustand vorfanden. Es stellte sich heraus, daß einer der hingebungsvoll schmausenden Löwen mit dem Hinterteil unter die Zeltwand geraten und immer weiter nach hinten gerutscht war, bis er praktisch fast ganz innerhalb des Zeltes lag. Das hatte die Spurensucher in höchste Angst versetzt. Auf die gedankenlose Art und Weise hinweisend, in der ich den Kadaver aufbewahrt hatte, meinte der Sprecher der Spurensucher mahnend: «Bwana, so etwas sollten Sie nie wieder tun!», eine Bemerkung, die ein hohes Maß an Gesittung und Zurückhaltung bewies.

Wir versuchten es nun mit anderen Tieren. Obwohl sie überlebten, war unsere Methode dennoch nicht sehr erfolgreich, da die Wirkung viel zu langsam eintrat und die Tiere den Raubtieren auslieferte, wenn sie nicht rechtzeitig eingefangen und mit dem Gegenmittel injiziert wurden. Eine besonders unangenehme Hyäne wurde erlegt, weil wir sie endlich loswerden wollten. Es handelte sich um ein trächtiges Exemplar, und da ich wußte, daß man zu dieser Zeit in London eine Hyänenplazenta besonders dringend benötigte, beschloß ich, sie dem Kadaver zu entnehmen. Die Dunkelheit brach herein, aus den schweren Gewitterwolken fiel ein feiner Regen herab. Eine kleine, von der Batterie des Land-Rovers gespeiste Lampe wurde über dem geöffneten, ekelhaft aussehenden Kadaver aufgehängt, in dem sich zahlreiche Knochen von jüngen Gnus fanden. Die Wetterverhältnisse verursachten eine Invasion dichter Fliegenschwärme, die vom See herüberkamen, offenbar um ihre entomologisch interessanten Paarungsspiele zu vollziehen, und sich dabei in Form einer dichten schwarzen Masse auf unsere Hälse, Gesichter und Hände sowie auf die inneren Organe der Hyäne niederließen. Sie stachen nicht, waren aber hart und stachelig und verursachten ein unerträgliches Jucken, wenn sie bei ihren sicherlich gutgemeinten Fluchtversuchen über unsere Köpfe krochen. Wenn man sie zufällig oder aus Zorn zerquetschte, strömten sie einen fauligen Geruch aus.

Weihnachten nahte, und ich hatte das Gefühl, daß diese Art von Arbeit weder der Jahreszeit noch dem Geist der Weihnachtszeit entsprach. Ich war über unsere Erfolglosigkeit enttäuscht, doch sollten die Arbeiten mit den Gnus schließlich sehr gut verlaufen und lohnende Ergebnisse liefern.

5

Erwachsene Gnus erwiesen sich für die Betäubung mit Scolin oder Flaxedil nicht geeignet, doch brachte Scolin bei Jungtieren gute Ergebnisse. David und Bill Moore-Gilbert konnten später ohne Verluste eine große Zahl einfangen, wobei sie eine Standarddosis verwendeten, die sie, dem Wachstum der Jungtiere entsprechend, jeden Monat ein wenig erhöhten. Die den Tieren zugefügten Brandzeichen blieben noch lange sichtbar, als sie bereits erwachsen waren. Auf diese Weise konnten zahlreiche Daten über die Wanderungen der Gnus in und aus dem Krater sowie zwischen dem Krater und der Serengeti-Ebene gewonnen werden.

Langsam wurde das Bild klarer. Das Medikament, das wir als erstes verwendet hatten und das sich bei der Betäubung von Kob-Antilopen so gut bewährt hatte, nämlich Scolin, wurde von den anderen Verbindungen keineswegs verdrängt, sondern hatte seinen festen Platz in der Tierschutzarbeit. Es zeigte sich, daß es für bestimmte Tierarten und bestimmte Altersgruppen verwendet werden konnte. Für das Einfangen von Kob-Antilopenböcken war es bestens geeignet, bei sorgfältiger Anwendung aber auch für weibliche Kob-Antilopen brauchbar. Während es für erwachsene Weißschwanzgnus ungeeignet war, konnte es mit völliger Sicherheit bei ihren Kälbern angewandt werden. Die Gnus bekamen ihre Jungen überall etwa zur gleichen Zeit, daher waren die Kälber verhältnismäßig gleich groß und die zu verwendende Dosis des Medikaments konnte genau bemessen werden.

Scolin hatte gegenüber anderen Verbindungen manche Vorteile. Es war leicht löslich und ergab eine wäßrige Lösung, die weder klebrig noch trübe war und daher exakt dosiert werden konnte. Die Lösung konnte bei der Außenarbeit leicht hergestellt werden, und weitere Zusätze waren nicht erforderlich. Oral genommen war Scolin ungiftig, daher konnte das Fleisch von Tieren, die mit diesem Mittel gefangen worden waren, ohne weiteres genossen werden. Das letztere war insofern ein zweifelhafter Vorteil, als dadurch Scolin zur Beschaffung von Tieren zu Schlachtzwecken geeignet war. Und schließlich unterlag Scolin nicht den strengen amtlichen Regeln, die andere Drogen, vor allem Suchtgifte, betrafen.

Der hervorstechendste Nachteil von Scolin war der geringe Sicherheitsspielraum, der gewöhnlich geringer war als die Fehler bei der Gewichtseinschätzung, was dann eine zu hohe oder zu niedrige Dosis zur Folge hatte. Im ersten Fall wurden die injizierten Tiere nicht betäubt und entkamen samt der Spritze, die später herunterfiel und somit verlorenging. Die wenigen verfügbaren Spritzen waren teuer und jeder Verlust eine ernste Sache. Im Fall einer zu hohen Dosis war das Leben des Tieres gefährdet. So wie Flaxedil und Tubarin (und Nikotin) ist auch Scolin ein Mittel, das Lähmung verursacht. Tiere, die eine zu hohe Dosis erhalten, ersticken durch Lähmung der Atemmuskulatur. Der durch diese Muskelrelaxanzien hervorgerufene schwere Todeskampf wird leicht übersehen, da das Tier sich nicht bewegen kann. Dieser wichtige Tatbestand wurde von den meisten Biologen nicht verstanden, und das war einer der entscheidenden Gründe, warum ich Mischungen entwickelte, die nicht lähmten. Dieses mangelnde Wissen wurde aus verschiedenen Artikeln in Zeitschriften offenbar, in denen die Begriffe «Immobilisation» und «Anästhesie» verwechselt wurden. Die Titel der Publikationen, die von Anästhesie mit Nikotin bei Schalenwild berichten, und Mitteilungen aus Zoologischen Gärten über Operationen, zum Beispiel Hornamputation, bei denen die Tiere mit Succinylcholin (Scolin) anästhesiert wurden, zeigten deutlich, daß eine wahllose Anwendung dieser Substanz viele Leiden verursachen konnte. Eine weiterer Nachteil war das Fehlen eines brauchbaren Gegenmittels.

Einige dieser Nachteile galten auch für Flaxedil; später wurde dieses Medikament fast völlig durch andere Mittel ersetzt, die direkt auf das Gehirn einwirkten und auf diese Weise eine Sedierung oder Schmerzausschaltung bewirkten. Substanzen, die durch Einwirkung auf das Zentralnervensystem einen Dämmerzustand bewirkten, wie die Tranquilizer, Sedativa und Narkotika, waren jedoch schwieriger anzuwenden und zu beschaffen. Ihr Vorteil bestand aber darin, daß die Tiere dabei nicht litten und weder Schmerz noch Angst verspürten. Jedenfalls wurden damit auf dem Gebiet der sicheren Bändigung die besten Ergebnisse erzielt, und die mit der Anwendung dieser Substanzen verbundenen Probleme werden sicher noch gelöst werden.

Im Lerai-Gebiet gelang es uns, etwa ein halbes Dutzend Gnus mit Hilfe des TPH-Gemisches einzufangen, und wenn ich mit den Ergebnissen nicht völlig zufrieden war, so sollten sie sich doch als Wegbereiter künftiger Erfolge erweisen. Das Einfangen der Gnus mit diesem Gemisch wurde schließlich bei Gnus zur Standardmethode, und in den folgenden Jahren wurden Hunderte von Gnus zwar nicht mit Themalon, aber einer ähnlichen und noch wirksameren Substanz gefangen, das heißt mit M 99, auch Etorphin genannt.

Die Erfolge bei der Arbeit mit Gnus im Krater waren nicht zuletzt der Begeisterung, Einsatzbereitschaft und Energie Bill Moore-Gilberts zuzuschreiben. Einige Jahre später kam er bei einem Flugzeugunglück in Tansania auf tragische Weise ums Leben. Sein Tod war für seine persönlichen Freunde und auch für die Naturschutzarbeit in Ostafrika ein großer Verlust.

9. WORUM ES GEHT

1

«Warum soll man wilde Tiere einfangen?» «Warum macht man sich so viel Mühe?» «Warum lassen Sie die armen Tiere nicht in Ruhe?» Solche Fragen werden ständig gestellt. Darauf gibt es sinnvolle Antworten, doch kann man sie nicht immer mit wenigen Worten erklären, vor allem, weil es sich hier um komplizierte biologische und ökologische Probleme handelt.

Die letzte Frage ist vielleicht am leichtesten zu beantworten. Der Grund, warum wir die Tiere nicht in Frieden leben lassen können, ist der Raummangel. Über die menschliche Bevölkerungsexplosion ist schon so viel geschrieben worden, daß wir uns die überall leicht zugänglichen Zahlen ersparen können. Sie sind jedenfalls alarmierend. Die größten Wildbestände Afrikas befinden sich in verhältnismäßig unentwickelten Gebieten mit sehr großen, noch unerschlossenen Flächen. Unter den Säugetieren Afrikas finden wir neunzig Arten von Huftieren, darunter Elefanten, Nashörner, Flußpferde, Wildschweine, Zebras, Giraffen, Okapis und Büffel sowie siebzig Antilopenarten.

Der Reichtum Afrikas an diesen Arten zeigt sich beim Vergleich mit Europa, wo es nur noch dreizehn Arten gibt, und Nordamerika, wo nur noch elf Arten existieren. Der Bevölkerungszuwachs ist in den unterentwickelten Gebieten am größten. Amerika, Frankreich und England weisen große Bevölkerungen auf, doch konzentrieren sich diese dort um die großen Städte. Man kann sich in den Moorgebieten von Yorkshire in England ebenso leicht verirren und verhungern, bevor man Hilfe findet, wie in den meisten Gebieten Afrikas, obwohl die Zahl der in England lebenden Menschen mehrere Male so groß ist wie die von Kenia, Uganda und Tansania zusammengenommen. Die aus den Schulen und Colleges der Industrieländer hervorgehenden jungen Menschen werden in der einen oder anderen Weise von der Industrie aufgenommen, die ihrerseits die Existenz einer fachlich ausgebildeten Schicht ermöglicht. In den meisten afrikanischen Ländern ist die Industrie verschwindend klein, und den riesigen Massen der heute noch nicht Fünfzehnjährigen wird in wenigen Jahren nur ein einziger Weg offenbleiben: Sie werden ein Stück Land verlangen, das ihre Frau oder Frauen umgraben und darauf Lebensmittel produzieren können, um ihre zweifellos rasch wachsenden Familien zu ernähren. Viel Land ist nicht mehr vorhanden, aber sie werden es fordern, und die Politiker werden dafür sorgen, daß sie es erhalten. Die Landnutzung zum ausschließlichen Eigengebrauch ist unproduktiv und führt überdies zu einer baldigen Erschöpfung des Bodens, was wiederum die notleidenden Bauern zum Weiterziehen nötigt. Die Enteignung der großen, von den Europäern geschaffenen Farmen konnte dieses Problem nicht lösen, und ihre Aufteilung in Kleinbesitz hat gezeigt, daß diese Maßnahme weniger Menschen Unterhalt gibt, als vorher auf den betreffenden Gütern beschäftigt waren. Dadurch verliert der Staat auch Steuereinnahmen und Exportgewinne, weil auf diesen Kleinfarmen kaum verkäufliche Güter produziert werden. Die Flächen entwickelten Farmlandes, die auf diese Weise verteilt werden können, sind gerade in jenen Ländern äußerst gering, deren hauptsächliches Einkommen aus der Primärproduktion stammt. Die Bevölkerung braucht jedoch eine Lebensmöglichkeit. Die Alternative liegt in der Erschließung von bisher ungenutzten Gebieten oder in der Bebauung von Weideland. In beiden Fällen bedeutet das die Vernichtung des Wildes. Selbst die Anhänger der Weidewirtschaft werden sich immer mehr der echten oder eingebildeten Konkurrenz des Wildes bewußt und rufen in verstärktem Maße nach dessen Eliminierung.

Bisher konnte das Drängen nach Freigabe von Nationalparks in Grenzen gehalten werden, obwohl viele Wildschutzgebiete doch schon freigegeben wurden. Die Jagd erfolgt hauptsächlich auf Weideland, und das Einkommen auf Grund von Jagdgenehmigungen ist der Hauptfaktor der weiteren Erhaltung des Wildes in Gebieten wie Samburu und Masai. Dieses Einkommen kommt aber den örtlichen Distriktsbehörden zugute, und da der Mann im Busch dieses Geld nicht selbst zu Gesicht bekommt, wird er immer ungeduldiger, wenn er hört, wieviel die Jagd einbringt, wenn sie ihm weder die Ernährung seiner Familie noch den Ankauf einer zusätzlichen Kuh ermöglicht. Es ist daher, trotz aller Bemühungen der Naturschützer, kaum anzunehmen, daß die außerhalb der Nationalparks und einiger Tierschutzgebiete existierenden Tiere auf die Dauer überleben werden.

Damit will ich nicht sagen, daß wir pessimistisch sein und uns ins scheinbar Unvermeidliche fügen sollten, aber wenn wir unser Bestes leisten wollen, müssen wir den Tatsachen ins Auge sehen. Nur durch größeres Wissen können wir der zunehmenden Zerstörung unserer Fauna wirksam entgegentreten. Dieses Wissen muß Hand in Hand mit einer entsprechenden Ausbildung gehen, damit wir die Rolle, die diese Tiere in der langfristigen Entwicklung und Produktivität Afrikas spielen, wirklich erkennen und dafür Sorge tragen können, daß die Menschen es verstehen. Ich habe einen ernsthaften jungen Wildaufseher beobachtet, der sich bemühte, eine alte Frau zu trösten, deren kleines Kartoffelfeld zertrampelt worden war, indem er ihr den Wert des Wildes für das Land erklärte. Sie konnte das Ganze überhaupt nicht begreifen, sondern fragte immer wieder: «Aber was soll ich morgen essen?» Die Informationen über die Planung von Bewässerungsgebieten und über die Fruchtbarkeit des Bodens müssen an Ort und Stelle erarbeitet und an die Bevölkerung, die Schulkinder, die Collegestudenten und die Regierung weitergegeben werden. Unsere Theorie mag sehr schön sein, aber sie hat wenig Sinn, wenn sie sich in der Praxis nicht bewährt. Unsere praktischen Lösungsvorschläge werden von der Bevölkerung zurückgewiesen werden, wenn sie nicht in der richtigen Art und im Rahmen ihres Auffassungsvermögens dargeboten werden.

Die Nationalparks werden immer kleiner, zwar nicht im geographischen Sinne, aber im biologischen, und das ist die Wirklichkeit, soweit es die Tiere und die Ökologie betrifft.

Nationalparks und Reservate wurden im allgemeinen in kaum bewohnten, menschenleeren Gebieten geschaffen, wie in Westuganda, wo die Bevölkerung wegen der Schlafkrankheit ausgesiedelt wurde. Die meisten anderen großen Nationalparks waren wasserlose Wüsten, die keiner wollte. Die Grenzen dieser Gebiete wurden auf Grund politischer Überlegungen gezogen. Kaum einer der Verantwortlichen wußte, ob die auf diese Weise geschaffenen Gebiete den darin lebenden Tieren genügend Lebensmöglichkeiten boten. Das war damals auch nicht so wichtig, da sich die Landschaft zu beiden Seiten der festgesetzten Grenzen, abgesehen von der Jagdschutzgesetzgebung, kaum voneinander unterschied und die Tiere ohne Hindernis und nach Belieben hin und her wechseln konnten.

So war es einmal, sogar in dem einmaligen 115 Quadratkilometer umfassenden Nairobi-Nationalpark. Heute zieht sich dort ein Zaun entlang der Hauptstraße zum Flughafen, dennoch wandern die Tiere noch immer nach Süden in das Kitengela-Gebiet von Masai. Im Rahmen der Seßhaftmachung der Massai hat man jedoch vor kurzem mit der Einzäunung des Landes an der südlichen Grenze begonnen. Die alarmierten Fachleute kamen zu dem Schluß, daß die meisten im Park befindlichen Tiere nicht überleben würden, wenn man die Randgebiete einzäunte. Das ist ein Beispiel für die Lage, die in größerem oder kleinerem Maß eintreten würde, wenn die Nationalparks umzäunt würden. Aber auch das Fehlen von Zäunen kann sich nachteilig auswirken. Kürzlich wurde darauf hingewiesen, daß der Mangel an Umzäunungen an den Grenzen der größeren Nationalparks zu einer Invasion von Elefanten geführt habe, die vor den Jägern flüchteten, und daß das Problem der zu großen Elefantenpopulation nicht bestünde, wenn die Tiere nicht hinein könnten. Mit der Zunahme des Drucks auf das Land werden die Grenzen der Schutzgebiete immer dichter besiedelt und damit de facto eingezäunt werden.

«Was wird dann geschehen?» «Wir wissen es nicht.» «Was gibt es dann für eine Lösung?» «Wir müssen eine suchen.» «Aber wie?» Diese Art von Zwiegespräch hört man in der einen oder anderen Form immer häufiger, da die verschiedenen Probleme der Schutzgebietverwaltung ins Bewußtsein der Öffentlichkeit treten. Die Antwort auf die letzte Frage lautet vielleicht folgendermaßen: «Durch die Erforschung der Tiere, ihrer Erfordernisse und Gewohnheiten mit allen uns zur Verfügung stehenden Mitteln und mit der Unterstützung aller Biologen, die wir dafür gewinnen können.» Wenn wir dies sofort tun, können wir vielleicht im Laufe der Zeit manches Wertvolle bewahren.

Wenn wir diese Aufgabe nicht bewältigen, dann wird vieles von dem, was wir bewundern und schätzen, wahrscheinlich verlorengehen.

2

Es gibt viele Methoden zur Erforschung der Fauna. Bei vielen ist der tatsächliche Umgang mit den Tieren nicht erforderlich, wie zum Beispiel bei der Zählung von Tieren, bei Luftaufnahmen und bei Untersuchungen der Vegetation. Andere Methoden sind größtenteils von Beobachtungen abhängig, die ein Markieren und Messen der Tiere beziehungsweise das Anbringen von Instrumenten erfordern. Hier ist das Einfangen von Tieren eine wesentliche Voraussetzung.

All die verschiedenen Wissenschaftler, die sich in Afrika mit den größeren Antilopenarten, Zebras, Giraffen oder Büffeln beschäftigt haben, benötigten die gleichen grundsätzlichen Informationen. Allgemein gesehen erfordern diese Untersuchungen Kenntnisse über die täglichen Wanderungen der Tiere, ihre Lebensdauer, die Jungtiersterblichkeit, die Wachstumsrate, das Ausmaß, in dem alte Tiere durch heranwachsende Jungtiere innerhalb des sozialen Gefüges der Herde verdrängt werden, beziehungsweise über die Zahl der Tiere, die auf einem bestimmten Areal existieren können.

Manche dieser Informationen können Fotos entnommen werden, doch zeigen diese nur die Bedingungen zu einem bestimmten Zeitpunkt. Wenn diese Aufnahmen nicht gleichzeitig von einem weiten Gebiet gemacht und ständig wiederholt werden, gewinnt man nur begrenzte Informationen über die Wanderungen der Tiere von einem Gebiet ins andere und ihren Ersatz durch neue Zuwanderer. Die gleichzeitige Verwendung von Markierung und Fotografie kann jedoch ein Maximum an Informationen liefern.

Wenn man Tiere zum Zweck der Markierung einfängt, werden sie gewogen und – wenn möglich – auch gemessen. Dann kann man den weiteren Lebenslauf dieser Tiere verfolgen. Die Strecken, die sie auf ihren Wanderungen zurücklegen, die Anzahl der markierten Tiere, die den Löwen oder anderen Raubtieren zum Opfer fallen, können nun mit größerer Genauigkeit ermittelt werden. Markierte Jungtiere können später wieder zur Prüfung ihrer Gewichtszunahme eingefangen werden, und man kann Merkmale des Alterns, wie den Zahnverschleiß, feststellen, mit deren Hilfe wiederum das Alter anderer Exemplare bestimmt werden kann, die tot aufgefunden werden. Wir werden dann sehen können, wie lange es dauert, bis ein Tier fortpflanzungsfähig wird, und wie viele Tiere überhaupt dieses Alter erreichen. Schließlich werden wir herausfinden, wie lange es dauert, bis sie durch jüngere Tiere ersetzt werden, und wie lang ihre Lebenserwartung ist.

All diese Informationen können gewonnen werden, wenn es gelingt, die Tiere einzufangen, und für die meisten Biologen ist die medikamentelle Fangmethode die einzig brauchbare. Sogar das Einfangen kann bis zu einem gewissen Grad überflüssig werden, wenn wir die einzelnen Tiere, mit denen wir zu tun haben, erkennen lernen, doch erfordert das große Geschicklichkeit und ist nicht bei allen Tierarten möglich. Einige charakteristische Exemplare findet man unter allen Arten. Durch einen angeborenen oder erworbenen Defekt, wie ein fehlendes Ohr oder Horn, unterscheiden sie sich deutlich von den anderen.

Die spezielle Erkennungsmethode auf Grund von Fellzeichnungen wurde von Dr. Hans Klingel, der sich mit Zebras beschäftigte, in Ostafrika eingeführt. Dr. Klingel kam vom Zoologischen Institut in Braunschweig nach Afrika, bevor noch geeignete Methoden zum Einfangen von Zebras entwickelt worden waren. Bald bemerkte er, daß die Streifen der Burchell-Zebras individuell verschieden sind, etwa wie die Fingerabdrücke beim Menschen oder die Nasenabdrücke von Windhunden und anderen Hunden. Die verschiedenen Muster können auf eine Formel gebracht werden, die, zusammen mit Fotos von beiden Seiten des Tieres, auf einer Karteikarte festgehalten werden, auf der dann die spätere Lebensgeschichte des Tiers eingetragen wird. Besondere Ereignisse, wie Geburten, sowie wo und wann das Tier jeweils gesichtet wurde, werden ebenfalls vermerkt.

Hans und seine Frau Ute, eine Biologin, gingen völlig in ihrer Arbeit auf. Hans fuhr einen verbeulten Land-Rover, aus dem ständig Federn wie Herbstlaub herausfielen und der daher ständig kleinere Reparaturen erforderte, die im Laufe des Tages nebenbei erledigt wurden. Wenn Hans mit dem Feldglas ein Zebra erspähte, rief er die entsprechende Formel aus, und Ute suchte aus dem Karteikasten auf ihrem Schoß die richtige Karte heraus. Auf diese Weise konnten soziale Struktur und Verhaltensweisen einer Zebrapopulation genügend dokumentiert und erforscht werden.

Eine ähnliche Methode wurde später von dem kanadischen Biologen Dr. John Goddard entwickelt, der Form und Profil der Oberlippe von Schwarzen Nashörnern fotografierte. Dr. Bristol Foster wiederum entdeckte, daß man Giraffen am Muster der braunen Flecken an ihrem Hals erkennen konnte, und Dr. Iain Douglas-Hamilton lernte viele Elefanten des Manyara-Parks erkennen. Der Nachteil dieses Systems besteht darin, daß nur ein bestimmter Fachmann die Tiere erkennen kann und daß darüber keine genauen Aufzeichnungen gemacht werden können. Zudem fehlen dabei andere Angaben, zum Beispiel über Gewichtszunahmen. Die Klingels verwendeten schließlich Immobilisationsmedikamente und konnten auf diese Weise eine eindrucksvolle Anzahl von Zebras markieren. Auch Bristol Foster begann später mit dem Einfangen von Giraffen, deren Wanderungen er dann mit Hilfe eines an ihnen befestigten Minisenders verfolgen konnte. Iain Douglas-Hamilton wollte einigen seiner Elefanten während der Nachtstunden folgen, und auch dies wurde erst durch Minisender möglich.

Je mehr die Biologen in den folgenden Jahren die durch die Immobilisationsmethode gebotenen Forschungsmöglichkeiten erkannten, um so größer wurde auch die Nachfrage. Einzelexemplare aus Antilopenpopulationen, Büffel und sogar Löwen wurden zu Forschungszwecken in verschiedenen Gebieten markiert, die sich vom Queen-Elizabeth-Park im Westen bis nach Maralal im Norden erstreckten, wo man Schwarzfersenantilopen mit Minisendern ausstattete. Weiter östlich erforschte Richard Denney in Amboseli Elefanten, Gnus, Kuhantilopen, Oryx- und Elenantilopen und setzte seine Arbeit später weiter südlich in der Serengeti-Steppe fort. Die meisten dieser Forschungen wurden erst 1965 oder noch später in Angriff genommen, und die dabei gewonnenen Ergebnisse werden erst jetzt langsam verfügbar. Viel Arbeit ist noch erforderlich, bis ein allgemeiner Überblick möglich sein wird.

Das Markieren von Tieren und das Beobachten einzelner Exemplare schafft häufig eine tiefe gefühlsmäßige Beziehung zwischen dem Beobachter und dem Gegenstand seiner Bemühungen, die ein Tierbeobachter nicht erlebt, der sie *en masse* betrachtet. Iain entwickelte eine große Zuneigung zu seinen Elefanten und war stets äußerst verzweifelt, wenn sie zu Schaden kamen. Einer seiner Lieblinge, eine Elefantenkuh namens Antigone, entfernte sich aus dem Schutzgebiet, als der See nach besonders schweren Regengüssen anstieg, und wurde vom Speer eines irgendwo hoch oben hockenden, beutegierigen *morani* getroffen, der ihr eine klaffende Wunde im Gesicht zufügte, die derart blutete, daß Antigone und ihr kleines Kalb über und über blutbedeckt waren. Iain verfolgte ihren langsamen Heilungsprozeß, als handelte es sich um seine Schwester, und er war verzweifelt, wenn er sie und ihr Kalb an manchen Tagen nicht zu Gesicht bekam.

3

In den ersten vier Jahren waren bereits zahlreiche Tiere in Afrika umgesiedelt worden, darunter die Schwarzen Nashörner in Kariba und später in Kenia, die Weißen Nashörner in Zululand und in Uganda. Dazu kamen zwei Umsiedlungsaktionen von Kob-Antilopen nach Meru und Mara, und die Umsiedlung von Giraffen in Nabiswa in Uganda und im Kapenguria-Gebiet von Kenia. In diesem Stadium können wir uns die Frage vorlegen: Welche Zukunft hat die Wildumsiedlung und welche Rolle spielt sie im Naturschutz?

Bei jedem Versuch einer Umsiedlung von Tieren von einem Gebiet in ein anderes müssen zwei wichtige Gesichtspunkte berücksichtigt werden, der ästhetische und der rein praktische. Man kann nicht alle Tiere umsiedeln, einfach weil zu viele vorhanden sind. Man gewinnt eine Vorstellung von den Größenordnungen, wenn man die amtlichen Zahlen liest, die beispielsweise zeigen, daß in Tansania jährlich mehr als zweitausend Elefanten erlegt werden. Die Zahlen sämtlicher Exemplare aller Tierarten, die 1966 in Kenia zwecks Wildreduzierung erlegt wurden, bewegen sich in gleicher Höhe. Dabei enthalten diese Zahlen nicht die vielen auf Privatgründen getöteten Tiere. Jeder Versuch, auch nur einen Teil dieser Tiere umzusiedeln, wäre zu kostspielig. Mittel dafür sind einfach nicht vorhanden, und außerdem gibt es keine zur Umsiedlung geeigneten Gebiete. Die Wildschutzgebiete sind bis an die Grenze ihres Fassungsvermögens mit Tieren voll, und eine Ansiedlung von Hunderten von Weidetieren, wie Zebras oder Büffel, würde bedeuten, daß eine etwa gleich große Anzahl von Tieren im Schutzgebiet an Nahrungsmangel zugrunde gehen würde.

Die meisten der in den erwähnten Zahlen enthaltenen Tiere wurden getötet, um sie am Eindringen in Farmland, vor allem bei den Eingeborenensiedlungen, zu hindern, oder im Zusammenhang mit der weiteren Ausbreitung der menschlichen Besiedlung von bisher menschenleeren Gebieten. Angesichts der ständigen Zunahme der Menschheit ist diese Entwicklung unvermeidlich. Der Gedanke, daß alle heute und in naher Zukunft benötigten Lebensmittel auf einem Bruchteil des derzeit bebauten Bodens produziert werden könnten, wenn moderne Anbaumethoden angewandt würden, kann kaum verwirklicht werden, solange die Bevölkerungen der Entwicklungsländer keine andere Möglichkeit des Lebensunterhaltes haben, als selbst Ackerbau zu betreiben, und solange sie nicht über ein Einkommen verfügen, mit dem sie Lebensmittel kaufen können, die sie nicht selbst erzeugt haben. Mit den technischen Mitteln, die dem Menschen heute zur Verfügung stehen, könnte dies sicherlich verwirklicht werden, doch wird das kaum geschehen, solange Politik und persönliches Eigentum Vorrang vor Ethik und Naturschutz haben.

Das Einfangen von Tieren, um sie vor der Vernichtung zu bewahren, ist daher nur in beschränktem Umfang möglich. Der Grad dieser Beschränkungen erfordert oftmals schwierige Entscheidungen. Aus ethischen Gründen sind wir verpflichtet einzugreifen, wenn Katastrophen, wie die Überflutung großer Landstriche durch die Errichtung technischer Bauten, den Untergang einer großen Anzahl von Tieren heraufbeschwören. Die für die Rettung der Tiere von Kariba zur Verfügung stehenden Geldmittel waren im Vergleich zu den Baukosten des Staudammes so gering, daß die Nichtbereitstellung einer bestimmten Summe im Gesamtbudget moralisch unverzeihlich erscheint, vielleicht noch unverzeihlicher als die Ausrottung von Tieren zum Zweck der Tsetsefliegen-Bekämpfung. In diesem Fall gibt es Leute, die ehrlich überzeugt sind, daß die Tötung der Tiere die einzige Möglichkeit zur Ausmerzung der Fliege und der Schlafkrankheit war. Aber selbst der Dümmste kann wohl kaum behaupten, daß es für irgend jemanden von Vorteil sein könnte, wenn man ganze Herden wilder Tiere auf einem überschwemmten Gebiet von mehr als 250000 Quadratkilometer ertrinken läßt. Somit ist einer der Zwecke des Tierfangs mit chemischen Mitteln die Umsiedlung von Tieren, die durch Menschenhand in Bedrängnis geraten.

Ein weiterer wichtiger Grund für das Einfangen wilder Tiere ist ihr Abtransport aus der Welt des Menschen und seiner Aktivitäten. Das ist vor allem notwendig, solange wir von den Bedürfnissen dieser Tiere und den für die Erhaltung dieser Arten erforderlichen Maßnahmen noch zu wenig wissen. Manche leben noch ausschließlich außerhalb der Wildschutzgebiete und Reservate, während andere in den Schutzgebieten nur durch vielleicht nicht lebensfähige Gruppen vertreten sind.

Auch ist die Verwendung von Geldmitteln für andere Naturschutzprojekte häufig umstritten. Soll man zum Beispiel Tiere, die in Kenia selten sind, wie die Rothschild-Giraffe, aus Farmgebieten in die Wildschutzgebiete umsiedeln, wenn es im nördlichen Uganda noch viele von dieser Gattung gibt? Das gleiche gilt für das Sitatunga Kenias und Ugandas, eine seltene Sumpfantilope. Theoretisch sollte der Naturschutz über die Staatsgrenzen hinausreichen, doch sollten Klugheit und die Lehren aus der Erfahrung nicht außer acht gelassen werden. Kritik wurde an der Umsiedlung einiger Exemplare des Weißen Nashorns (*Ceratotherium simum cottoni*) aus der Gegend des West-Nils geäußert, da diese Tiere auch im Garamba-Park in Zaire lebten. In Uganda verblieben nur noch wenige, vermutlich weniger als einhundert Exemplare, die in ihrem Lebensraum im West-Nil-Gebiet durch Wilderer rasch dezimiert wurden. Einige dieser Nashörner wurden eingefangen und in den Murchison-Nationalpark umgesiedelt. Später verlautete aus verläßlicher Quelle, daß fast die ganze, aus etwa eintausend Exemplaren bestehende Population der Weißen Nashörner Garambas während der Kongo-Unruhen umgekommen ist.

Noch mag es in Garamba genügend Nashörner geben, um eine fortpflanzungsfähige Herde zusammenzubringen, und weitere Tiere mögen die Stammeskriege der Eingeborenen im südlichen Sudan überstanden haben: jedenfalls ist es beruhigend zu wissen, daß im Murchison-Gebiet noch ein Dutzend ansonsten vom Aussterben bedrohter Tiere leben. Die Erhaltung und Vermehrung einer Art oder Unterart mit nur wenigen Tieren ist ständig von verschiedenen Gefahren bedroht, wie Krankheiten, Trockenzeit, Feuer oder Überschwemmungen und den möglichen Folgen von Inzucht.

In welchem Zustand sich die Sitatungas von Uganda befinden, ist derzeit nicht bekannt, sicher ist nur, daß ihre Zahl beträchtlich vermindert wurde. Diese schöne, braune, mittelgroße Antilope kann mittels ihrer stark verlängerten Hufe besonders leicht durch sumpfige Gebiete laufen, und wenn sie aufgescheucht wird, flüchtet sie stets auf ganz bestimmten Pfaden. Die Wilderer benötigen also nur einige zugespitzte, schief in den Boden gerammte Pfähle und einige der zahlreichen Dorfhunde, um die erforderliche Panik hervorzurufen. Glücklicherweise stellt die *East African Wild Life Society* (Ostafrikanische Wildschutzgesellschaft) genügend Mittel für Kontrollen in jenen Sümpfen zur Verfügung, die wahrscheinlich die letzte Zuflucht der Sitatungas in Kenia darstellen, und wir können nur hoffen, daß die Behörden von Kenia genügend Sumpfland unberührt lassen, um das Weiterbestehen dieser seltenen Tierart zu gewährleisten.

4

Obwohl wir uns hüten sollten, uns allzusehr in Phantasien zu verlieren, so ist eine gewisse Vorschau auf Grund tatsächlicher Entwicklungen oft von Nutzen. Wir wissen, daß bestimmte Seuchen große Verluste unter den Tieren hervorrufen können. In Afrika ist dies vor allem die Rinderpest, eine besonders ansteckende Krankheit, die erst im vorigen Jahrhundert nach Ostafrika eingeschleppt wurde. Die Tiere verfügen daher kaum über Abwehrstoffe gegen diese Krankheit, die weite Gebiete erfaßt und zahlreiche Tiere tötet. Eine weitere Krankheit, die eine kleine Population dezimieren kann, ist der Milzbrand. Vielleicht werden wir eines Tages imstande sein, wertvolle Tierpopulationen gegen bestimmte Krankheiten zu impfen. Die Impfung betäubter Tiere im Queen-Elizabeth-Nationalpark war ein derartiger Versuch. Wir stellten jedoch fest, daß es viel zu lange dauerte, bis eine entsprechend große Anzahl von Tieren in einem bestimmten Gebiet erfaßt werden konnte. Wir kamen zur Ansicht, daß für die Impfung von Tieren auf freier Wildbahn andere Methoden gefunden werden müßten, außer in solchen Fällen, in denen nur wenige Exemplare einer höchst wertvollen Art behandelt werden müssen, um wenigstens einige zu retten. In Amerika werden die Bisons zusammengetrieben und zur Entnahme von Blutproben durch Laufkorridore geschleust. Da die Impfung mit automatischen Spritzen viel leichter ist als die Entnahme von Blutproben, sollte die Durchführung einer Injektion beim Durchlaufen solcher Korridore zumindest bei einer größeren Anzahl von Tieren möglich sein. Daß man dies mit afrikanischen Tieren bisher nicht getan hat, sollte kein Grund sein, es nicht zu versuchen, wenigstens in Form eines Experiments, damit wir im Notfall über das erforderliche Wissen verfügen. Bedeutende Fortschritte wurden mit diesen Methoden bereits in Rhodesien und in neuester Zeit auch in Zululand erzielt, und ein Informationsaustausch wäre sicherlich von Vorteil, ist aber derzeit aus politischen Gründen wohl nicht durchführbar. Die Möglichkeit, Herden von Wild durch Laufkorridore zu treiben, würde viele der Einwände gegen die Existenz von Wild auf Farmland entkräften. Man verweist heute noch immer besonders auf die Verbreitung von Zecken beziehungsweise auf die durch sie übertragbaren Krankheiten und andere Krankheiten, gegen die Rinder geimpft werden könnten.

Die erste Gefahr könnte weitgehend ausgeschaltet werden, wenn es möglich wäre, Wildtiere durch ein Insektizid-Bad zu treiben, und die zweite, wenn man sie impfen könnte. Es handelt sich hier keineswegs um ein leichtes Problem, und jede Vereinfachung wäre gefährlich. Eines der Haupthindernisse ist, daß sich das Wild im allgemeinen nicht um Zäune kümmert und von einer Farm zur anderen wandert. Verhältnismäßig billige Wildschutzzäune werden derzeit entwickelt. Auf einer Farm in Timau in Nordkenia amortisierte sich der von Tony Dyer konstruierte Wildschutzzaun innerhalb eines Jahres durch die damit bewirkte Verminderung der durch Raubtiere hervorgerufenen Verluste. Zur allgemeinen Erheiterung wurde einmal beobachtet, daß auch Elefanten den Zaun respektierten und daher durch das Tor marschierten! Eine andere Art von elefantensicherer Umzäunung wurde vom Tieraufseher Vesey-Fitzgerald im Ngurdoto-Wildreservat am Mt. Meru in Tansania ausprobiert. Die Anwendbarkeit elektrischer Zäune muß noch erforscht werden. In diesem Zusammenhang erzählt man die Geschichte von den Elefantenbullen in Kenia, die einen solchen elektrischen Zaun inspizierten und bald herausfanden, daß ihre empfindlichen Rüssel stark schmerzten, wenn sie mit den Drähten in Berührung kamen. Die beiden Bullen standen nun, scheinbar tief in Gedanken versunken, mit den Köpfen dem Zaun zugewandt, aber einen Zwischenraum zwischen sich frei lassend. Bald tauchte ein neugieriger junger Bulle auf, der unbedingt feststellen wollte, was da vor sich gehe. Wie auf Verabredung packten nun die beiden alten Bullen den Jungen am Hinterteil und stießen ihn trotz seines Widerstandes und seines Protestgeschreis durch den Zaun. Den Rest der Herde führten sie dann gemächlich durch das Loch im Zaun hinaus.

Die Errichtung von Zäunen ist also möglich, und dort, wo ertragreiche Landwirtschaft betrieben wird, sollte sie auch finanziell tragbar sein. Der Zug des Wildes zur Tränke kann ausgenützt werden, indem man Zäune so errichtet, daß sie gezwungen sind, an ihnen entlang zu wandern, um das Wasser zu erreichen. Diese Zäune können dann so verändert werden, daß eine Rückwanderung der Tiere verhindert wird. Weitere Forschung möge zeigen, daß solche Zäune auch für die Wildhege eingesetzt werden können. Es gelang beispielsweise, große Antilopenherden durch eine verhältnismäßig enge Öffnung eines aus Zäunen gebildeten Trichters zu treiben und die dadurch hervorgerufene Panik für den Film «Hatari» aufzunehmen. Dies beweist zumindest, daß das Zusammentreiben von Wild möglich ist, wenn genügend Geldmittel zur Verfügung stehen und entsprechende Anstrengungen unternommen werden.

Nur die Forschung kann Lösungen für diese Probleme finden. Es besteht derzeit eine Art Wettlauf zwischen der Ausarbeitung praktisch anwendbarer Methoden der Wildhege zur Vermehrung der Wildtiere («Wildtier-Zucht») einerseits und dem Ausmerzen des Wildes im Rahmen der Intensivierung der Landwirtschaft. Der Konkurrenzkampf der Farmer wird immer härter, vor allem, weil die Regierung immer höhere Produktionsziffern vorschreibt und mit Enteignung droht, wenn diese nicht erfüllt werden. Ein interessantes und unerwartetes Ergebnis der Rinderpestforschung ergab, daß das Wild keineswegs die Infektionsquelle darstellt, wie das von Farmern und Veterinären so oft behauptet wird. Zur Eindämmung der Rinderpest, die man bei den Gnus im Serengeti-Gebiet vermutete, wurde ein «Impfgürtel» geschaffen, das heißt, es wurden alle Rinder der Umgebung geimpft, damit sich die Krankheit nicht weiter ausbreiten sollte. Außerdem konnte dadurch das Einschleppen neuer Infektionen verhindert werden. Diese Maßnahme bewirkte einen rapiden Rückgang der Antikörper-Titer im Blut der Serengeti-Gnus und bewies, daß es im Serengeti-Gebiet so lange keine Rinderpest gab, solange sie nicht von den am Rand des Gebiets weidenden Rinderherden eingeschleppt wurde. Es erhärtet auch die Annahme, daß die nomadisierenden Herden der Eingeborenen, die aus verschiedenartigen und zum Teil unproduktiven Rinderrassen bestehen, die eigentliche Brutstätte der Rinderpest sind.

5

Die Möglichkeit der Diagnostik von Krankheiten hat durch die medikamentellen Fangmethoden bisher wenig profitiert, obwohl sie in immer größerem Maß verwendet wird. Vor allem im Krüger-Park werden zahlreiche Tiere zu routinemäßigen Blutentnahmen und Untersuchungen auf Maul- und Klauenseuche eingefangen. Früher mußten Tiere zu diagnostischen Zwecken – um Krankheiten überhaupt feststellen zu können – getötet werden. Da diese Untersuchungen nunmehr ohne Schlächterei durchgeführt werden können, werden sie wohl nach und nach in den Wildreservaten allgemein eingeführt. Auf dem Gebiet der vergleichenden Tumorpathologie liegen bereits einige Forschungsarbeiten vor, da internationale Organisationen dem Vorkommen von Gewebsneubildungen bei Wildtieren großes Interesse entgegenbringen, weil man sich Hinweise auf die Entstehung bestimmter umweltbedingter Tumortypen des Menschen erhoffte. Weitere Untersuchungen haben gezeigt, daß zum Beispiel die Elefanten Ugandas arteriosklerotische Blutgefäße haben können, ohne allerdings deshalb an Arteriosklerose zu leiden, obwohl sie sicherlich keine tierischen Fette zu sich nehmen und den Belastungen des modernen Großstadtlebens nicht ausgesetzt sind.

An dieser Stelle kann darauf hingewiesen werden, daß die Massai, die sich hauptsächlich von Kuhmilch und Milchprodukten ernähren, sehr gesunde Arterien besitzen. Eine Expedition war daher eines der ersten Unternehmen unseres fahrbaren Laboratoriums zu diesem Stamm; es ergab, daß das Blut der Massai zwar einen hohen Cholesterinspiegel aufweist, daß aber der Blutdruck völlig normal war und daher auch bei älteren Stammesangehörigen Arteriosklerose völlig fehlte. Man konnte auch feststellen, daß sie täglich mit großem Vergnügen Fußmärsche von fünfzig bis hundert Kilometer unternehmen. Ein Pedalometer – ein Gerät zur Messung der Gehfähigkeit –, das später mitgebracht wurde, um die Gehfähigkeit der Massai zu testen, brach bereits unter der normalen Beanspruchung durch die erste Versuchsperson, einen jungen *morani*, zusammen.

Der Nachweis und die Erforschung von Geschwulsten haben sicherlich keinen besonderen Einfluß auf das Wohlergehen der Wildtiere, doch kann ihnen die operative Entfernung von oberflächlich gelegenen Neubildungen Erleichterung verschaffen oder unter bestimmten Umständen sogar das Leben verlängern. Dies gehört jedoch in das Gebiet der Therapie, auf dem noch verhältnismäßig wenig getan wurde.

Die tierärztliche Behandlung von Wildtieren ist eine umstrittene Angelegenheit. Manche meinen, daß es sich dabei um einen Eingriff in das Gleichgewicht der Natur handle, andere wiederum, daß man durch solche Behandlungen nur das Leiden der Tiere verlängere und es sich nur um Sentimentalität handle, wenn man kranke oder verletzte Tiere am Leben zu erhalten trachte. In beidem steckt ein Körnchen Wahrheit, doch ist das kein zureichender Grund, Tieren in Not nicht zu helfen.

Wie gesagt, wir müssen die Krankheiten der Wildtiere genauer erforschen, und so gesehen kann die Anstellung von mindestens einem Tierarzt in jedem Reservat sowohl den Bestrebungen der Tierschützer als auch der heimischen Viehwirtschaft von Nutzen sein. Falls dies tatsächlich geschehen sollte, kann man schon jetzt mit Sicherheit annehmen, daß ein derartiger Veterinär binnen kurzer Zeit überlastet wäre und allein auf diagnostischem Gebiet sehr viel Unterstützung brauchen wird, ehe er an therapeutische Maßnahmen überhaupt denken kann.

Nachdem man die Natur nun einmal mißbraucht hat, kann man sie nicht einfach sich selbst überlassen, und was ihr natürliches Gleichgewicht betrifft, so ist wohl mehr erforderlich als die sporadische Behandlung eines Tiers, um einen merklichen Einfluß auf die ökologischen Zusammenhänge zu erzielen. Im Serengeti-Gebiet sieht man gelegentlich alte Löwen, die offenbar an einer Krankheit dahinsiechen, bei der es sich um ein Nierenleiden handeln dürfte. Die Untersuchungen eingesandter Organe verendeter Löwen hat enttäuschende Ergebnisse gezeitigt, da jene nicht von geschulten Pathologen entnommen worden waren und daher die erwartete Aufklärung der Krankheit ausbleiben mußte. Es wäre wünschenswert, wenn man einen oder zwei dieser kranken Löwen einfangen, ihnen Blut- und Harnproben entnehmen, chemische Untersuchungen durchführen und die Tiere schließlich mit Antibiotika behandeln könnte, wobei dann festzustellen wäre, ob dies eine Besserung des Zustandes herbeiführt.

Früher würden verwundete Löwen ausnahmslos getötet, da sie durch eine Verletzung geschwächt wurden und sich ihre Beutetiere aus den Nutzviehbeständen holten. Genauere Beobachtungen einzelner Löwen haben gezeigt, daß sie über sehr starke Heilungskräfte verfügen, und in Naturparks, in denen die Löwen die Hauptattraktion darstellen, ist es sicherlich nachteilig, einen beliebten und bekannten Löwen zu töten, der im Verlauf einer Rauferei mit einem Büffel oder seinen Artgenossen eine Verletzung erlitten hat. Das Töten eines Löwen ist immerhin auch ein Eingriff in die Natur, und das Einfangen eines solchen Löwen zum Zwecke der Untersuchung ist bestimmt das kleinere Übel!

Sobald der Löwe betäubt ist, kann gewöhnlich das Ausmaß seiner Verletzungen festgestellt und die Heilungsaussichten abgeschätzt werden. Ist die Prognose günstig, kann man den Löwen entweder wieder sich selbst überlassen oder den Heilungsprozeß unterstützen, indem man die Wunde desinfiziert, einen Verband zum Schutz gegen die Fliegen anlegt, Fremdkörper entfernt und ein Langzeit-Antibiotikum injiziert.

Iain Douglas-Hamilton konnte an in Manyara gefundenen Löwenschädeln feststellen, daß diese Tiere häufig auch schlechte Zähne haben. Untersuchungen der Mundhöhlen kranker Löwen könnten ebenfalls sicherlich interessante Erkenntnisse bringen.

6

Die Betäubung eines Löwen wurde erstmals Ende 1962 im Naturschutzpark von Nairobi durchgeführt, um einen kleinen chirurgischen Eingriff vornehmen zu können. Solche Eventualitäten voraussehend, hatte ich schon vorher ein vielversprechendes Medikament an einer Reihe von Katzen ausprobiert. Die Ergebnisse dieser Versuche waren ausgezeichnet, und der Sicherheitsspielraum dieses Medikaments betrug das Fünffache oder das Fünfzigfache von Scolin.

Der Löwenversuch verlief glatt, fast lächerlich einfach im Vergleich zum Einfangen selbst leicht erreichbarer Antilopenarten. Man konnte sich dem Löwen ohne weiteres bis auf etwa zehn Meter nähern, ohne daß er Anstalten machte, sich zu entfernen. Nach der Injektion tat er nur einige Sprünge ins nächste Gebüsch. Nach vier Minuten stellte sich bereits die erste Wirkung ein, und er wiegte sein Haupt benommen hin und her. Offenbar war er schon in diesem Frühstadium der Narkose harmlos. Bald versank er in einen tiefen Schlaf, und nach Anwendung einer örtlichen Betäubung merkte er überhaupt nichts mehr von den Vorgängen um ihn.

Bei dem chirurgischen Eingriff half mir Heather Campbell, eine geschickte Klinikerin und erfahrene Tierärztin, die zum Gelingen der Operation in hohem Maß beitrug. Die Ärztin war an der Klinik unserer Fakultät beschäftigt und unter anderem dafür bekannt, daß sie Tierbabies aufzog und sie während der Ordinationsstunden an ihrem Busen zu beherbergen pflegte. Erstaunte männliche Tierbesitzer, die ungewöhnliche Bewegungen an ihrer Brust wahrnahmen, wenn sich das dort verborgene Kleintier bewegte oder kratzte, litten Qualen des Zweifels und wußten nicht, ob sie dieses Phänomen näher in Augenschein nehmen oder doch lieber wegsehen sollten, um dann für alle Zeiten vom ungelösten Geheimnis eines beweglichen Busens geplagt zu werden. Es hätte mich nicht überrascht, zu erfahren, daß manche von ihnen mit erfundenen Leiden wiederkamen, in der Hoffnung, Licht in das bestrickende Geheimnis zu bringen. Der operierte Löwe erholte sich übrigens ohne Komplikationen und wurde in den folgenden Jahren häufig im Park gesehen. Dies führte zur Entwicklung einer Methode, die später öfter bei Löwen und anderen Raubtieren angewandt wurde.

Hilfeleistungen, die sich vorwiegend auf das Entfernen von Fangschlingen aus allen möglichen Körperteilen von Giraffen und Nashörnern erstreckten, haben zweifellos viel Leid verhindert. Außerdem ist es eine echte Genugtuung, einem Tier sofort wirksame Hilfe leisten zu können.

Man darf Tiere nicht immer nur nüchtern als Untersuchungsobjekte betrachten. Der Anblick eines in der Schlinge gefangenen Tiers muß ein Gefühl des Mitleids erzeugen, das kaum dadurch gemildert werden kann, daß man zum Gewehr greift und es erschießt. Die Genugtuung, die eine erfolgreiche Immobilisierung und Hilfeleistung bringt, ist auch dann sehr groß, wenn es sich um ein häufig vorkommendes und daher vielleicht «unwichtiges» Tier handelt. Sollte das betreffende Tier aber gar einer seltenen Art angehören, ist die Tötung noch weniger angebracht.

Schließlich dürfen wir nicht übersehen, daß ein bedeutender Teil der Geldmittel für die Wildreservate und Nationalparks von Menschen beigestellt wird, die die Dinge keineswegs mit dem nüchternen und objektiven Auge des Wissenschaftlers sehen. Berichte über erfolgreiche Hilfeleistungen erregen viel berechtigtes Interesse und stellen eine Brücke zwischen den wissenschaftlich arbeitenden Naturschützern und jenen Menschen dar, die über kein Fachwissen verfügen und daher Statistiken und Zahlenangaben zur Populationsdynamik kaum verstehen. Solche Fälle schaffen ein Band des Einverständnisses zwischen dem Tieraufseher einerseits, der seine Tiere liebt, und jenen Menschen anderseits, die zwar nie mit diesen Tieren in Berührung kommen, aber ihren Gefühlen und ihrer Zuneigung durch Geldspenden Ausdruck verleihen.

Dies führt uns zum letzten Aspekt: der Aufzucht verlassener Jungtiere. Nur wenige überleben, und noch weniger können wieder in ihren natürlichen Lebensraum freigelassen werden. Sollte man aber diese Akte des Mitgefühls deshalb einstellen? Man hat junge verlassene Elefanten und Nashörner gefunden, erfolgreich aufgezogen und schließlich wieder freigelassen. Junge Antilopen wurden ebenfalls aufgezogen und verbrachten dann ihr Leben auf einer Farm. Dabei hat man viel über Aufzucht, Freßgewohnheiten und Verhalten dieser Tiere gelernt. Solche Tiere ermöglichten physiologische Untersuchungen, die bis in die neueste Zeit an wildlebenden Tieren sicherlich nicht vorgenommen werden können.

Bis zu einem gewissen Grad muß man die Tiere wohl vom Standpunkt ihres Nutzens für den Menschen betrachten, wenn auch nicht in dem Ausmaß, wie es manche gerne sähen. In diesem Zusammenhang sollten wir vielleicht einen Blick auf die Triebe und Instinkte des

Menschen werfen, die er abreagieren will. Es gibt Menschen, die zu ihrer eigenen Befriedigung töten müssen oder die durch Töten ihre Männlichkeit bestätigen möchten. Andere finden die Erfüllung eines tiefen Bedürfnisses, indem sie ein kleines Säugetier vor dem Ertrinken retten oder ein verlassenes Jungtier aufziehen. Die Natur steht souverän über allem, sie mißt die Zeit nach der Ewigkeit und die Tiere nach Arten. Vielleicht ist gerade dadurch das Verhältnis zwischen Mensch und Tier von besonderer Bedeutung. Vielleicht hat der Mensch erst dann Reife erreicht, wenn er versteht, daß er sich, zumindest in physischer Hinsicht, nicht von den anderen Lebewesen unterscheidet, die unsere Erde bevölkern. Uns bleibt nur die Hoffnung, daß nicht alles vernichtet wird, ehe wir, die Gattung Mensch, diese Reife und die dazugehörende Toleranz erworben haben.

10. DÄMMERSCHLAF

1

Im Lauf des Jahres 1962 wurden auf dem Gebiet der Immobilisation keine großen Entdeckungen gemacht, doch konnten bei der Anwendung chemischer Verbindungen mit direkter Einwirkung auf das Zentralnervensystem einige Fortschritte erzielt werden, die den Weg für einen größeren Durchbruch im darauffolgenden Jahr bereiteten. Im Januar hielten wir uns wieder in Westuganda auf, diesmal aber nicht am Semliki. Auf Grund unserer Erfolge konnten wir neue Aufgaben am Rande des Murchison-Falls-Nationalparks übernehmen, wo man den weitreichenden Wechsel der Elefanten erforschen wollte. Wir waren in dieser Gegend bereits einmal tätig gewesen und hatten im August des Vorjahrs in Paraketa, südlich des Tongaflusses, den ersten Elefanten immobilisiert.

Unser Führer und Lehrmeister in Murchison Falls war John Savidge, ein attraktiver junger Mann mit einem Adlergesicht, der später in England Ökologie studieren sollte. John zeichnete sich vor allem in gefährlichen Situationen durch äußerste Ruhe und ein unerschütterliches Selbstvertrauen aus. Ein Zwischenfall zeigt dies besonders deutlich: Er hatte versucht, einen riesigen Elefantenbullen zu injizieren, der allein im kurzen Gras der weiten Ebene des Parks stand, eine an sich ideale Situation, die aber keinerlei Deckung bot. Mit größter Vorsicht schlichen wir uns näher, John Savidge befand sich etwas weiter links vorne, John Lock und ich trugen die Geräte.

Jedesmal, wenn der Elefant kaute oder Gras ausrupfte, taten wir einige Schritte vorwärts; wenn er innehielt und lauschte, erstarrten wir zu Salzsäulen. Wir waren fast in Schußweite, als er aufmerksam wurde. Vielleicht aber hatte er uns bereits die ganze Zeit wahrgenommen und meinte nun, daß wir jetzt nahe genug gekommen seien. Mit der überraschenden Behendigkeit seiner Art wandte er sich plötzlich um und sah uns an. Er hob seinen massigen Schädel, damit er auch unter seinen starken Rüsselansatz sehen konnte, da die Augen eines Elefanten leichter nach unten als geradeaus blicken können, stapfte auf uns zu, hielt inne, um dann wieder zögernd einige Schritte in unsere Richtung zu gehen. Die Entfernung zwischen ihm und uns verringerte sich bedrohlich. John Lock und ich kauerten uns noch tiefer, am liebsten hätten wir uns wie Maulwürfe in den Boden eingegraben. John Savidge hingegen hatte sich gerade aufgerichtet und hielt sein Gewehr lässig, mit dem Kolben am Boden und der Mündung am rechten Bein. Schon stand der Bulle in seiner ganzen Größe fast über ihm, aber John bewegte keinen Muskel. Er sagte nur «Buh!» Das riesige Tier setzte sich vor Schreck und Überraschung fast auf sein Hinterteil, wobei seine große Ohren nicht so rasch mitkonnten und sich wie ein Regenschirm bei einem Windstoß umstülpten; dann drehte sich der Bulle um und marschierte ab, allerdings nicht ohne einen ärgerlichen Blick über die Schulter zurückzuwerfen.

Die hier und am Semliki zum Elefantenfang verwendeten Medikamente waren ein Gemisch aus Flaxedil und Sernylan. Diese Kombination war zwar nicht haltbar und mußte immer neu angefertigt werden, doch war es mir durch allerlei umständliche Kunstgriffe gelungen, eine Wechselwirkung der beiden Substanzen zu verhindern. Kleine Mengen von Sernylan bewirkten bei den betreffenden Tieren, daß sowohl ihr Orientierungsvermögen als auch ihre Reaktionen auf Objekte beeinträchtigt wurden, die sie normalerweise erschreckten oder zur Flucht veranlaßten. Die Aggressivität der so behandelten Elefanten wurde erheblich vermindert, sie wurden benommen und schläfrig. In dieser Kombination genügten bereits kleinere Mengen des Immobilisationsmedikaments, um zu bewirken, daß wir unsere Arbeit auch an aufrecht stehenden Tieren vornehmen konnten. Dies hatte verschiedene Vorteile: Die Injektionsprojektile konnten nun leicht wieder entfernt werden, was früher nicht immer der Fall war, wenn die Tiere auf die Körperseite fielen, in der die Spritze steckengeblieben war. Das Markieren ging leichter vor sich, da die Tiere von beiden Seiten zugänglich waren, und auch die physiologischen Untersuchungen wurden erleichtert, weil sich das Untersuchungsobjekt in seiner natürlichen Stellung befand.

Bald fügten sich diesen Vorteilen weitere hinzu: Einer scheinbar einsamen Elefantenkuh, die im hohen Gras ihres Weges zog, verpaßten wir eine Spritze. Bald nach der Injektion blieb sie stehen. Da sie offenbar schon betäubt war, gingen wir langsam näher. Als wir näher kamen, bemerkten wir, daß unter ihrem Bauch ein Kalb stand. Da sie weiterhin auf eigenen Beinen stehenblieb, bestand keine Gefahr, daß das Jungtier erdrückt werden könnte. Da unser Cocktailgemisch durch Verringerung des Flaxedilanteils besser verträglich war, zweifelten wir nicht daran, daß sich das Tier sehr bald erholen würde. Schließlich verabreichten wir intramuskulär das Antidot, und bald wanderte die Elefantenkuh langsam davon, während das Kalb unter ihrem schützenden Bauch dahintrottete.

Sernylan erwies sich als ein höchst nützliches Präparat. Wir verwendeten kleine Quantitäten als Zusatz zu anderen Immobilisierungsdrogen, doch wurde es in dieser Funktion später fast zur Gänze von anderen, noch besser wirkenden Tranquilizern abgelöst. Sernylan konnte auch ohne Zusätze zum Einfangen von Löwen, Leoparden, Geparden und anderen Raubtieren verwendet werden. Ferner erwies es sich bei Primaten, wie dem Pavian, als ausgezeichnetes Anästhetikum. Besonders nützlich war es beim Einfangen junger Flußpferde. In den meisten Gegenden findet man dieses Tier nur in der Nähe von Wasser, und tagsüber meist untergetaucht. Das Flußpferd kann, wie bereits früher erwähnt, mit Hilfe verschiedener Präparate gefangen werden, mit Scolin oder Themalon, oder später noch besser mittels Etorphin. Doch konnte keine dieser Substanzen bei einem im Wasser befindlichen Flußpferd angewandt werden, ohne es der Gefahr zu ertrinken auszusetzen. Nach Anwendung kleinerer Mengen von Sernylan, gemischt mit einem Tranquilizer, gerieten die Tiere in einen angeheiterten Zustand und schlugen auf dem Wasser um sich. Diese Mischung wurde während einer Trockenperiode mit größtem Erfolg beim Fang junger Flußpferde angewandt. Während erwachsene Exemplare nicht transportierbar waren, konnten junge Flußpferde auf diese Weise eingefangen werden.

Beim Einfangen von Huftieren – aus Gründen der Vereinfachung zählen wir den Elefanten, das Nashorn und das Flußpferd in diese Kategorie, obwohl sie eigentlich keine Huftiere sind – wirkte Sernylan nur, wenn es in kleinen Mengen verabreicht wurde. Unter einer kleinen Menge ist jene Dosis zu verstehen, die zur Dämpfung oder zur Einschränkung des Orientierungsvermögens ausreicht. In größeren, zu Immobilisierung führenden Mengen kann es bei Raubtieren angewendet werden, bei Löwen, Leoparden, Geparden, Hyänen, Schakalen usw., jedoch nicht bei Pflanzenfressern, welche diese Form der Schmerzausschaltung schlecht vertragen, vor allem, wenn sie länger als etwa eine halbe Stunde andauern sollte.

Sernylan bietet einen verhältnismäßig großen Sicherheitsspielraum, vor allem in seiner Anwendung bei Raubtieren. Pflanzenfresser starben nicht an der Wirkung dieser Substanz, sondern weil sie das durch dieses Präparat bedingte Festliegen nicht vertrugen. Vor allem werden die Mägen der Wiederkäuer durch die darin entstehenden Gase ausgeweitet, wenn sie nicht regelmäßig aufstoßen können. Der aufgeblähte Magen drückt dann auf das Zwerchfell, und dieser Druck auf den Brustraum und die in ihm befindlichen großen Blutgefäße kann zum Tod führen. Eine Anzahl gefangener Büffel und Elenantilopen wurde auf diese Weise von wohlmeinenden Biologen umgebracht, die zwar über die Physiologie der Wiederkäuer nicht Bescheid wußten, aber es doch nicht der Mühe wert fanden, einen ausgebildeten Veterinär zu konsultieren.

Die Fortschritte auf dem Gebiet der medikamentösen Immobilisation waren schriftlich niedergelegt und den Wildschutzbehörden und anderen Stellen zugänglich gemacht worden. Die Einzelheiten des

Einfangens von Schwarzen und Weißen Nashörnern mittels Themalon hatten wir ebenfalls veröffentlicht. Auch im Juli 1962 wurden genaue Dosierungsvorschriften, die wir bei jedem der von uns immobilisierten siebenundfünfzig Nashörner – darunter dreizehn Schwarze Nashörner – angewandt hatten, an alle interessierten Stellen versandt. Weitere Einzelheiten über die Zusammensetzung der verwendeten Medikamentengemische wurden von uns im Januar 1963 bekanntgegeben.

Auf Grund dieser erfreulichen Resultate konnte der im Tierschutzgebiet Ngorongoro in Tansania tätige Biologe John Goddard weitere siebzehn Schwarze Nashörner einfangen. Diese Ergebnisse reichten durchaus an jene heran, die bei einer wesentlich kleineren Anzahl von Schwarzen Nashörnern in Kenia erzielt wurden, die man nur mittels Sernylaninjektionen einfing.

Das Fangteam hatte sich im Lauf der Jahre ausschließlich auf Schwarze Nashörner spezialisiert. Die Anwendung von Sernylan ohne Beimischung hatte zwei Nachteile, die die Folge von Über- beziehungsweise Unterdosierung waren: Um wirksam zu sein, mußte es in anästhetisch wirkenden Mengen verabreicht werden, aber die Wirkung kann mangels eines Gegenmittels nicht gesteuert werden. Dadurch unterscheidet es sich wesentlich vom Themalongemisch, das einen leicht zu neutralisierenden Bestandteil enthält. Die mittels Themaloncocktail gefangenen Nashörner erheben sich sofort wieder, sobald die Wirkung dieser Substanz durch die Verabreichung eines Antidots aufgehoben wird, da das in dem Gemisch enthaltene Sernylan oder der Tranquilizer in einer so geringen Menge enthalten sind, daß sie für sich allein keine völlige Betäubung verursachen. Selbst wenn irrtümlich zu große Mengen verabreicht wurden, konnte das Tier mit dem Gegenmittel fast sofort wieder auf die Beine gebracht werden, worauf es meist anstandslos in die vor seiner Nase aufgestellte Kiste marschierte.

Wurde eine Überdosis Sernylan verabreicht, führte es dazu, daß das Tier zu lange bewußtlos blieb. Der bereitstehende Lastwagen mit der Transportkiste war meist längstens in etwa einer Stunde zur Stelle. Dauerte es einmal länger, genügte eine kleine Dosis des Gegenmittels, um das mit Hilfe des Themaloncocktails gefangene Nashorn in eine gut verträgliche Bauchlage zu bringen. Bei Verabreichung der Maximaldosis von Sernylan blieb das Nashorn fünf bis sechs Stunden, ja manchmal sechsunddreißig Stunden bewußtlos. Es bestand dann die Gefahr, daß das Tier in dieser Zeit eine Lungenentzündung bekam oder durch den Druck des eigenen schweren Körpers auf die Nervenstränge der Extremitäten gelähmt wurde. War die Dosis jedoch zu gering, ließ sich das Tier nicht fangen und entkam mitsamt der Spritze; der Schütze wußte dann natürlich nie, ob die Dosis des Medikaments zu gering oder ob ein Versagen des Injektionsprojektils schuld daran gewesen war.

Das Team wurde von Nick Carter geleitet, einem auffallend rotbärtigen und lebhaften Mann. Während der Wüstenfeldzüge war er Hauptmann in der Armee gewesen, und dies hatte sich seinem Wesen unauslöschlich eingeprägt. Er bot einen prächtigen Anblick, wenn er in Lederstiefeln und mit einer Armbrust über der Schulter durch Nairobi marschierte. Außerdem kannte er eine Menge heiterer Nashorngeschichten. Daß er sich nicht um persönliche Erfolge oder um Statistiken kümmerte, war kein Mangel. Nick war ein guter Kumpel, liebte die Jagd und gab nicht vor, etwas anderes zu sein, als er war. Während seiner Jahre als Wildaufseher beim Fangteam half er zahlreiche Nashörner umzusiedeln, die sonst wohl erschossen worden wären. Wer wollte da meinen, daß es ein anderer besser gemacht hätte? Daß kaum Berichte versandt wurden, daß keine Untersuchungen an anderen Tieren vorgenommen wurden und nach seinem Ausscheiden keine Informationen über die Ergebnisse vorhanden waren, war wohl die Schuld der damals leitenden Persönlichkeiten der Wildschutzbehörde. Das meiste, das ich über diese Arbeiten erfuhr, hörte ich von dem Techniker der Firma, die Nicks Spritzen herstellte und der Reparaturarbeiten in meinem Labor durchführte. Offenbar hat das Versagen von Spritzen die Arbeiten des Teams zum Schluß beeinträchtigt. Die Einzelheiten über die Konstruktion unserer Spritzen waren schon im April 1962 bekanntgegeben worden, aber Nick zog es vor, seine eigenen Wege zu gehen. Er blieb bis zuletzt ein Individualist. Falls es ihm gelungen sein sollte, eine Lösung für seine Probleme zu finden, so hat er sie wohl in den Krüger-Nationalpark mitgenommen, wo er sich später dem Wildaufseherteam anschloß.

2

Wild lebende Tiere reagieren häufig anders auf Immobilisierungsmedikamente als Zoo-Tiere. Kurze Zeit nachdem wir freilebende Löwen gefangen hatten, ersuchte mich Carr Hartley, einem seiner eingesperrten Löwen eine kleine Wucherung zu entfernen. Damals hatten wir bereits unsere Erfahrungen mit freilebenden Löwen und daher keinen Grund anzunehmen, daß in Gefangenschaft gehaltene Tiere wesentlich anders reagieren würden. Unser Patient, er hieß Bruno, lebte schon seit Jahren in Gefangenschaft und war ein klappriger alter Bursche. Um nicht einen deliranten Erregungszustand hervorzurufen, der manchmal als Begleiterscheinung einer Halbanästhesie auftritt, entschloß ich mich, unter Berücksichtigung des Körpergewichts von Bruno, die gleiche Dosis anzuwenden, die sich bei unseren wilden

Löwen als wirksam erwiesen hatte.

Die entsprechend berechnete Menge wurde mit einer Luftdruckpistole verabreicht, einer leichteren und kürzeren Ausgabe unseres Gasdruckgewehrs. Die Spritze traf genau ins Ziel und blieb gut stecken. Der Patient war davon nicht besonders beeindruckt und trottete in seinem Käfig im Kreis herum. Ich wandte mich um, legte die Pistole weg und meinte, daß wir in drei oder vier Minuten bereits eine Veränderung in seinem Verhalten feststellen würden, als ich es hinter mir plumpsen hörte. Bruno war bereits umgefallen. Wir begaben uns in den Käfig, um uns die Sache genauer zu betrachten. Anstatt in vier Minuten in einen angeheiterten Zustand zu geraten, war er in weniger als zwei Minuten völlig bewußtlos geworden.

Die Turkanas unseres Fangteams sowie Tierpfleger, Hirten und anderes Volk drängten sich dicht heran, als wir Bruno zu einem behelfsmäßigen Operationstisch trugen, und waren offenbar tief beeindruckt, daß jemand einen Löwen so leise und schnell unschädlich machen konnte, ohne daß eine Wunde zu sehen war. Ich bemerkte, wie sie sich furchtsam zurückzogen, während ich um das Tier herumging und das Tablett mit den sterilisierten Instrumenten vorbereitete. Dann verlief alles bestens. Es handelte sich nur um einen kleinen Eingriff, und der Patient blieb die ganze Zeit bewußtlos. Zur Essenszeit waren wir fertig, der noch immer bewußtlose Löwe wurde in seinen Käfig zurückgebracht und mit Säcken voller Heu gestützt. Nach einigen Stunden erlangte er wieder das Bewußtsein, am Abend fraß er ein wenig Fleisch, und am nächsten Tag sah er aus, als ob nichts weiter geschehen sei. Mein Prestige war ganz enorm gestiegen, und wenn ich den Wunsch gehabt hätte, mich in dieser Gegend als Zauberdoktor niederzulassen, hätte ich sicherlich keinen Mangel an Kundschaft gehabt.

Wieder hatte ich viel Neues gelernt und Erfahrungen gesammelt, die später oftmals bestätigt werden sollten. Die Reaktionsweise eines Tiers auf ein Anästhetikum ist nicht nur von Gewicht, Geschlecht oder der Tierart abhängig – Größen, die in der tierärztlichen Praxis als Hauptkriterien gelten –, sondern auch eine Frage seines Temperaments. Vielleicht ist Temperament nicht ganz das richtige Wort, denn es handelt sich eigentlich um den Widerstandswillen des Tiers. Ein Tier in freier Wildbahn kämpft bis zum Tod, und sein Widerstand gegen die Wirkungen eines Medikaments ist im Grunde nicht anders als ein Kampf gegen ein Raubtier oder einen Rivalen. Sobald ein wildlebendes Tier in Gefangenschaft gerät, wird ein Teil seines Wesens zerstört. Hier ist etwas, dem es nicht entkommen und das es nicht überwinden kann. Die Wände seines Gefängnisses symbolisieren seine Niederlage. Sicherlich gibt es nicht bewußt nach, doch ändert sich seine Reaktion auf die pharmakologische Wirkung des verwendeten Medikaments.

Ein gutes Beispiel dafür war die verschiedenartige Reaktion freilebender beziehungsweise gefangener Nashörner auf Diazepam. Ich hatte bereits feststellen können, daß die Schwarzen Nashörner selbst auf bedeutende Quantitäten dieser Substanz nicht reagierten, sondern weiterliefen, als spürten sie überhaupt nichts. Das war nicht überraschend, denn es war uns wohl bekannt, daß sich Wildtiere unter dem Einfluß von Tranquilizern fast genauso verhalten wie unbehandelte. Mit anderen Worten, wenn nur ein Tranquilizer injiziert wird, ändert dies die üblichen Reaktionen bei Angst oder Flucht nicht. Eine Dosis Diazepam, die wesentlich geringer war als jene, die eine wilde Nashornkuh überhaupt nicht gestört hatte, warf einen seit etwa einer Woche in Gefangenschaft lebenden Bullen sofort um, so daß er zu schnarchen begann wie das sprichwörtliche Schwein. Abgesehen davon, daß Nashornbullen schwerer sind als Kühe, benötigt man bei ihnen gewöhnlich eine größere Menge pro Einheit des Körpergewichts als bei einer Kuh.

Über diesen höchst interessanten inneren Widerstand gegen pharmakologische Effekte ließen sich Bände schreiben. Jedenfalls habe ich seither bei der Arbeit mit gefangenen Wildtieren besondere Vorsicht walten lassen und bin zu der Schlußfolgerung gekommen, daß bei diesem Problem eine völlig neue pharmakologische Betrachtungsweise notwendig ist, denn es sind, wie bereits erwähnt, die für wildlebende Tiere geeigneten chemischen Substanzen keineswegs immer auch für ihre in Gefangenschaft lebenden Artgenossen verträglich. Carr war von der Vorführung sehr begeistert und bat mich, zwei Hyänen zu betäuben, deren Geschlechtszugehörigkeit ständig Gegenstand widersprüchlicher Ansichten war. Ich injizierte den Tieren die halbe Menge jener Dosis, auf ihr Körpergewicht berechnet, die der Löwe Bruno erhalten hatte. Sie schliefen rasch ein, erwachten aber schnell und blieben unruhig. Ein größerer Eingriff wäre unter diesen Umständen ohne zusätzliche Verabreichung eines Anästhetikums kaum möglich gewesen.

Zur Geschlechtsbestimmung war jedoch die Immobilisierung ausreichend. Carr gestand, daß er ein Anhänger des alten Aberglaubens sei, wonach Hyänen ihr Geschlecht wechseln können, und zur Untermauerung seiner Ansicht pflegte er seine verdutzten Besucher stets zu einem Käfig zu führen, in dem ein recht mitgenommenes Exemplar hauste, das angeblich zu verschiedenen Zeiten Nachwuchs sowohl gezeugt als auch zur Welt gebracht hatte. Ob dies nun als beweiskräftiges Beispiel anzusehen ist oder nicht, hängt wohl davon ab, wie streng die Überwachung des sittlichen Verhaltens von Carrs Hyänenrudel gehandhabt wurde. Es gibt weder bei Hyänen noch bei irgendeinem anderen Säugetier Hinweise auf die Möglichkeit einer Geschlechtsumwandlung. Die Geschichte über die Hyänen hat ihre Ursache zweifellos in der merkwürdigen anatomischen Anomalie der Genitalien der jungen Hyäne. Vor dem Erreichen der Geschlechtsreife ist das Weibchen vom Männchen nicht zu unterscheiden, da beide männlich aussehende Geschlechtsorgane aufweisen. Abgesehen davon, daß dies für die jungen Hyänen besondere Paarungsprobleme aufwirft – doch beweisen die vor allem nahe den Vororten afrikanischer Städte zahlreich auftretenden Tiere, daß sie diese Probleme erfolgreich zu meistern verstehen –, hat dies natürlich nichts mit dem tatsächlichen Geschlecht zu tun. Die weiblichen Tiere haben Eierstökke, die Rüden Hoden, und das sind die entscheidenden Geschlechtsmerkmale, nicht aber das Aussehen der Begattungsorgane. Die Keimdrüsen arbeiten ihrem Zweck entsprechend und bewirken, daß jedes der Tiere seine natürliche Rolle als Rüde oder weibliches Tier erfüllen kann. Wir waren daher verschiedener Meinung, und Carr versuchte immer wieder, unsere Argumente mit «unwiderlegbaren» Beweisen zu erschüttern. Jedenfalls war mir bei der Geschlechtsbestimmung von Carr Hartleys Hyänen ein Gedanke gekommen, wie man in Gefangenschaft lebende Raubtiere auf einfache Weise zu medizinischen Zwecken betäuben könnte.

Es war eine gute Idee, die ich bei vielen späteren Gelegenheiten bei verschiedenen Tierarten, sowohl freilebenden als auch gefangenen, anwenden konnte. Es war im Grunde eine einfache Sache. Zuerst wurde eine kleine Menge Sernylan durch Injektion, in der Nahrung oder durch Einspritzen in das Maul verabreicht. Dann wurde ein schnell wirkendes Barbiturat, wie Pentothal oder Surital, intravenös verabreicht, entweder mehrere Male hintereinander oder als Dauerinfusion. Diese Methode hatte einige wichtige Vorteile. Die manchmal unter der Wirkung größerer Sernylan-Mengen auftretenden Krämpfe werden durch das Barbiturat verhindert. Die intravenöse Injektion ermöglicht eine genaue Kontrolle, so daß die Narkosetiefe des Tiers genau geregelt und beliebig lange beibehalten werden kann. Und schließlich wird die geringe Menge Sernylan gewöhnlich vom Patienten noch während der Operation ausgeschieden, so daß er sofort oder sehr bald nach Beendigung der Barbituratinfusion aufstehen kann. Diese Methode hat sich bestens bewährt und ist mit geringfügigen Änderungen, wie einem Zusatz von Tranquilizern oder schmerzstillenden Mitteln, im Zusammenhang mit chirurgischen Eingriffen bei einer steigenden Anzahl von Tieren angewandt worden, darunter nicht nur Löwen, Leoparden und Geparden, sondern auch bei frei oder in Gefangenschaft lebenden Pflanzenfressern. Die Behandlung der letzteren ist jedoch viel schwieriger, und niemand sollte auf Grund der hier gegebenen flüchtigen und unvollständigen Beschreibung die Betäubung von wildlebenden oder in Gefangenschaft gehaltenen Tieren ins Auge fassen.

3

Wie stand es nun mit den Tieren in freier Wildbahn? Zwar hatten wir Anfang des Jahres bei erwachsenen Elefanten die Sernylan- und Flaxedil-Cocktails verwendet, dann aber wurden die mit oder ohne Zusatz von Tranquilizern verwendeten Immobilisationsmedikamente durch Substanzen ersetzt, die direkt auf das Zentralnervensystem wirkten. Diese hatten sich besonders bei Weißen Nashörnern durchwegs sehr gut bewährt. Schwarze Nashörner sprechen darauf offenbar ebenfalls gut an, so daß diese Fangmethode auch in Kariba angewandt wurde, wo die restlichen von den Fluten eingeschlossenen Schwarzen Nashörner der Rettung harrten. Bei anderen Tierarten war die Methode zunächst nicht so gut brauchbar, doch zeigten sich bereits im Jahr 1962 bei Flußpferden, Büffeln und verschiedenen Antilopenarten einige vielversprechende Ergebnisse. Ein weiterer Fortschritt sollte sich durch die Verwendung eines Themalongemisches ergeben, mit dem beim Einfangen junger Elefanten gute Erfolge erzielt wurden. Die jungen afrikanischen Elefanten, die in Tiergärten ankommen, sind meist die Überlebenden einer erheblich größeren Anzahl, von der die meisten während des Fanges oder während der Zähmung umgekommen sind. Die wohl nur den Händlern bekannte tatsächliche Mortalität ist sicherlich erschreckend hoch.

Die Jungtiere werden gewöhnlich als Saugkälber gefangen, wobei die Mütter, die ihre Jungen verzweifelt zu verteidigen suchen, oft erschossen werden. Man versucht das Kalb mit der Flasche aufzuziehen, es geht aber meist zugrunde, weil ungeeigneter Milchersatz verwendet wird. Da größere Kälber meist schon sehr kräftig sind, gelingt es kaum, sie in diesem Alter zu fangen; ihr heftiger Widerstand sowie ihre Hilferufe bringen die ganze Verwandtschaft auf den Plan.

Eine Elefantenherde, die um ihre Jungen kämpft, kann schreckliche Rache an Menschen und Fahrzeugen üben und darf daher nicht unterschätzt werden. Wenn eine solche Herde in eine Fangoperation hineinplatzt, kann sich dies sehr störend auswirken, da man nichts mehr tun kann, bis sie endlich freiwillig abzieht. Man kann die mit dem Einfangen ganz junger Elefanten für Zoologische Gärten verbundenen Schwierigkeiten gut verstehen, auch wenn man das Vorgehen selbst nicht billigt. Die ethische Frage, ob man überhaupt Tiere für Tiergärten einfangen darf, wird in weiten Kreisen diskutiert, doch ist hier nicht der Platz, zu den verschiedenen Argumenten Stellung zu nehmen. Meine Aufgabe war es, herauszufinden, wie man einen jungen Elefanten einfangen und einem Zoologischen Garten übergeben kann, ohne daß dabei eine große Zahl anderer Kälber samt ihren Müttern umkommt. Die Lösung war dann tatsächlich sehr einfach und voll wirksam. Entscheidend für den Erfolg war die langsam einschläfernde

Wirkung einer Mischung von Themalon mit Tranquilizern.

Folgende Voraussetzungen sind zur Durchführung eines solchen Unternehmens erforderlich: Zunächst eine Elefantenkuh mit einem noch ganz jungen Kalb zu finden, dazu ein älteres Geschwistertier, wie es gerade gebraucht wird. Als weiteres ein Terrain, in dem man mit einem Lastwagen geschickt manövrieren kann. Ein Land-Rover genügt, wenn seine Federung verstärkt ist und er seinem Eigentümer nicht besonders am Herzen liegt. Das ältere Kalb wird mindestens drei oder vier Jahre alt sein, was dem Intervall zwischen zwei Geburten entspricht. Es wird bereits abgestillt sein, zumindest so weit, daß es sich bereits überwiegend von Vegetation ernähren kann. Außerdem gilt ihm nicht mehr das Hauptaugenmerk des Muttertiers.

Der Vorgang ist nun klar. Man folgt dem Elefantentrio, bis das ältere Jungtier sich von seiner Mutter etwas entfernt, wie das Jungtiere in diesem Alter tun, wobei man hofft, daß sie sein Angstgeschrei nicht hört. Dann wird ein Injektionsprojektil mit dem Immobilisierungsgemisch abgefeuert. Während seine Familie weiterzieht, wird das Tier immer schläfriger und bleibt zurück. Sobald es weit genug hinten geblieben ist und die Mutter Anzeichen von Sorge zeigt, beginnt man zu lärmen, um bei ihr Aufmerksamkeit, aber nicht Erregung hervorzurufen. Die Elefantenkuh wird sich vor allem um das kleine Kalb sorgen und mit ihm einen sicheren Platz aufsuchen. Bald darauf wird das ältere Jungtier bereits so schläfrig sein, daß es ohne weiteres mit einem Lastwagen weggeschafft werden kann. Das klingt leichter, als es tatsächlich ist, denn ein kleiner Elefant kann siebenhundert und mehr Kilo schwer sein. Das Aufladen geschieht am besten, indem man die Hinterräder des Wagens so weit eingräbt, daß das benommene Tier in den Wagen geleitet werden kann. Dabei muß man äußerst vorsichtig sein und darf keinen Fehler machen. Wenn man ungeduldig ist und das Tier zu stark stößt, kann es laut zu fiepen beginnen, und dann kann es geschehen, daß die Alte auftaucht und mit den Kindesräubern kurzen Prozeß macht. In einem solchen Fall ist ein schneller Rückzug wohl das beste, denn ihr wütendes Trompeten würde bald die ganze Sippschaft anlocken, die dann durchaus fähig ist, das Kalb zu befreien und mit sich fortzuführen. Manchmal ist es auch notwendig, die Mutter zu betäuben, wie das später einmal im Krüger-Park geschah, doch ist das eine unerwünschte Komplikation.

Mit unserer Methode konnten wir zwei Elefantenkälber einfangen, die später ausgezeichnet gediehen, obwohl sie nur mit Elefantengras und Gemüseabfällen gefüttert wurden. Wir waren für ein derartiges Unternehmen schlecht vorbereitet und hatten uns auch keinen Plan zurechtgelegt, da bis dahin noch kein Elefant mit Themalon immobilisiert worden war. Die Wirksamkeit des Cocktails überraschte uns fast; wir beschlossen trotzdem, das stehende, kaum zu bewegende

Jungtier in unseren Land-Rover zu schaffen. Das Kalb war jedoch schwerer, als wir gedacht hatten, vor allem viel schwerer, als es unserem Vehikel guttat. Damit ein junger Elefant hinten auf dem Wagen stehen kann, hätten die Seitenwände erhöht und verstärkt sein müssen. Da wir nichts dergleichen hatten, mußten wir das Tier in eine halb liegende Position niederzwingen, was es nicht besonders schätzte. Jedesmal, wenn es zu jammern begann, blickten wir besorgt über die Schulter, ob nicht ein riesiges graues Ungetüm durch das Gras und zwischen den Bäumen hervorbrach. Endlich konnten wir abfahren. Die ohnehin schon zusammengepreßte Federung des Wagens wurde durch das Gewicht der sechs Spurensucher noch weiter mißhandelt, die den jungen Jumbo niederhalten mußten. Dennoch gelang es ihm noch vor Ende unserer Fahrt, sich so weit herumzuwälzen, daß er sich mit den Beinen gegen die eine Seite des Wagens und mit dem Rücken gegen die andere stemmen konnte. Als wir um ihn herumstanden und uns fragten, wie wir ihn herauskriegen könnten, bewies er seinen Einfallsreichtum und löste das Problem auf seine Weise, indem er langsam seine Beine gerade ausstreckte und vor unseren erstaunten Blicken die metallene Seitenwand des Land-Rovers aufsprengte, wobei sich ein Teil nach außen und abwärts rollte wie der Deckel einer Sardinenbüchse.

Junge Elefanten sind höchst amüsant und gänzlich anders als andere Tiere, vor allem, weil sie keine Furcht kennen. Wenn wir uns in den folgenden Tagen über den Zaun beugten, gebärdete er sich wie ein erwachsener Elefant, stürmte trompetend auf uns zu, blieb dann aber ruhig stehen, um die angebotene Banane gnädig entgegenzunehmen. In der ersten Nacht konnten wir nicht schlafen, weil er dauernd an verschiedenen Stellen das Gehege durchbrach. Im Lager verfügten wir über sechs Buschfahrzeuge, die die ganze Nacht hindurch beim flakkernden Licht von Sturmlaternen mit Leuten unterwegs waren, die sich bemühten, immer neue Breschen zu verschließen. Als ich einem bereits übermüdeten Wärter sagte, daß die Verzweiflungsschreie des bereits völlig wachgewordenen Jungtiers eine ganze Herde von Elefanten herbeirufen und diese dann das Junge befreien könnte, meinte er verdrossen, er könnte sich nicht vorstellen, was die Lage noch schlimmer machen könnte, als sie ohnehin schon war.

Aber das freundliche Licht des neuen Tages zerstreute die Alpträume der Nacht. Was zunächst wie wütende Attacken blitzender Stoßzähne und funkelnder Augen geschienen hatte, sah im Licht der aufgehenden Sonne doch eher wie ein Spiel aus, und damit besserte sich unsere Stimmung ebenso wie die unseres kleinen Gefangenen, der sich nun auch dazu herabließ, die angebotenen Leckerbissen zu verzehren. Er sah so vergnügt aus, daß man sich kaum vorstellen konnte, wie er jeden, der unvorsichtig genug sein sollte, sich in das Gehege zu begeben, in kürzester Zeit in Grund und Boden trampeln würde. Später fingen wir ihm auch eine Gespielin. Sie waren ein reizendes Paar, wurden sehr zahm und konnten später hinter einem einfachen Kettenzaun gehalten werden.

4

Die Wirksamkeit des gemeinsam mit Tranquilizern verabreichten Morphins beruht auf einem pharmakologischen Phänomen, das man Synergismus nennt. Das bedeutet, daß zwei Substanzen ähnlicher, aber nicht gleicher Wirkung einander ergänzen. Ein echter Synergismus liegt nur dann vor, wenn der Effekt der beiden zusammenwirkenden Substanzen größer ist, als wenn jedes Präparat einzeln verabreicht wird. Ein solcher Synergismus liegt vor, wenn Morphin mit einem geeigneten Tranquilizer vermischt wird, aber auch bei Verwendung von Thermalon, einem synthetischen Morphin, beziehungsweise dem später herausgebrachten Fentanyl.

In jenem Kapitel, in dem wir von unseren Arbeiten mit Nashörnern in Zululand berichteten, wiesen wir darauf hin, daß zum Beispiel einem Stier große Mengen Morphin verabreicht werden konnten, worauf er immer erregter wurde, anstatt sich zu beruhigen. Wenn jedoch eine viel kleinere Menge Morphin mit einem geeigneten Tranquilizer gemeinsam verabreicht wurde, wurde er sofort benommen und ging auf die Brust nieder. In dieser Lage verharrte er mehrere Stunden, bis die Wirkung der Morphininjektion durch die Verabreichung eines geeigneten Gegenmittels aufgehoben wurde. Der Effekt dieser Kombination wurde später durch einen Zusatz von Hyoscin weiter verbessert. Das konnte auch dann erreicht werden, wenn wir das Morphin durch die leichter anwendbaren synthetischen Morphine ersetzten.

Die Vorteile dieser Immobilisationsmethode zeigten sich bald. Das behandelte Tier wurde in seiner Beweglichkeit so weit eingeschränkt, daß man auch dann, wenn man es mit widerspenstigen Arten zu tun hatte, alle Untersuchungen durchführen konnte; dabei war das Tier keineswegs bewegungsunfähig, wie das zum Beispiel nach Verabreichung von Scolin, Flaxedil oder Tubarin der Fall ist. Sie konnten mit Unterstützung Bewegungen ausführen, auf alle Fälle aber blieben sie stehen oder ruhten zumindest mit aufrecht gehaltenem Kopf auf Brust und Bauch, wenn nicht extrem hohe Dosen gegeben wurden. Legte man sie um, so richteten sie sich aus eigenem wieder auf. Dies bedeutete einen enormen Vorteil gegenüber der Immobilisierung mit Muskelrelaxanzien, bei deren Anwendung ein Zustand völliger Hilflosigkeit herbeigeführt wurde, so daß sich die Tiere die Augen verletzen konnten, wenn sie umfielen oder wenn sie bei starker Sonnenbestrahlung die Augenlider nicht zubrachten. Außerdem konnte es bei Anwendung dieser Präparate zu einer tödlichen Behinderung der Atmung kommen. Der Immobilisierungseffekt der Morphingemische tritt langsam ein, was das Auffinden der Tiere wesentlich erleichtert. Bei Verwendung von Präparaten mit lähmender Wirkung kommt es häufig vor, daß das Tier zunächst äußerst schnell davonläuft, dann aber plötzlich zusammenbricht. Solche Tiere sind dann oft schwer im hohen Gras zu finden.

Im Busch darf man nicht zu akademisch denken und muß auf vieles gefaßt sein, zum Beispiel, daß man ein Tier findet, das man gar nicht gesucht hat. Vielleicht fahndet man nach einer Antilope und findet statt dessen einen kurz zuvor von Wilddieben getöteten alten Büffel oder stößt auf einen schlummernden Löwen, der nicht gestört zu werden wünscht. Solche Überraschungen können sehr unangenehm werden. Obwohl nur etwa eines von tausend Tieren den Fänger angreifen wird, statt zu fliehen, darf man nicht damit rechnen, daß man zuerst auf die restlichen neunhundertneunundneunzig stößt.

Es ist daher äußerst vorteilhaft, wenn das Tier zunächst langsamer wird, ehe die volle Wirkung des Medikaments einsetzt, und wenn es dann sogar noch aufrecht stehenbleibt. Oft beginnen die Tiere damit, zunächst im Kreis zu wandern, und können in diesem Stadium leicht im Auge behalten werden. Wenn man es mit Antilopen zu tun hat, wie zum Beispiel den Nyalas des Zululandes, die in dichtem Gebüsch leben, kann man die injizierten Tiere häufig ausfindig machen, wenn man auf die Geräusche achtet, die sie bei ihrem schon ungeschickten Lauf durch den Busch verursachen.

Der Weg, den ein injiziertes Tier noch zurücklegen kann, ist artbedingt verschieden, hängt aber vor allem von der Dosis des verabreichten Medikaments ab. Manche Tiere müssen vollständig immobilisiert werden, bei anderen genügt es, sie in eine Art Dämmerzustand zu versetzen. Halbwüchsige Giraffen beginnen bereits nach einer sehr niedrigen Dosis im Kreis zu gehen. Sie lassen sich dann leicht einfangen, indem man von zwei Männern ein Seil in Brusthöhe halten läßt und dieses, sobald das Tier dagegenläuft, schnell um die Hinterbeine wickelt. Oft genügt schon ein kleines natürliches Hindernis, wie ein Ast oder ein Busch, um sie aufzuhalten. Größere Giraffenbullen können durch einen Strick an einem Fuß festgehalten werden. In diesem Zustand lassen sich Giraffen leicht führen, was besonders vorteilhaft ist, wenn man sie aus landwirtschaftlich genutzten Gebieten wegbringen will. Mit Hilfe zweier als Zügel verwendeter Seile kann man sie über weite Strecken bis zu einem Auffanggehege lotsen, wo sie dann gezähmt werden. Diese Methode ist vielfach erprobt worden, und man hat zu dem Zweck eigene Halsbänder entwickelt: Ein breites, filzgefüttertes Lederband wird mit einer Schnalle versehen, die im Bedarfsfall durch einen kurzen Ruck rasch geöffnet werden kann. Ein metallbeschlagener Dorn verhindert das Herausgleiten des Bandes aus dem Schlitz, doch befindet sich an dem Dorn ein kurzer Strick, mit dem er im Bedarfsfall schnell herausgezogen werden kann, wodurch der Kragen aufgeht und herunterfällt. Zwei leichte Nylonseile werden durch Metallösen an den Seiten geführt und dienen als Zügel. Auf diese Weise können zwei Männer das Tier in jede gewünschte Richtung führen.

Diese Vorrichtung funktioniert ausgezeichnet, doch muß man bei der ersten Annäherung an die Giraffe besonders vorsichtig sein, da vor allem größere Bullen blitzschnell ausschlagen und dabei sehr genau treffen können. Das kommt zwar selten vor, aber einen solchen Zwischenfall konnten wir sogar filmen. Der Übeltäter war über fünf Meter hoch und wog fast tausendfünfhundert Kilo, also ein echter Schwergewichtler.

Die Möglichkeit, ein Gegenmittel anzuwenden, ist einer der wichtigen Vorteile, die der Fang mit Hilfe des Morphin-Tranquilizer-Cocktails anderen Methoden voraushat. Die unterschiedliche Wirkungsweise des Gegenmittels von Flaxedil und von Themalon beziehungsweise anderen Morphinpräparaten soll hier nicht im einzelnen ausgeführt werden. Der wichtigste praktisch bedeutsame Unterschied besteht jedoch darin, daß die Aufhebung der Morphinwirkung gut steuerbar ist; dadurch kann die Beweglichkeit des Tiers den speziellen Erfordernissen genau angepaßt werden, sei es, daß es darum geht, ein Tier zur Waage zu führen, sei es, um die Messung der Widerristhöhe vorzunehmen oder es zu einer Transportkiste zu führen. Wichtig ist vor allem, daß man oft außergewöhnlich schwere Tiere zu ihrem Transportkäfig hinführen kann und sie sich freiwillig hineinverfrachten lassen. Vor allem bei Schwarzen Nashörnern, die von Natur aus widerspenstig sind, ist es trotzdem oft gerechtfertigt oder sogar notwendig, kräftig «nachzuhelfen». Wenn sich so ein Nashorn aber einmal niederlegt und nicht mehr aufstehen kann, dann muß man sich mit zweitausend Kilo und mehr herumschlagen, ganz abgesehen davon, daß vielen Tieren ein Transport im Liegen nicht guttut und sie auf diese Weise nur kurze Fahrtstrecken überleben.

Der wichtigste Vorteil der Tranquilizer in einem Narkose-Gemisch ist in der Tatsache zu sehen, daß das behandelte Tier aufrecht stehen bleibt. Die Einführung von Präparaten mit lähmender Wirkung geschah ursprünglich auf Grund der Erfahrung, daß bei der Anwendung der üblichen Anästhetika der Gleichgewichtssinn gestört wurde und daß die Tiere dann oft gefährliche Stürze taten. In der tierärztlichen Praxis werden Anästhetika einem großen Tier, zum Beispiel einem Pferd, erst dann verabreicht, nachdem es mit Hilfe von Seilen oder

Präparaten wie Scolin in Seitenlage gebracht wurde, denn sonst könnte es wiederholt stürzen und sich dabei erhebliche Verletzungen zufügen oder sogar die Beine brechen. Bei den neuen Medikamentenkombinationen bleibt die Koordination der Bewegung erhalten, und die Tiere stolpern nicht wie bei den meisten auf das Zentralnervensystem wirkenden Substanzen, wie zum Beispiel Barbituraten, die aus diesem Grund nicht verwendet werden. Der Einsatz eines Morphingemisches und die vorsichtige Anwendung eines Gegenmittels führen einen Zustand herbei, der einem Dämmerschlaf ähnlich ist. Dadurch wird das Tier völlig willenlos und ruhig, bleibt aber physiologisch gesehen fast normal.

5

Eine genaue Kontrollierbarkeit des Immobilisationsgrades bei Verwendung von Morphin und dem entsprechenden Gegenmittel ist sonst nur durch Tranquilizer zu erreichen. Diese Tranquilizer eignen sich zwar nicht für den Tierfang selbst, wohl aber sind sie den Morphinen weit überlegen, wenn es gilt, bereits gefangene Tiere zu beruhigen.

Wenn wir annehmen, daß die narkotisierende Morphinwirkung durch das entsprechende Antidot völlig aufgehoben wird, erhebt sich die berechtigte Frage: Warum ist der Tranquilizer erst jetzt wirksam, während er, allein verabreicht, keine sichtbare Wirkung haben würde?

Diese Frage kann nur der beantworten, der sich gründlich mit der Physiologie des Nervensystems beschäftigt hat und über die Wirkungsweise chemischer Substanzen auf dieses Organ Bescheid weiß. Es muß hier genügen, festzustellen, daß die Morphine, so wie viele andere Substanzen, zwei Wirkweisen haben, eine erregende und eine beruhigende. Bei manchen Tierarten tritt die erregende Wirkung stärker hervor, bei anderen die beruhigende.

In manchen Lehrbüchern der Pharmakologie wird behauptet, daß Morphin bei Katzen unkontrollierbare Erregung bewirkt. So wie viele andere Behauptungen wird auch diese einfach akzeptiert und von späteren Auflagen immer wieder übernommen. Als ich mich 1961 mit Morphingemischen befaßte, folgte ich einer Eingebung und verabreichte einer bereits mit dem Tranquilizer Largactil vorbehandelten Katze eine Dosis Morphin. Ich arbeitete damals in der Universitätsklinik, da sich die neuen Laboratorien für Physiologie und Pharmakologie erst im Planungsstadium befanden. Als die Katze nun in einen Zustand völliger Entspannung, ja fast Betäubung geriet, trug ich sie in eine Klasse von Studenten und fragte, welche Mittel ich ihrer Meinung nach dem Tier verabreicht hatte. Viele Vermutungen wurden geäußert, manche waren besser, andere schlechter, aber keine traf zu. Als ich schließlich verriet, daß es hauptsächlich Morphium gewesen sei, gab es eine Aufregung, und wenn ich nicht als guter Lehrer bekannt gewesen wäre, hätte man die Wahrheit meiner Behauptungen sicher bezweifelt.

Dies zeigt, daß man vor allem bei jenen Tierarten, die auf Morphin mit Erregung reagieren, einen Tranquilizer mit hinreichend dämpfender Wirkung zum Zweck des Ausgleichs braucht.

Bei der medikamentösen Immobilisation von Wildtieren sind Tranquilizer oft fehl am Platz. An sich kann ihre Wirkung als ein zunehmendes Zusammentreffen günstiger Umstände definiert werden. Man könnte auch sagen, daß die Tranquilizer am besten bei ohnedies ruhigen Tieren wirken. Bei Tieren in Gefangenschaft existiert dieses Problem kaum, da man täglich kleine Mengen in die Nahrung mischen kann, bis der kumulative Effekt zur Folge hat, daß die verabreichte Dosis immer wirksamer wird und man genaugenommen ein bereits stark gedämpftes Tier sediert. Gehetzte Wildtiere können ganz anders reagieren, wenn der Tranquilizer wegen bestehender Erregung unwirksam wird. Durch Morphin wird die Situation vollends unkontrollierbar. Als ich dies schrieb, hatte man noch keinen idealen Tranquilizer gefunden. Heute gibt es einige ausgezeichnete Präparate, die gründlich getestet wurden. Ein guter Tranquilizer muß stark und schnell wirken. Er muß hoch konzentriert sein, damit er ebenso schnell resorbiert wird, wie das äußerst wirksame Etorphin (M 99), das heute allgemein beim Großwildfang Verwendung findet.

Gleichzeitig sollte eine derartige Substanz, wenn sie allein verabreicht wird, nicht zur völligen Hilflosigkeit des Tiers führen. Wenn man ein Gegenmittel gegen Morphin oder gegen ein synthetisches Morphin verabreicht, dann muß das betreffende Tier in den Normalzustand zurückkehren und imstande sein, wieder auf eigenen Beinen zu stehen. Das ist heute besonders wichtig, wenn Tiere bald nach dem Einfangen wieder freigelassen und die Morphine in immer stärkerem Maße bei Forschungsarbeiten verwendet werden, die sich mit Markieren und Messen von Tieren, mit der Entnahme von Blutproben, mit physiologischen Messungen der Herztätigkeit, des Blutkreislaufs und den Reaktionen auf die Umwelt befassen.

11. ZU NEUEN HORIZONTEN

I

Auch im Krüger-Nationalpark war man an unseren medikamentösen Immobilisierungsmethoden interessiert. In diesem Reservat bemühte man sich, wie überall sonst auch, möglichst viele Informationen über lebende Tiere zu erarbeiten; die neuentwickelten Fangmethoden konnten das erheblich erleichtern. Das neue Präparat M 99 ermöglichte es nun auch, die bisher schwer erreichbaren erwachsenen Elefanten zu fangen. Im Dezember 1963 flog ich hin, verbrachte zwei ereignisreiche Wochen als Gast der Aufsichtsbehörde des Krüger-Parks und erhielt so einen ausgezeichneten Überblick über die dortigen Wildbestände, darunter verschiedene Arten, mit denen ich bis dahin noch nicht gearbeitet hatte, wie zum Beispiel Rappenantilopen und große Kudus.

Der Krüger-Nationalpark war von Pionieren des Wildschutzes, darunter vor allem Oberst J. Stevenson-Hamilton, nach jahrelangen intensiven Bemühungen geschaffen worden. Zur Zeit der Sudankriege war er als junger Mann nach Afrika gekommen. Damals hatte er sich in diesen Kontinent verliebt und beschlossen, wieder dorthin zurückzukehren. Im Jahre 1902 erklärte die Regierung unter Paul Krüger ein bestimmtes Territorium zum Wildschutzgebiet, das unter dem Namen Sabie-Wildreservat bekannt wurde. Das Wild war damals hauptsächlich von Jägern und Wilderern bedroht, und Oberst Stevenson-Hamilton sowie sein Kollege und Freund Harry Wolhuter mußten feststellen, daß dort, wo sie ihr Hauptquartier aufschlugen, von Wildtieren kaum etwas zu sehen war. Dieses heute als Skukusa bekannte Gebiet wurde zum Mittelpunkt des blühenden und weltbekannten Krüger-Nationalparks. Skukusa war der Name, den die dort lebenden Eingeborenenstämme Oberst Stevenson-Hamilton gaben, und er bedeutete «Der Mann, der alles veränderte».

Ein weniger bedeutender Mensch hätte sicherlich versagt. Als er im Alter von fünfunddreißig Jahren die Stellung eines Wildaufsehers des Sabie-Wildreservats annahm, wimmelte die Gegend von Wilderern, die Mensch und Tier gleichermaßen bedrohten, die Tiere, um Fleisch und Trophäen zu erbeuten, die Menschen, um ihnen das in den Goldminen geschürfte Metall abzunehmen. Schließlich kehrten Ruhe und Ordnung im Sabie-Reservat ein, doch waren die Schwierigkeiten noch keineswegs überwunden. Es folgte ein langer Kampf mit den habgierigen Viehzüchtern, die das Land als Weidegründe beanspruchten, und mit den Jägern, die jagen wollten. Die schlechten Zeiten kehrten wieder, als Oberst Stevenson-Hamilton von 1914 bis 1918 zum Kriegsdienst berufen wurde. Das Reservat wurde erst 1926 offiziell und endgültig zum Nationalpark erklärt und auf 20720 Quadratkilometer erweitert. Damit gehörte es zu den größeren Wildschutzparks Afrikas, umfaßt aber nur einen Bruchteil der Gesamtfläche Südafrikas, ein kleines Gebiet, das jenen Tieren zugewiesen wurde, die früher das ganze *veld* durchzogen, bis der Mensch kam und sie mutwillig tötete. Oberst Stevenson-Hamilton war vierundvierzig Jahre lang Wildaufseher des Krüger-Nationalparks und trat erst 1946 im Alter von siebenundsiebzig Jahren in den Ruhestand. Mit seinen Leistungen verwirklichte er den Traum seines Lebens in einer Weise, wie es nur wenigen Menschen vergönnt ist.

Meine Einladung erfolgte durch A. M. Brynard, den Konservator des Parks. Wir waren schon früher einmal in Europa zusammengetroffen, und ich war damals von der tiefen Hingabe beeindruckt gewesen, mit der er sich der Förderung der Wildforschung widmete und sich darum bemühte, die Leitung des Parks auf eine vernünftige wissenschaftliche Grundlage zu stellen. Während meines Aufenthalts im Krüger-Park arbeitete ich vor allem mit dem Chefbiologen U. de V. Pienaar zusammen und wurde dabei in vorbildlicher Weise von mehreren Tieraufsehern und Biologiestudenten unterstützt, die unter dem Veterinär des Parks, Johan van Niekerk, arbeiteten. Dieses Team von Menschen verschiedenartiger Ausbildung und verschiedenartiger Erfahrungen arbeitete ausgezeichnet zusammen, weil es von Begeisterung und Entschlossenheit erfüllt war. Ich war schon einige Jahre zuvor hier gewesen und hatte damals verschiedene Fragen der medikamentösen Immobilisation mit dem Parkdirektorat besprochen. Seither hatte sich die Einstellung des Parkpersonals in dieser Frage merklich gewandelt, und ich bemerkte nun eine wesentlich fortschrittlichere Haltung und größeres Interesse an einer wissenschaftlich fundierten Organisation des Parks. Ich fühlte mich als Angehöriger des Teams, als wissenschaftlicher Kollege, der sich um die Lösung von Problemen bemüht, die alle mit dem Wildschutz in Afrika beschäftigten Menschen bewegten. Darüber freute ich mich besonders, denn die Probleme der Erhaltung der Tierwelt sind an sich schon groß genug, ohne daß man sie durch künstlich geschaffene politische Hindernisse und Vorwände, wie verschiedene Sprachen und Sitten, noch komplizierter macht.

Das ist auch die Ansicht der meisten echten Wissenschaftler, eine Haltung, die mich besonders beeindruckt hatte, als ich vor vielen Jahren ein schönes und lehrreiches Jahr lang in Deutschland Pharmakologie studierte. So wie viele andere Menschen meiner Generation hatte ich fünf Jahre lang direkt oder indirekt gegen ein Volk gekämpft, das mit meinem eigenen eng verwandt ist. Es war eine freudige Überraschung und eine eindrucksvolle Erfahrung, als ich unter meinen wissenschaftlichen Kollegen Männer kennenlernte, die freundlich, rücksichtsvoll und hilfreich waren. Viele von ihnen verfügten über ein weit größeres Wissen als ich. Daß man uns einmal dazu aufgerufen hatte, mit allen zur Verfügung stehenden Vernichtungswaffen gegen Menschen wie diese zu kämpfen – wenn auch aus Gründen der Selbstverteidigung –, erschien mir so unsinnig, daß ich ein tiefes Mißtrauen gegen politische Phrasen entwickelte, das von den seither in der Welt eingetretenen Ereignissen weiter verstärkt wurde.

2

Die chemische Verbindung war bereits eingetroffen, sie war direkt von der englischen Herstellerfirma, Reckitts & Sons in Hull, gesandt worden. Man hatte hier bereits einige Versuche an einem Rudel von Schwarzfersenantilopen vorgenommen, doch hatten die Ergebnisse enttäuscht. Die Verbindung erwies sich als besonders schwer löslich, nämlich nur mit einem Milligramm pro Kubikzentimeter Wasser, und was noch ärger war, sie hatte offenbar einen geringen Wirkungsgrad. Das schien im Gegensatz zu den in Ostafrika gewonnenen Erfahrungen zu stehen und verhieß wenig Gutes für den Elefantenfang, der unser wichtigstes Vorhaben war.

Glücklicherweise hatte ich für alle Fälle auch eine geringe Menge dieser Substanz aus Kenia mitgebracht. Ihre einwandfreie Wirkung führte zur Wiederherstellung des Vertrauens, der guten Laune und der Begeisterung unserer Mannschaft. Wir trieben ein wenig Chemie und entdeckten, daß die neueingetroffene Sendung der Präparate mit etwas Säure gelöst werden konnte und daß das Schmiermittel des Spritzenkolbens an der geringen Wirkung schuld war.

Meine Frau und die Kinder hatten mich auf dieser Reise begleitet, um beim Tierfang zuzusehen und die Freuden des Lebens im Busch zu genießen, etwas, das wir bei späteren Gelegenheiten noch öfter unter erheblich primitiveren Campingbedingungen in den verschiedensten Gegenden Afrikas praktizieren sollten.

Diesmal waren wir allerdings in einigen kleinen Hütten, sogenannten *bandas*, im Hauptlager untergebracht. Jeden Morgen fuhren wir hinüber zu dem kleinen Labor und dem Verwaltungsbüro, wo wir das Team meist schon fahrbereit vorfanden. Unser kleiner Konvoi folgte weniger benützten Straßen. Im ersten Wagen befanden sich der Fahrer, der Scharfschütze und im Fond die Gehilfen, der nächste Wagen transportierte die für Wägungen erforderlichen Ausrüstungsgegenstände sowie einige Wildaufseher und Spurensucher. Im dritten Wagen befanden sich der Pressereferent Dave Stegman mit Kamera und Notizbuch, meine Frau, die als Tierärztin zur Obertemperaturmesserin ernannt worden war, und einige andere. Disziplin und Zusammenarbeit waren ausgezeichnet, und bald wurde die Anzahl der gefangenen Tiere größer und größer.

Wir befaßten uns planmäßig mit den verschiedenen in diesem Park lebenden Arten, begannen mit jenen, die – wie ich wußte – leichter zu fangen waren, wie Zebras und Gnus, und gingen dann über zu Giraffen, Halbmondantilopen, Kudus, Wasserböcken und Rappenantilopen und schließlich zu Elefanten. Alle Tiere wurden markiert, nicht nur zu Übungszwecken, sondern auch, um sie später wiederzuerkennen, was zur Feststellung ihrer Lebensdauer wichtig ist. Die Ohrmarken wurden mit bunten Nylonringen versehen, damit das Tier nicht zu übersehen war, wenn es später nach seiner Freilassung verendete oder Raubtieren zum Opfer fiel. Wir mußten unbedingt herausfinden, ob der Tranquilizer bei den wieder freigelassenen Tieren Nachwirkungen zeigte, die sie für Angriffe von Löwen und anderen Raubtieren anfälliger machten. Einige Jahre vorher hatten wir entdeckt, daß die Markierung eingefangener Antilopen mittels bunter Plastikbänder zwecks besserer Kenntlichkeit die Löwen sogar anlockte, so daß sie mehr markierte als unmarkierte Tiere fraßen. Damals hatten wir jedoch Lähmungs-Medikamente verwendet, so daß Benommenheit als Nachwirkung der Tranquilizer in diesem Zusammenhang keine Rolle gespielt hatte.

Die Tiere wurden gewogen, damit wir die zu verordnende Dosis genau bestimmen und in Milligramm pro Kilogramm Körpergewicht angeben konnten. Auf diese Weise wird die Dosierung exakter definiert, als wenn man nur die Gesamtmenge des verwendeten Medikaments notiert hätte, da die Tiere in verschiedenen Gegenden unterschiedlich groß und schwer werden. Die Kenntnis der richtigen Dosis war für unsere Arbeit besonders wichtig, denn davon hing es ab, wie lange ein Tier weiterlaufen konnte und wann wir mit unseren Untersuchungen beginnen konnten. Das Wiegen ermöglichte es uns auch, festzustellen, was die unter dem Einfluß neuer Medikamente stehenden Tiere alles mit sich geschehen ließen. Weiters mußten wir die Wirkung des Gegenmittels prüfen, was ebenfalls nur bei genauer Kenntnis der Gewichte möglich war.

In Fällen von Überdosierung oder nach Beendigung der Untersuchungen zeigte die Verwendung des für Etorphin (M 99) spezifischen Gegenmittels die enormen Vorteile gegenüber solchen Substanzen, deren Wirkung medikamentell nicht reversibel ist.

Ein weiterer Vorteil bestand darin, daß durch die Verabreichung kleiner Mengen des Antidots die Wirkung des Tranquilizers auch teilweise neutralisiert werden konnte. Niedergestürzte Tiere wurden auf diese Weise wieder auf die Beine gebracht, und man konnte dann die Messungen der Widerristhöhe sowie des Brustumfangs exakt vornehmen. Nashörner ließen sich in ihre Transportkisten oder zur Verladung führen. Auf diese Weise war es auch möglich, größere Tiere wie Zebras zu der an einem Baum befestigten Waage zu führen. Das im Krüger-Nationalpark verwendete Gerät bestand aus einer an vier Ketten aufgehängten Gitterplattform und einem Flaschenzug, konnte aber nur montiert werden, wenn genügend Bäume vorhanden waren. Durch teilweises Aufheben des Zustands der Immobilisierung konnten die Tiere aber wieder gehen und ließen sich oft mehrere hundert Meter weit bis zu einem geeigneten Wiegeplatz führen.

Wir erzielten gute Fortschritte. Leider konnte ich mich nur zwei Wochen lang im Krüger-Park aufhalten, und das Team wollte verständlicherweise in der verfügbaren Zeit soviel Arbeit wie möglich leisten. Fast jedes Tier bietet im Zusammenhang mit dem allgemeinen Problem des Einfangens und der Wiederbelebung neue Aspekte. Von jeder neuen Art muß man mehrere Exemplare einfangen, ehe man die für sie geeigneten Methoden erarbeiten kann, vor allem, wenn es sich um Arten handelt, die bisher noch niemals immobilisiert worden waren, zumindest nicht mit der von uns verwendeten Droge.

3

Bald kam der Tag, an dem wir uns an unseren ersten Elefanten heranwagen wollten. Ich hatte wenig Erfahrung mit der Anwendung von M 99 bei Elefanten, und wir sahen den kommenden Ereignissen mit großer Spannung entgegen. Vor kurzem hatten wir einen großen Kudu gefangen, der, so wie auch die Nyalas und die Elenantilopen, verkrampft mit steifen Schritten weiterzugehen versuchte. Die Antilope war zwar so weit benommen, daß sie nicht fliehen konnte, doch gelang es nur mit Schwierigkeiten, das Tier einzufangen. Auch solche Antilopen läßt man am besten gegen ein in Brusthöhe aufgespanntes Seil laufen; man kann sie dann ohne weiteres festhalten. Allerdings erhoben sich gewisse Zweifel, ob das bei einem erregten Elefanten auch möglich ist.

Glücklicherweise ist aber der Elefant nicht so erregbar wie eine Antilope. Er gehört vielmehr zu jenen Tieren, bei denen die Immobilisierung ohne Zusatz eines Tranquilizers erfolgen kann. Die für einen Elefanten erforderliche Tranquilizermenge wäre ohnehin so groß, daß eine Verabreichung schwer durchzuführen wäre. Unter den gegebenen Umständen genügten 4 bis 5 Milligramm M 99, eine Menge, die, in einem Kubikzentimeter Wasser gelöst, injiziert werden konnte.

Wenn man Dimethylsulphoxyd (DMSO) als Lösungsmittel benützt, genügt ein noch geringeres Volumen. Da die Injektionsspritze 2 bis 3 Kubikzentimeter faßte, füllten wir den Rest mit physiologischer Kochsalzlösung oder der Lösung eines Tranquilizers auf, denn eine halbvolle Injektionsspritze fliegt nicht sehr gut. Damals war das heute bei Elefanten allgemein übliche Gegenmittel Cyprenorphin oder M 285 noch nicht verfügbar, so daß wir mit Nalorphin (Lethidron) vorliebnehmen mußten, das sich seit Jahren als Antidot bei der Morphin-Immobilisation der Nashörner bewährt hatte. Obwohl es bei Antilopen ausgezeichnet wirkte, war seine Anwendung infolge der erforderlichen Mengen bei größeren Tieren jedoch zu teuer. Außerdem war es dem M 285 an Wirkung unterlegen.

Die Wirkung des Nalorphin beruht auf einer kompetitiven Verdrängung des Morphins beziehungsweise der morphinartigen Substanzen aus den Rezeptoren im Gehirn. Das ist möglich, weil die Struktur von Nalorphin jener der erwähnten Substanzen gleicht, jedoch nicht deren narkotische Wirkung besitzt.

Das bedeutet gleichzeitig, daß für die Wirkung ein entsprechender Blutspiegel, das heißt eine bestimmte Konzentration des Gegenmittels im Blut der Tiere, erforderlich ist; soll die erwünschte Wirkung eintreten, so ist für eine bestimmte Menge Morphin das gleiche Quantum Nalorphin erforderlich. Einem 2500 Kilogramm schweren Nashorn muß daher zehnmal soviel verabreicht werden wie einem 250 Kilogramm wiegenden Zebra. Da das Nalorphin ursprünglich für die Humanmedizin entwickelt wurde, erwiesen sich die für Tiere notwendigen Mengen als äußerst kostspielig. Dazu kam noch, daß das Präparat bei Elefanten doch nicht die volle Wirkung entwickelte, entweder weil wir nicht genügende Mengen des Mittels hatten oder aus anderen Gründen, und so mußten wir verschiedene andere Wiederbelebungsmethoden anwenden. Dem Elefanten wurden geringe Mengen von M 99 zusätzlich gegeben, um ihn auf den Beinen zu halten. Bei einem liegenden Elefanten treten infolge des enormen Körpergewichts innerhalb kurzer Zeit Kreislaufstörungen in Erscheinung, die zu Schock oder zum tödlichen Lungenödem führen. Wenn er aber auf eigenen Beinen steht, wird das Medikament, nachdem er etwa eine Stunde lang benommen oder schlafend zugebracht hat, vom Organismus ausgeschieden. Zudem besteht beim Elefanten keine Gefahr, daß er in diesem Zustand von Feinden gefressen wird, was bei einer Antilope durchaus geschehen kann. Eine verhältnismäßig kleine Menge Nalorphin, die zu gering wäre, um einen liegenden Elefanten wieder auf die Beine zu bringen, genügt, um einen stehenden Elefanten in einem angenehm angeheiterten, aber ansonsten unbehinderten Zustand wegtrotten zu lassen.

Die Verabreichung derartig kleiner Mengen von M 99 an Elefanten hat jedoch auch einige Nachteile, zum Beispiel dauert es verhältnismäßig lange, bis das Tier stehenbleibt. Auch ist es, vor allem im Wald oder dichten Busch, nicht ungefährlich, sich einem stehenden Elefanten zu nähern. Leider ist nur schwer festzustellen, ob ein Elefant wirklich narkotisiert ist oder nur ein Schläfchen hält und in Ruhe gelassen werden möchte. Andere Tiere flüchten, wenn man sich ihnen nähert, der auf seine Stärke vertrauende Elefant hingegen wird einfach einschlafen, aber äußerst verärgert sein, wenn man ihn stört, und schnell Vergeltung üben, wenn der Störenfried in Reichweite ist.

Wir wählten einen großen Elefanten als unser erstes Objekt. Ein kleineres Exemplar wäre uns lieber gewesen, doch befanden sich die meisten davon bei der Herde. Mit einzelnen Bullen wird man leichter fertig als mit Tieren, die von zahlreichen hilfsbereiten Artgenossen umgeben sind. Wir verabreichten unserem Elefanten eine Dosis von 3,5 Milligramm M 99. Das hatte zur Folge, daß er in einem riesigen Kreis von etwa eineinhalb Kilometer Durchmesser zu wandern begann, aber nicht stehenblieb. Nach Verabreichung eines weiteren Milligramms blieb er auf der weiten, grasbedeckten Ebene stehen. Wir hielten uns in respektvoller Entfernung. Bald konnten wir an ihn herantreten und die beiden Injektionsspritzen entfernen, die Messungen vornehmen und eine Ohrmarke anbringen. Armreifen aus Elefantenschwanzhaaren haben sich unter den Wildaufsehern immer schon großer Beliebtheit erfreut, und ich muß mit Bedauern vermelden, daß die Schwanzquaste unseres Tiers bald sehr ausgefranst war.

Immerhin, wenn ein Armband aus Elefantenhaaren, die einem toten Tier ausgerupft werden, Glück bringt, wie groß muß das Glück sein, wenn die Haare von einem lebenden Tier stammen! Sue hielt sich klugerweise abseits. Mit seinen wedelnden, segelartigen Ohren war der fast vier Meter große Elefant eindrucksvoll genug, um jeden einzuschüchtern. Bei anderer Gelegenheit hatte sie sich überreden lassen, sich auf einen zwar immobilisierten, aber auf eigenen Beinen stehenden Nashornbullen zu setzen. Sie war offenbar keineswegs von dem Gedanken begeistert, dies auf einem Elefanten zu wiederholen. Die meisten Mitglieder der Mannschaft ließen sich mit der Trophäe fotografieren. Dave Stegman, unser Pressereferent, der eigentlich nicht zu den Mittätern gerechnet werden konnte, wurde so weit gebracht, daß er mit ausgestrecktem Arm die Hinterbacken des Elefanten berührte. Tol Pienaar stand mit geladenem Gewehr wachsam daneben. Die Notwendigkeit einer solchen Vorsichtsmaßnahme stellte sich später einmal in Kenia heraus, wo ein böser Unfall hätte vermieden werden können, wenn man entsprechende Vorsichtsmaßnahmen getroffen hätte. Schließlich gaben wir unserem sechstausend Kilogramm schweren und mit zwei je vierzig Kilogramm schweren Stoßzähnen geschmückten Freund eine Dosis Nalorphin, worauf er sich mit einer trotzigen Bewegung seines Hauptes in den Schatten des nächstgelegenen Dickichts zurückzog.

Seit das Präparat M 285 zur Verfügung steht und die Neutralisierung des M 99 bei Elefanten damit kein Problem mehr darstellt, wird M 99 nunmehr in größeren Mengen verabreicht, so daß die Elefanten niedergehen, anstatt stehenzubleiben. Wenn sie auf die Brust niedersinken, zieht sie Tol mit Hilfe des Land-Rovers in Seitenlage, da man aus Erfahrung weiß, daß sie in der Brustlage nicht lange überleben. Im Krüger-Nationalpark sind bisher über fünfzig Elefanten betäubt und markiert worden, viele werden in naher Zukunft folgen. Seit die Bewegungsfreiheit der Elefanten stark eingeschränkt wurde, werden sie zu einem immer größeren Problem. Es scheint, daß sie mehr Bäume vernichten als je zuvor, gleichsam aus Verzweiflung über den Entzug ihrer Freiheit, die es ihnen einst ermöglichte, ungeheure Entfernungen auf dem afrikanischen Kontinent zurückzulegen.

Einst gab es die großen Wanderstraßen der Elefanten durch das östliche *veld* nach Portugiesisch-Ostafrika, weiter durch Luangawa bis zum Usambara-Gebirge in Tansania und weiter über den Tanafluß hinweg zu den alten Jagdgründen von Karamoja Bell, und von dort zweifellos weiter bis zum Kongo. Da den Elefanten nicht mehr genügend Raum gelassen werden kann, ist es um so wichtiger, durch entsprechende wissenschaftliche Untersuchungen die Bedürfnisse der Elefanten zu erforschen. Das war auch der Zweck unserer Arbeit mit den Elefanten des Krüger-Parks.

4

In dieser Zeit wurde ich mit Terry Reilly bekannt und konnte einige Tage auf seinem prächtigen kleinen Wildschutzgebiet in Swaziland verbringen. Terry Reilly hatte sich seine Sporen als Wildaufseher in Kafui und Kariba erworben. Als er heimkehrte, um die Farm seines Vaters zu übernehmen, wurde ihm klar, daß es in ganz Swaziland kein Wildreservat gab. Wie er erzählte, waren von den Schwarzfersenantilopen, die er zur Aufstockung des Wildbestandes seiner Farm einfing, etwa vierzig Prozent verwundet, was zeigte, in welchem Ausmaß das Wild in diesem Teil Afrikas gehetzt und vernichtet wurde.

Viele der nun in Mlilwane lebenden Tiere hatte man aus Gebieten herbeigeschafft, die bis zu 1600 Kilometer entfernt waren, da die Tiere in näher gelegenen Gebieten zu wild oder zu selten waren. Terry entwickelte seine Methode so weit, daß er bis zu zwölf Zebras pro Tag fangen konnte. Als einfallsreicher Mann entdeckte er eine Transportmöglichkeit, die Verluste praktisch ausschloß.

1962 umfaßte die Farm nur etwa viereinhalb Quadratkilometer, doch wurde dieses Schutzgebiet durch Landgeschenke angrenzender Gebiete auf fast 40 Quadratkilometer erweitert und wird wahrscheinlich bald noch weiter wachsen. Sein Farmgelände und die umliegenden Gebiete sind besonders wertvoll, weil sie zum einzigen Teil des Landes gehören, in dem sowohl die Arten höher gelegener Gebiete als auch Tiere des *velds* gleichzeitig gedeihen können. Mit eigenem Geld und größtenteils mit eigenen Händen errichtete er einen etwa 2,50 Meter hohen Zaun um dieses Gebiet und begann mit dem Einfangen von Wild dort, wo es noch welches gab und er die Fangerlaubnis erhielt, und brachte so einen Zuchtbestand zusammen. Im Juni 1964 wurde das Wildschutzgebiet Mlilwane offiziell gegründet und von Mrs. Hilda Stevenson-Hamilton feierlich eröffnet, die die Mühen und Plagen eines solchen Unternehmens besser kannte als sonst jemand.

Zweiundzwanzig Arten von Huftieren wurden auf Mlilwane angesiedelt, darunter Oribis (Bleichböckchen), Kudus, Giraffen, Rehböcke*, Klippspringer, Schilfböcke, Bleßböcke, Nyalas, Kuhantilopen, Elenantilopen, Schwarzfersenantilopen, Springböcke, Wasserböcke, Hirschenantilopen, Buschböcke, Gnus, Zebras, aber auch andere Tiere wie Warzenschweine, Ducker und Strauße. Alle waren erst eingefangen und in das Schutzgebiet transportiert worden. Später kamen noch weitere Giraffen, Flußpferde, Nashörner und sogar Krokodile hinzu sowie auch kleinere Raubtiere wie Servale und Ginsterkatzen.

Terry schonte weder sich noch andere, die kühn genug waren, sich ihm anzuschließen. Eines Tages erwähnte er, daß er gerade wegfahren wolle, um Kudus zu fangen, und ich war unvorsichtig genug, zu ihm in den Land-Rover zu steigen. Da er kein Gepäck bei sich hatte, kam es mir nicht in den Sinn zu fragen, wie lange wir ausbleiben würden. Nach drei Tagen ohne Zahnbürste, Rasierapparat und frischer Wäsche wurde ich einigermaßen unruhig, vor allem als sich herausstellte, daß Terry nur einmal am Tag aß und schlief, indem er sich einfach fester in den Mantel wickelte, den er anhatte, und sich irgendwo hinlegte. Später hörte ich, daß eine Gruppe junger Männer, mit denen er ebenso umgesprungen war, schließlich per Autostopp zurückkehren wollten, aber von niemandem mitgenommen wurden, weil sie zu dieser Zeit schon höchst unappetitlich aussahen.

Obwohl wir vorwiegend mit M 99 arbeiteten, wurden doch viele Tiere auch mit Terrys Spezialmethode gefangen, die darin bestand, daß er zum Beispiel ein Gnu zum Angriff reizte und ihm, knapp bevor es ihn auf die Hörner nahm, seinen Mantel über den Kopf warf. Terry

* Der Rehbock Südafrikas, eine Antilopenart, ist ein enger Verwandter der Riedböcke; er erreicht die Größe eines Rehs.

erklärte, er habe diese Methode durch Zufall entdeckt. Man berichtete auch, daß er einmal eine ganze Nacht lang mit einem Flußpferdbullen gekämpft habe, den er bei Sonnenuntergang mit einer Seilwinde eingefangen hatte, aber vor Einbruch der Dunkelheit nicht mehr heimbringen konnte: War der Strick gespannt, wurde Terry über Stock und Stein geschleift, wurde er locker, wußte Terry, daß er um sein Leben laufen mußte. Nach zwölfstündigem Ringen konnte er das Flußpferd schließlich überwältigen. Seither sind mehrere Jahre vergangen, das Mlilwane-Gebiet wird immer größer und erhält finanzielle Unterstützung aus Übersee und hat Einnahmen durch die nun zahlreich anreisenden Besucher. Ferner hat König Subhusa von Swaziland nicht nur rund 80 Quadratkilometer eigenen Landes auf der hundertfünfzig Kilometer entfernten Stegi-Ebene zum Tierschutzgebiet erklärt, sondern Terry auch zum Wildaufseher ehrenhalber ernannt, damit er mithelfe, dieses Gebiet zu schützen. Nun werden dort erstmals die Gesetze gegen Wilddiebstahl beachtet.

5

In den folgenden Jahren hat mich Tol Pienaar stets über die Fortschritte beim Tierfang genau auf dem laufenden gehalten, und wir sollten noch häufig bei Konferenzen in verschiedenen Teilen der Welt zusammenkommen. Terry Reilly wurde auch vom Krüger-Nationalpark und von den Natal-Parks unterstützt, was allen Beteiligten zugute kam.

Tol Pienaar und Ian Player haben mit großem Fleiß die Ergebnisse ihrer Arbeiten in ihren Parks zusammengetragen, die dann die Grundlage für viele in anderen Gebieten durchgeführte Arbeiten bildeten. Gute Fortschritte wurden auch in einem Wildschutzgebiet am Kap und in Etosha Pan in Südwestafrika von meinem Freund, dem Tierarzt Hymie Ebedes, beim Fang der südafrikanischen Baisa erzielt, dem «Gamsbock» der Buren, einer Oryx-Antilope. Frühere Versuche, sie mit M 99 zu fangen, hatten sich als äußerst schwierig erwiesen. Seine neuesten Berichte zeigen, daß über fünfzig Exemplare zu Markierungs- und Untersuchungszwecken eingefangen worden sind und man nun, nachdem man das geeignete Mengenverhältnis von M 99 und einem Tranquilizer gefunden hatte, die Fangtechnik ausgezeichnet beherrschte. Als wir Hymie Ebedes anläßlich einer Konferenz der *South African Veterinary Medical Association* im Dezember 1964 trafen, konnten wir diese Fragen ausführlich besprechen.

Die bei der Arbeit mit den Elefanten im Krüger-Park erzielten Ergebnisse sollten sich als äußerst wertvoll erweisen, als wir 1967 mit

Unterstützung des Entwicklungsprogramms der Vereinten Nationen und der FAO in großem Umfang systematische Markierungen in Kenia vornahmen.

12. HIER SPRICHT DER SENDER «GIRAFFE»

I

«Es kann wannenförmig oder eben sein, oder wie ein Sessel aussehen», sagte Dr. Lister in Edinburgh anläßlich einer Diskussion über die Struktur des Morphinmoleküls, dessen chemische Strukturformel drei in Form eines Bogens zusammengeführte Sechserringe enthält.

Das Morphinmolekül war bereits seit Jahren Gegenstand wissenschaftlicher Untersuchungen gewesen. Morphin ist noch immer eine der zur Schmerzstillung am besten geeigneten Substanzen, hat aber den Nachteil, suchtbildend zu wirken. Die Chemiker bemühten sich um die Entwicklung eines synthetischen Präparates, das volle Morphinwirkung hat, ohne süchtig zu machen. In jahrelangen Forschungsarbeiten hatte man zunächst versucht, durch Vereinfachung des Moleküls eine Restsubstanz ohne die unerwünschten Eigenschaften des Morphins zu erreichen.

Dieser Traum erfüllte sich nicht, und man ging nun daran, das Molekül durch Substitution bestimmter Gruppen zu erweitern.

Diese neuen Forschungen beruhten auf der Annahme, daß die Wirkung verschiedener Substanzen auf das Gehirn von ihrer Molekularstruktur abhängt. Das Gehirn würde infolgedessen über bestimmte Rezeptoren verfügen, denen sozusagen die Rolle von Schlüssellöchern zukäme. Jeder in einen dieser Rezeptoren passende Schlüssel würde eine bestimmte Wirkung erzielen. Der Morphin-Schlüssel paßt aber in zwei Schlüssellöcher, eines, das zur Schmerzlinderung führt, und ein zweites, das Sucht auslöst. Wenn man nun dem Bart des Schlüssels zusätzliche Zacken anfügt, könnte es sich ergeben, daß er nur noch in eines der beiden Schlüssellöcher paßt.

Auf diesen Überlegungen beruhten die Forschungsarbeiten von Dr. Bentley, Dr. Hardy und Dr. Lister, die bei der Firma Mcfarlane in Edinburgh tätig waren. Diese drei Chemiker haben das Ziel ihrer Bemühungen bisher noch nicht erreichen können, obwohl ihnen im Lauf ihrer schwierigen Forschungsarbeiten einige bedeutende Entdeckungen gelangen, die den Pharmakologen große Rätsel aufgegeben haben. Wenn man nämlich der molekularen Grundstruktur bestimmte Seitenketten hinzufügt, hat das nicht einfach eine Änderung ihrer Affinität zu bestimmten Rezeptoren zur Folge, sondern macht die Substanz erheblich wirksamer. Während manche chemische Eingriffe die Grundsubstanz nur wirkungslos machen, führen andere zum Entstehen neuer Substanzen, die bis zu zehntausendmal wirksamer sind als Morphin.

Im Jahre 1963 sollte mich John Bligh vom Babraham-Institut für Tierphysiologie besuchen, um mit mir gemeinsam telemetrische Untersuchungen über die Temperaturregulation wild lebender Säugetiere Ostafrikas durchzuführen. John war ein betont methodischer und äußerst fähiger Wissenschaftler, der nichts dem Zufall überließ und darauf bestand, daß alle Vorbereitungen abgeschlossen sein müßten, ehe er mit der eigentlichen Arbeit begann. Aus diesem Grund erkundigte er sich schon lange vorher schriftlich bei mir, welche Substanzen er zum Einfangen der von ihm erwähnten Tiere mitbringen solle. Er war sichtlich bestürzt, als ich ihm antwortete, daß die besten Präparate wie Themalon ebenso wie Morphin auf der Suchtgiftliste standen. Die erforderlichen Mengen schienen ihm ungeheuerlich, und er machte sich große Sorgen wegen Import- und Exportvorschriften.

Er besprach die Angelegenheiten mit seinem Chef, dem inzwischen verstorbenen Sir John Gaddum, der damals wohl zu den größten Pharmakologen seiner Zeit zählte. Sir John überlegte kurz und schlug dann vor, daß wir die neuen, höchst wirksamen morphinartigen Substanzen verwenden sollten, die gerade auf den Markt gekommen waren. Dieser Vorschlag eröffnete der Forschung völlig neue Möglichkeiten, die im Rahmen der von uns geplanten Temperaturmessungen erprobt werden konnten. Durch das Entgegenkommen der Chemiker der Erzeugerfirma Macfarlane konnte John einige der heute bereits enorm erweiterten Serie neuer Substanzen mitbringen. Sie gehörten alle zu der mit M bezeichneten Reihe, darunter die laufenden Nummern 99 bis 183.

Nun war keine Sondergenehmigung mehr erforderlich. John brachte geringe, aber für unsere Zwecke völlig ausreichende Mengen der drei Verbindungen und das Standardgegenmittel für Morphin, Lethidron, nach Nairobi. Alles zusammen wog nicht mehr als zehn Gramm.

Versuche mit Büffeln und Eseln erwiesen sofort die ungeheuren Möglichkeiten der neuen Substanzen und ihre Vorteile gegenüber den bisher angewandten synthetischen Morphinen. Unsere Aufgabe war es nun, die Wirksamkeit der drei Substanzen zu ermitteln, herauszufinden, welche die beste war, und mit welchen Tranquilizern die bestmöglichen Immobilisierungsgemische zu erreichen waren. Bald zeigte sich, daß nur die beiden Substanzen M 99 und M 183 in die engere Wahl kamen. Später entschieden wir uns für M 99, das erheblich rascher wirkte und keine Nebenerscheinungen – wie vermehrten Speichelfluß – verursachte.

M 99, später Etorphin genannt, wurde unser Standardpräparat zur medikamentösen Immobilisierung. Acetylpromazin erwies sich als ein starker und wirksamer Tranquilizer, der sich mit M 99 gut mischen ließ, ohne dabei dessen Löslichkeit zu vermindern. Auch Hyoscin wurde, wie in früheren Immobilisierungsgemischen, hinzugefügt.

Bald fanden wir heraus, daß M 99 auch bei den größten Elefanten ebenso wirkte wie Themalon bei kleinen. Auch bei Antilopen war es erheblich wirksamer als Themalon.

Als ich im September gebeten wurde, in Pretoria einen Vortrag über Neuroleptanalgesie zu halten, erwähnte ich das neue Präparat nur am Rande, da damit bis dahin keine systematischen Untersuchungen durchgeführt worden waren. Dennoch verbreitete sich die Kunde von der neuen Substanz mit Windeseile durch ganz Afrika, und ich wurde durch eine Flut von Briefen in Verlegenheit gesetzt, in denen ich um Informationen gebeten wurde, die ich nicht besaß, und um M 99-Muster, die aufzutreiben ich mich selbst bemühte.

John Bligh hatte nämlich nur eine geringe Menge mitgebracht, die ja nur für den zu erwartenden Bedarf einer bestimmten Versuchsreihe gedacht war. Davon war das M 99 nur ein Teil, und selbst von dieser geringen Menge hatte ich noch ein wenig Cecil Luck zugehen lassen, der in Uganda von meinen Versuchen gehört hatte und verständlicherweise auch etwas haben wollte. Die Frage war nun, wie man mehr bekommen könnte. Ich benötigte einen Kurier, da die britischen Gesetze die Ausfuhr auf dem Postweg untersagten, eine Aufgabe, die Professor G. H. Bell in diesem Jahr in vorbildlicher Weise übernahm.

George Bell war Mitautor eines dicken Lehrbuchs über Physiologie und Biochemie für Studenten der Medizin und Veterinärmedizin. Ich hatte ihn als bedeutenden Physiologen eingeladen, hier in Nairobi an der Veterinärfakultät als Prüfer zu fungieren, und ihn später gebeten, mir 1 Gramm M 99 mitzubringen, eine Menge, die zum Einfangen von tausend großen Nashörnern ausreicht. Er war gern dazu bereit.

George Bell war ein kleiner, fröhlicher, weißhaariger Mann, der zu einer gewissen Fülle neigte. Er hatte die undefinierbare Ausstrahlung eines erfolgreichen Mannes, war aber so bescheiden, daß er seine Karriere mehr glücklichen Umständen als seinen von niemandem angezweifelten Fähigkeiten zuschrieb. Er kam mit jedermann gut aus, und so hatte er auch, bevor er nach Nairobi kam, mit den Chemikern geplaudert, die sich mit den Präparaten der M-Serie befaßten. Bei einem Glas Bier hatten sie ihm allerlei interessante Geschichten erzählt, wie zum Beispiel von einigen Männern, die vor einem Muster von M 99 über dieses Präparat diskutierten, und die der Reihe nach ohnmächtig umfielen, weil sie die minimalen, in der Luft schwebenden Partikel dieser Substanz eingeatmet hatten. George vertraute mir später augenzwinkernd an, daß er sich während des Flugs die größten Sorgen gemacht habe, bei einem Absturz sein Gramm M 99 in die Atmosphäre zu verstreuen. Sollte mir in einem Flugzeug je die Möglichkeit eines Absturzes in den Sinn kommen, wäre allerdings die Sorge, synthetisches Morphin zu verstreuen, sicherlich meine geringste!

2

John Bligh war ein hervorragender Wissenschaftler; sein köstlicher Sinn für Humor und sein scharfer Verstand verbargen sich hinter einem eher unscheinbaren Äußeren. Wir verstanden einander ausgezeichnet, und seine Gesellschaft bereitete mir großes Vergnügen. Irgend etwas an John reizte mich immer wieder, unhaltbare Behauptungen aufzustellen, an die ich selbst nicht glaubte, die er dann mit gespieltem Ernst zerpflückte, so daß uns zufällige Beobachter meist in hitzige Debatten verwickelt sahen, während wir Untersuchungen durchführten. Trotzdem überhörte John keine auch noch so geringe Änderung der Frequenz des eintönigen Summens, das aus unserem Empfänger tönte und eine Übertragungsstörung anzeigte. In einem solchen Fall hörten wir mitten im Satz auf und rannten gleichzeitig in das Zelt, in dem unsere telemetrischen Empfangs- und Aufnahmegeräte aufgestellt waren.

Unser Ziel war die Messung der inneren Körpertemperatur verschiedener Arten afrikanischer Huftiere, doch taten wir es beide aus verschiedenen Gründen. Als Wissenschaftler beschäftigte sich John ausschließlich mit den physiologischen Mechanismen der Temperaturregulation. Ich dagegen interessierte mich für die Art und Weise, in der sich das Tier an seine Umgebung anpaßt, sowie für die pharmakologischen Wirkungen bestimmter Medikamente auf die Körpertemperatur, vor allem also für jene Werte, die in den ersten vierundzwanzig Stunden nach Einführung des elektrischen Fernthermometers in den Tierkörper gewonnen wurden. Innerhalb dieser Zeitspanne lassen die Stoffwechselvorgänge des tierischen Organismus Schlüsse auf den jeweiligen Wirkungsgrad des Immobilisierungsmedikaments bis zu dessen vollständiger Ausscheidung zu.

Das waren nicht meine ersten Temperaturmessungen. Wir hatten bereits früher bei Nashörnern und anderen Säugetieren mit Hilfe eines selbstgebauten Meßgeräts erhebliche Schwankungen der Körpertemperatur festgestellt. Unser einfacher Apparat funktionierte gut. Schwierigkeiten ergaben sich hauptsächlich aus der Länge des Kabels, das die Temperatursonde im Tier mit dem Registriergerät verband. Später stellten wir fest, daß die Anwesenheit von Menschen, Geräusche von Motorfahrzeugen und sogar Flugzeugen Schwankungen der Körpertemperatur verursachten.

Die in Zusammenarbeit mit John Bligh in den Jahren 1963 und 1964 durchgeführten Versuche verliefen ausgezeichnet, viel besser, als wir zu hoffen gewagt hatten, doch handelte es sich dabei erst um Vorarbeiten, bei denen es zunächst mehr um die Erprobung biotelemetrischer Systeme zur Untersuchung von Tieren in freier Wildbahn ging als um die Erforschung physiologischer Regulationsmechanismen. Sie stellten insofern einen Wendepunkt dar, als sie auf den Wert und die praktischen Möglichkeiten radiotelemetrischer Geräte zum Studium der Reaktionen afrikanischer Wildtiere auf Umwelteinflüsse hinwiesen. Weiters stellte unsere gemeinsame Arbeit den Beginn zahlreicher systematischer Versuchsreihen dar, die sowohl an Zootieren als auch an wildlebenden Arten vorgenommen wurden. Voraussetzung für alle derartigen Experimente waren jedoch verläßliche medikamentelle Fangmethoden, so vor allem die Anwendung synthetischer Morphinpräparate wie Etorphin.

Obwohl diese Immobilisationsverfahren noch nicht völlig ausgereift waren und an einer Vereinfachung gearbeitet werden mußte, konnten die Methoden den Biologen und Veterinären doch schon zur praktischen Anwendung im Feld überlassen werden. In meinem Laboratorium wurden aber noch andere Versuche an verschiedenen Haustierarten vorgenommen, um ein besseres Gegenmittel für M 99 zu finden, als es das damals verwendete Lethidron war. Später wurde zu diesem Zweck eine Substanz aus der M-Serie herausgebracht, nämlich M 285, deren Auswirkungen auf Kreislauf und Atmung ebenfalls noch geprüft werden mußten.

3

Die Biotelemetrie war von entscheidender Bedeutung für die Erforschung der Physiologie von Wildtieren. Unsere Untersuchungen wurden hauptsächlich an halbgezähmten Tieren vorgenommen, die in großen Koppeln gehalten wurden oder sich völlig frei bewegen konnten. Später gelang es, biotelemetrische Daten von völlig frei lebenden Tieren zu erhalten, doch wurden die Möglichkeiten der damals verfügbaren Sender insofern überfordert, als man zunächst nur Geräte für jeweils eine Messung zur Verfügung hatte, und oft wußte man nicht, was ein Tier soeben tat, wenn der Empfänger gerade interessante Werte lieferte.

Die Temperaturmessungen ermöglichten einen Einblick in die Reaktionsweise der Tiere bei Einwirkung der heißen afrikanischen Sonne. Die extrem großen Schwankungen der Körpertemperatur wiesen auf einen besonderen Anpassungsmechanismus hin. Man wußte, daß die Leistungen europäischer Rinderrassen unter tropischen Klimabedingungen stark nachlassen. Vergleichende Untersuchungen ergaben, daß die Schwankungen ihrer Körpertemperatur wesentlich geringer waren als die hier beheimateter Wildtiere vergleichbarer Größe, wie zum Beispiel der Elenantilope. Angesichts der Tatsache, daß die Elenantilope seit etwa einer Million Jahre auf den trockenen afrikanischen Hochebenen lebt, wo die Sonnenbestrahlung sehr intensiv ist, nimmt man an, daß sie Schwankungen ihrer Körpertemperatur von vier Grad und mehr vorteilhaft ausnützt: Zweifellos wird bei der Anpassung an hohe Außentemperaturen viel Energie verbraucht. Der unmittelbare Vorteil einer hohen Körpertemperatur wäre daher die langsamere Wärmeaufnahme, da ja der Temperaturunterschied zwischen dem Tierkörper und seiner Umwelt in einem solchen Fall klein und daher das Temperaturgefälle gering wäre. Ein weiterer Vorteil könnte in einem verminderten Wasserverlust gelegen sein: Die Körpertemperatur des Menschen bleibt im allgemeinen selbst bei schwerer Arbeit in heißen Klimazonen konstant, doch wird das nur durch eine enorm hohe Wasserabgabe ermöglicht, die bis zu zwei Liter pro Stunde betragen kann. Die meisten afrikanischen Antilopenarten schwitzen aber nur sehr wenig und haben daher den Vorteil, nur wenig Trinkwasser zu brauchen. Wir fragten uns daher, ob die Schwankungen der Körpertemperaturen afrikanischer Antilopen, Büffel und Nashörner, die uns durch telemetrische Messungen bekannt wurden, der Verminderung des Wasserbedarfs dienen, mit anderen Worten: Verliert das afrikanische Tier weniger Wasser mit Schweiß oder mit der Atemluft, wenn es auf steigende Außentemperatur mit Erhöhung seiner Körpertemperatur reagiert? Um diese Probleme lösen zu können, benötigten wir leistungsfähigere Geräte, die auf mehreren Wellenlängen senden konnten.

Während wir uns in unserer kleinen Elektronikwerkstatt mit diesem Problem herumschlugen, besuchte uns Dr. John Kanwisher von der *Woods Hole Oceanographic Institution* in Massachusetts, der kurz vorher gemeinsam mit dem berühmten Wüstenphysiologen Knut Schmidt-Nielsen gearbeitet hatte. John Kanwisher hatte in Südafrika Strauße mit elektronischen Geräten versehen und freute sich auf die Gelegenheit, bei uns in Kenia die Einrichtungen benützen zu können, die wir auf einer Farm auf der Ebene von Athi errichteten. Bei seiner Abreise konnten wir ihn leicht davon überzeugen, daß sein Gepäck viel zu schwer war und er noch funktionstüchtige Geräte in Nairobi zurücklassen sollte.

Mit Hilfe meines unentbehrlichen Technikers, eines riesenhaften, gutmütigen Schotten, der über geniale Fähigkeiten verfügte, wenn es galt, widerspenstige elektronische Geräte wieder funktionsfähig zu machen, bauten wir diese Teile um, so daß sie unseren Erfordernissen entsprachen. John interessierte sich hauptsächlich für Meeressäugetiere, und seine Geräte waren daher so konstruiert, daß sie unter Wasser verwendet werden konnten. Jedes Gerät war in eine harte, durchsichtige Plastikmasse eingegossen, und das war äußerst unangenehm, denn wenn Störungen auftraten, konnten wir zwar die betreffenden Teile von allen Seiten sehen, aber nicht an sie herankommen. Wenn wir versuchten, die Plastikmasse aufzuschneiden, wurde sie ärgerlicherweise undurchsichtig. Jedenfalls konnten wir mit diesen Geräten zusätzliche Daten gewinnen, die uns sehr nützlich waren.

Später konnten wir bessere Sender mit erheblich größerer Reichweite einsetzen, und empfindlichere Antennen, die einen besseren Empfang zuließen. Dennoch war ein guter Teil der ersten Ergebnisse bei der gleichzeitigen Aufzeichnung von Herz- und Atemfrequenz sowie der Körpertemperatur den Geräten zuzuschreiben, die wir von John Kanwisher erhalten hatten.

John war ein amüsanter Mensch mit einem umfassenden Wissen auf dem Gebiet der Elektronik. Über dieses Thema sprach er viel und schnell. Selbst ein Fachmann hätte große Schwierigkeiten gehabt, seinem Redestrom zu folgen. Uns fiel es schwer genug, seine Bemerkungen über andere Themen davon zu trennen, was durch seinen starken amerikanischen Akzent noch weiter erschwert wurde. Wir verbrachten lange Abende mit ihm, in deren Verlauf wir uns an die wenigen verständlichen Sätze hielten und sie, so gut wir konnten, beantworteten. Wir waren nur in einer Hinsicht verschiedener Meinung. John konnte nicht verstehen, daß wir die Tiere um ihrer selbst willen und nicht wegen ihres Nutzens für den Menschen liebten. Ich bin überzeugt, daß wir einander nähergekommen wären, wenn wir uns besser hätten verständigen können. Eines Tages, als wir bei einer Tasse Tee plauderten, sah er meine Frau plötzlich vorwurfsvoll an und meinte: «Ich weiß, was Sie soeben denken.» Als er keine Antwort erhielt, fügte er hinzu: «Ich wette, Sie wünschten, ich wäre ein Elefant!» Wir waren sehr überrascht, und ich stellte mir vor, wie es aussähe, wenn ein riesiger Jumbo an unserem Tisch säße. Dann fügte er erklärend hinzu: «Haben Sie nicht eben etwas Derartiges gesagt?» Später trafen wir anläßlich einer Konferenz in Washington einen seiner Freunde. Er erzählte uns, John habe ihm berichtet, wie sehr er sich über die Harthoorns gefreut und ihre Gastfreundschaft genossen habe, daß aber deren Englisch nur sehr schwer zu verstehen sei!

Wir mußten an unseren Geräten, die zwar im Laboratorium gut funktionierten, noch zahlreiche Änderungen und Umbauten vornehmen, damit sie sich auch bei der Arbeit mit halbgezähmten Tieren im Freien ebenso gut bewährten. Die größten Schwierigkeiten hatten wir mit den Drähten, da die Tiere, die einen Sender wie einen kleinen Sattel auf ihrem Rücken ohne Widerstreben trugen, Drähte an ihrem Körper nicht dulden wollten. Die psychologische Seite dieser Erscheinung ist sicherlich sehr interessant. Als wir das erste Mal einen kleinen

Sender, etwa von der Größe einer Zigarettenschachtel, an einem Tier befestigten, erwarteten wir, daß es sofort versuchen würde, dieses Ding loszuwerden. Zu unserer Überraschung war das nicht der Fall. Wir konnten kaum glauben, daß diese Tiere, darunter Büffel, Gnus und Giraffen, eine ganze Woche lang mit einem derart ungewohnten Gegenstand auf ihrem Rücken herumlaufen würden.

Als wir später Oryx-Antilopen und Strauße mit Sendern ausstatten wollten, nahmen wir mit Sicherheit an, daß wir damit kein Glück haben würden, da es vor allem die Oryx-Antilopen meisterhaft verstehen, zum Beispiel Fliegen mit einer flinken Bewegung ihrer Hörner von ihrem Rücken zu verscheuchen, und auch der lange Hals des Afrikanischen Straußes sich vorzüglich zur Körperpflege eignet. Überraschenderweise aber berührte kein einziges dieser Tiere den an ihm befestigten Apparat, nur der Strauß warf immer wieder der schwankenden Antenne auf seinem Rücken mißtrauische Blicke zu. Als wir jedoch Drähte an Brust und Hals der Tiere entlangführen mußten, um die dort befindlichen Sensoren für Herz- und Atemfrequenz mit dem Sender zu verbinden, wurden die Tiere ungeduldig und begannen sich zu kratzen. Das Einziehen von Drähten unter die Haut bei frischgefangenen Tieren verursachte auch noch während ihrer Immobilisierungsphase Schwierigkeiten, da die Drähte beziehungsweise die Lötstellen von den Sensoren leicht brachen. Im Lauf der Zeit wurden jedoch alle Probleme gelöst. Wir verwendeten einen Spezialdraht, der so dünn war, daß er mit einer Nadel eingeführt werden konnte. Die Teflon-Beschichtung des Drahtes verhinderte entzündliche Gewebsreaktionen selbst dann, wenn die Leitung längere Zeit im Körper des Tiers belassen wurde. Die Lötstellen wurden mit einem Plastikspray wasserdicht gemacht und konnten daher ebenfalls unter der Haut angebracht werden. Nun konnten wir unsere Arbeit in zwei Abschnitten durchführen: Zuerst wurden die Drähte und Sensoren eingeführt, einige Wochen später wurde der Sender angebracht. Die so gewonnenen Daten über den Zusammenhang zwischen Atem- beziehungsweise Herzrhythmus und Körpertemperatur waren höchst verblüffend; die Ergebnisse sind auch heute noch nicht völlig ausgewertet.

4

Als Howard Baldwin, der aus Arizona stammte, zu uns kam, konnten wir darangehen, unsere Messungen auf Tiere in freier Wildbahn auszudehnen. Bis zu dieser Zeit war die Entwicklung der Biotelemetrie in Afrika nur von einigen Forschern vorangetrieben worden, die wesentlich mehr von Biologie als von moderner Elektronik verstanden. Howard aber war ein Fachmann auf diesem Gebiet. Er konstruierte seine Instrumente in seinem eigenen Laboratorium, das ausschließlich der Herstellung von elektronischen Sonden diente, die geringste Schwankungen physiologischer Parameter wie Temperatur und Blutdruck aufnehmen und übermitteln konnten. Seine Hochfrequenzgeräte hatten eine große Reichweite und waren daher zur Verwendung für Feldarbeit in freier Wildbahn besonders gut geeignet.

Als erstes ging Howard daran, Löwen im Serengeti-Gebiet mit Sendern zu versehen, und zwar im Zusammenhang mit den Forschungsarbeiten von George Schaller, der zu diesem Zwecke nach Ostafrika gekommen war, nachdem er die Gorillas in Uganda und an den Grenzen des Kongo erforscht hatte. George Schaller hatte sich in der Zwischenzeit zu einem Fachmann für die Immobilisierung von Löwen entwickelt und bereits hundertsiebzig Exemplare eingefangen. Nur einer erholte sich nicht, wahrscheinlich weil er krank war; es ist George damit praktisch gelungen, die Sterblichkeit bei seinen Experimenten auf Null herabzudrücken. Wurden die Löwen mit einem Halsband, das den Sender trug, versehen, konnte George ihre Wanderungen Tag und Nacht verfolgen und dabei neue Kenntnisse über die Populationsdynamik dieser Raubkatzen gewinnen. Vorher hatte er seine Beobachtungen hauptsächlich auf die Tagesstunden beschränken müssen.

Als nächstes standen Elefanten auf dem Programm. Dafür gab es mehrere Gründe. Ihnen galt unser besonderes Interesse, außerdem gab es auf der Ranch kein halbzahmes Exemplar, das wir hätten verwenden können, und schließlich wünschte sich Iain Douglas-Hamilton, der Biologe vom Manyara-Nationalpark, dringend einen mit einem Sender versehenen Elefanten, dem er auch bei Nacht folgen konnte.

Das «Unternehmen Elefant» war für Anfang Dezember 1967 festgesetzt worden. Anschließend wollten meine Frau und ich einen Urlaub an der Küste verbringen, um uns von den Anstrengungen der Arbeit zu erholen, in Wirklichkeit aber, um noch mehr zu arbeiten, indem wir auf unsere Schreibmaschinen einhämmerten, das aber wenigstens in einer schönen Gegend, abseits vom anstrengenden Leben Nairobis. Leider mußten wir dann diesen Urlaub verschieben. Das Einfangen von Elefanten war zu einer einfachen Routinesache geworden. Im Vormonat waren wir auf einen Sprung in den Amboseli-Park gefahren und hatten innerhalb weniger Stunden einen Elefanten eingefangen und markiert. Daher glaubte ich, daß es auch diesmal ebenso rasch gehen würde. Iain Douglas-Hamilton empfing uns mit Begeisterung. Als Verhaltensforscher hatte er, wie schon erwähnt, eine große Zuneigung zu den Objekten seines Wissensdurstes, den Elefanten, entwickelt, die diese aber nicht immer erwiderten. Er kannte jeden seiner Elefanten persönlich, trotzdem aber wurde seine Überzeugung, daß die schreckenerregenden Attacken einzelner Elefantenkühe nur Bluff seien, von den anderen Insassen seines Land-Rovers nicht geteilt. Sie nahmen vielmehr an, daß es mit Iain ein böses Ende nehmen würde, wenn er wütende Elefanten bis auf wenige Schritte an sein Auto heranließ. Als er dann wirklich einmal verletzt wurde, geschah dies nicht durch den Elefanten, den er gerade beobachtete, sondern durch ein Nashorn, das in einem Gebüsch verborgen war. Er versuchte auszuweichen und fiel hin, was vermutlich sein Glück war. Jedenfalls setzte das Ungeheuer einen Fuß auf seinen Rücken, unterließ es aber, ihn aufs Horn zu nehmen. Nach einem kurzen Spitalsaufenthalt kehrte er wieder nach Manyara zurück. Wir hofften alle, daß er in Zukunft etwas vorsichtiger sein würde.

Indessen hatte uns nichts von dem, was wir von Manyara gesehen oder gehört hatten, auf die kommenden Ereignisse vorbereitet. Das am See gelegene Reservat hatte eine ungewöhnlich dichte Elefantenpopulation, etwa drei Stück pro Quadratkilometer. Dauernd brachen Elefanten trompetend aus dem dichten Baumdschungel und verschwanden ebenso schnell wieder. Die meisten Injektionen mußten wir mit dem Gasdruckgewehr oder sogar mit der Gasdruckpistole verabreichen, da der Abstand für unser nun ausgezeichnet funktionierendes Gewehr mit Pulverladung zu gering war. Das injizierte Tier verschwand dann meist spurlos und kam erst später am Tag wieder in Sicht, leider bereits in völlig ausgeschlafenem Zustand. Ein Elefantenbulle zeichnete sich dadurch aus, daß er mehrere Male niederging und wieder aufstand, eine für uns völlig neue Verhaltensweise. Zwei andere wurden von ihren Kollegen bewacht. Das nächste Mal verursachten wir ein unbeschreibliches Durcheinander von Elefanten, die trompetend kreuz und quer herumtrampelten, im Mittelpunkt der Aufregung ein junges immobilisiertes Tier, das von einigen Elefantenkühen immer wieder mit den Stoßzähnen hochgehoben wurde, bis es nach zwei Stunden endlich wieder auf den Beinen war und unter triumphierenden Trompetenstößen der ganzen Herde in den Wald zurückmarschierte.

5.

Schließlich erwischten wir einen jungen, etwa viertausend Kilogramm schweren Bullen. Auch er benahm sich ungewöhnlich, indem er versuchte, in Bewegung zu bleiben. Als ich mich ihm näherte, um die Injektionsspritze herauszuziehen, ehe er darauf fallen konnte, ging er wütend rückwärts, da er nicht mehr vorwärts kam.

Sobald er auf die Brust niedergesunken war, wurde der Kragen um seinen Hals gelegt und die Enden zusammengenietet. Der Kragen enthielt einen weitreichenden Sender, mit dessen Hilfe wir den Elefanten orten und ihm folgen konnten, sowie ein Gegengewicht, das dafür sorgte, daß der Sender stets oben blieb. Der Elefant benahm sich sehr schlecht, er grollte und stieß um sich. Howard Baldwin war so in seine Arbeit vertieft, daß er das kaum zu merken schien. Dann kletterte er auf den schwankenden Rücken des Tiers, um die Temperatursonde anzubringen. Während ihm meine Frau von hinten die Instrumente reichte, langte auch der Elefant mit dem Rüssel zurück, aber sicherlich aus anderen Gründen. Howard ließ sich weder durch den schwankenden Elefantenkörper noch durch den Rüssel stören und war völlig in seine Arbeit versunken.

Nach zwanzig Minuten war es höchste Zeit, den Elefanten auf die Seite zu wälzen, damit er nicht länger in der Bauchlage blieb, da er sonst erstickt wäre. Er wollte aber nicht recht, und erst mit Hilfe unseres Land-Rovers blieben wir die Stärkeren und konnten ihn zur Seite kippen. Als der Druck auf seinen Brustraum nachließ, tat er, wie es alle Elefanten unter diesen Umständen tun, einige tiefe Atemzüge und blieb schließlich liegen. Nach Beendigung unserer Arbeiten verabreichte ich ihm das Gegenmittel. Bald stand er wieder auf den Beinen, spreizte die Ohren ab und glotzte uns drohend an. Die beiden von uns installierten Sender aber funktionierten ausgezeichnet, und wir waren damit bei der Erforschung der großen Säugetiere wieder ein kleines Stück weitergekommen.

Aber wir sollten noch eine Überraschung erleben: An Stelle des erwarteten Wutausbruchs über das Halsband mit den Sendern geschah das Gegenteil. Neugierig und vorsichtig «befingerte» er das ungewohnte Ding mit seinem Rüssel, versuchte aber nicht, das Halsband abzureißen, sondern schien sogar stolz auf seine Neuerwerbung zu sein. Später kamen dann noch andere Elefanten und berührten mit ihren Rüsseln fast respektvoll seinen Halsschmuck, als wollten sie sagen: «Wo hast du denn das her?»

Das Halsband und der Hauptsender sollten mehrere Monate lang an ihrem Platz bleiben. Iain sammelte umfangreiches Datenmaterial über die Elefantenwanderung, da er die Lage des Senders jederzeit mit Hilfe einer Peilantenne ermitteln konnte. Der Sender, der die Temperaturmessungen übermitteln sollte, erwies sich als weniger erfolgreich, da dieser Elefant der erste war, der sich dieses lästigen Gegenstandes selbst entledigte.

Wir hatten bereits Pläne für die Zukunft gemacht. Der nächste Elefant sollte ein Temperaturmeßgerät erhalten, das wir unter die Haut einpflanzen wollten, in Plastikmasse eingegossen, damit das Gewebe möglichst wenig gereizt wurde. Zwar betrug die Reichweite eines solchen Senders nur etwa zwanzig Meter, doch konnte auch hier Abhilfe geschaffen werden: Am Halsband würde sowohl ein Sender als auch ein Empfänger befestigt sein, dieser sollte die Signale der eingepflanzten Sonde aufnehmen, der Sender sie verstärken und ausstrahlen. Da in dem Halsband auch genügend Platz für Batterien vorhanden sein würde, konnte auch die Reichweite des Senders kein Problem mehr darstellen. Dieser Plan konnte ein Jahr später verwirklicht werden, wobei wir sogar drei verschiedene Temperaturwerte messen konnten, darunter die von arteriellem und venösem Blut.

Sicherlich wird man in Zukunft bessere und noch empfindlichere telemetrische Geräte entwickeln, gegen die unsere heutigen primitiv erscheinen mögen.

Gemeinsam mit Howard planten wir im kommenden Jahr die Temperaturmessungen an Tieren in freier Wildbahn fortzusetzen. Ferner wollten wir Blutdruckmessungen an Giraffen wiederholen, da wir der Ansicht waren, daß die früheren Untersuchungen nicht mit der wünschenswerten Gründlichkeit durchgeführt worden waren. Nur langfristige, mit Hilfe telemetrischer Geräte an wildlebenden Giraffen durchgeführte Versuchsreihen konnten uns jene Werte liefern, die wir brauchten und die sich auch bei der Lösung anderer Probleme nützlich erweisen könnten, wie zum Beispiel bei der Erforschung der Bluthochdruckkrankheit des Menschen.

Weiter wollten wir Untersuchungen des lokalen Blutkreislaufs im Elefantenohr anstellen. Diesbezügliche erste Versuche hatten wir bereits in Uganda an betäubten Elefanten vorgenommen und dabei entdeckt, daß die Elefantenohren eine riesige Kühlanlage darstellen. Sie enthalten zahlreiche parallel verlaufende Blutgefäße, durch die arterielles beziehungsweise venöses Blut mit großer Geschwindigkeit nach dem Prinzip des Gegenstroms fließt und dabei durch die für den afrikanischen Elefanten charakteristischen Wedelbewegungen der Ohren gekühlt wird. Wir hatten bei einem immobilisierten, aufrecht stehenden Elefanten, der noch normal mit den Ohren wedelte, zwischen dem in die Ohren einströmenden arteriellen und dem abfließenden venösen Blut einen Temperaturunterschied von mehr als einem Grad Celsius feststellen können. Durch Anwendung einer speziellen Methode errechneten wir, daß die in den Ohren strömende Blutmenge etwa ein Zehntel der Gesamtblutmenge des Tieres ausmachte. So scheint es also, daß diese Funktion der Ohren einen wesentlichen Anteil an der Temperaturregulation der Elefanten hat.

Als nächster Schritt ergab sich die Durchführung kontinuierlicher Messungen an wildlebenden Elefanten unter verschiedenen Wetterbedingungen, ein Vorhaben, das mit telemetrischen Methoden ohne weiteres zu verwirklichen war. Vermutlich könnte man es sogar einrichten, daß auch die Registrierung der Ohrbewegungen gleichzeitig erfolgen könnte.

Das Programm war ausgezeichnet, nur mangelte es an der für die Durchführung notwendigen Zeit. An Zeitmangel hatte die Wildtierforschung ganz allgemein zu leiden, da nur eine kleine Anzahl von Forschern zur Bewältigung der enormen Aufgaben zur Verfügung stand. Die Auswertung der Ergebnisse und die Erprobung ihrer praktischen Anwendbarkeit muß daher in vielen Fällen unterbleiben. Es verbleibt aber auch nur noch wenig Zeit, in der man die Forschungsergebnisse praktisch anwenden und sich mit jenen Tieren beschäftigen kann, die heute noch in verhältnismäßig großer Zahl vorhanden sind.

13. EIN PLÄDOYER FÜR DIE ELEFANTEN

1

Ausgerechnet während wir an einer Vorbereitungskonferenz des *International Biological Programme* im September 1965 teilnahmen, wurden wir durch die Schlagzeile einer Zeitung schockiert: «Fünftausend Elefanten in Tsavo auf der Abschußliste.» Diese Nachricht war erschütternd. Man hatte schon früher in manchen Gegenden, zum Beispiel in Nordwest-Uganda, den Elefantenbestand durch Abschuß um einige Tiere reduzieren müssen, doch war trotzdem nichts weiter geschehen, um die wertvollen Hartholzwälder dieser Region zu schützen.

Seit wir 1961 nach Kenia gekommen waren, hatten die ständigen Berichte über die Ereignisse im Zuge der Kongokrise und schließlich das Eindringen von Militäreinheiten in den Albert-Park und den Caramba-Park allmählich abstumpfend gewirkt. Wir aber beschlossen, die Anstrengungen um die Rettung der uns zugänglichen und vertrauten Gebiete zu verdoppeln. Vor allem wollten wir unsere Arbeit dort intensivieren, wo es am nötigsten war, nämlich auf dem Gebiet der Forschung, der Heranbildung einheimischer Fachleute und der Aufklärung über die Notwendigkeit des Naturschutzes, denn wie konnte man erwarten, daß der Afrikaner seine Wildbestände schützte, wenn er nicht wußte, wie er das tun sollte, und wenn er den Wert seines Tuns nicht erkannte? Denn die Entscheidung lag jetzt einzig bei ihm. Wir konnten nur versuchen, sie ihm zu erleichtern, indem wir ihm das wissenschaftliche Rüstzeug zur Verfügung stellten und bei der Durchführung der notwendigen Maßnahmen behilflich waren, wenn Hilfe gewünscht wurde.

David Sheldrick, der Aufsichtsbeamte jener Gebiete des Tsavo-Parks, deren Vegetation von der Dürre und der überaus dichten Elefantenpopulation besonders bedroht wurde, hatte sich an alle zuständigen Wissenschaftler gewandt, die an der in Arusha stattfindenden Tagung der *International Union for the Conservation of Nature* teilnahmen. Sheldrick hatte in fast zwanzigjähriger Tätigkeit das mustergültige Schutzgebiet Tsavo-Ost geschaffen; seine Auseinandersetzungen mit den dort lebenden organisierten Wildererbanden waren legendär. Die Geschichte dieser Kämpfe, die er gemeinsam mit seinen Gehilfen, Billy Woodley und Peter Jenkins, ausfocht, ist aufregender als jeder Abenteuerroman. David machte sich vor allem große Sorgen über die weiten Areale mit absterbendem Pflanzenwuchs in den Buschgebieten des Tsavo, in denen schließlich nichts mehr als der nackte Erdboden vorhanden war. Irgend etwas stimmte hier nicht, und er wollte wissen, was eigentlich mit der Buschvegetation los war. War hier eine Wüstenlandschaft im Entstehen? Obwohl der Sansevieria-Busch eher kümmerlich war, bot er doch einigen Tierarten Nahrung, die das Buschland bevorzugten, wie zum Beispiel der Kleine Kudu und das Schwarze Nashorn. Es bestand nun die Gefahr, daß zusammen mit dem Busch auch die Fauna von Tsavo-Ost verschwinden könnte. Die westlichen Gebiete des Tsavo-Parks waren von diesen Erscheinungen weniger betroffen. Dort war C. W. Marshall der Chef, ein ruhiger Mann, der schon manche Änderungen überlebt hatte, und daher wußte er, daß sich noch vieles ereignen würde; er war weniger besorgt und wollte nicht eine Meute von Wissenschaftlern aufscheuchen, die Afrika kaum kannten und die wegen ihrer nur auf kleine Gebiete beschränkten Erfahrungen folgenschwere Ratschläge erteilen konnten.

Zu dieser Zeit bemerkte man in Afrika bereits den Einfluß amerikanischer Wildschutzmethoden. Die amerikanischen Wissenschaftler reden ständig von der Gefahr allzu dichter Wildtierpopulationen und von der Notwendigkeit ihrer Reduzierung. Für die amerikanischen Naturparks war das auch richtig, da dort die großen Raubtiere fast völlig ausgerottet sind und das dem Wild überlassene Land während der Wintermonate schneebedeckt ist, so daß der Wildbestand dem während dieser Jahreszeit verfügbaren Futter angepaßt werden mußte. Dieses System hat sich in Amerika ausgezeichnet bewährt und ist durch genaue Untersuchungen zahlreicher Biologen im Lauf vieler Jahre erarbeitet worden. Ebenso gewiß war es aber, daß man in Afrika anders vorgehen mußte und daß die wissenschaftlichen Grundlagen für einen Generalplan bis zu diesem Zeitpunkt noch vollständig fehlten, weil es dort bis vor kurzem fast keine Wissenschaftler gegeben hatte.

Außer einigen wenigen, kaum beachteten Männern, wie Dr. P. E. Glover, hatte kaum jemand eine Vorstellung von den großen ökologischen Zusammenhängen, und auch diese Stimmen verhallten im Lärm einander widersprechender Meinungen. Manche Antworten lagen auf der Hand. Die Funde von Gräbern der Galla, einem Stamm von Viehhirten und Ackerbauern, wiesen darauf hin, daß das Gebiet des Tsavo noch in relativ neuer Zeit gutes Grasland gewesen und erst infolge übermäßigen Abweidens durch Rinder zerstört worden war, wie heute in einem großen Teil des Masai-Gebiets; erst dann breitete sich der Busch aus. In den Aufzeichnungen der alten Elefantenjäger, wie Karamoja Bell, wird das Tsavo-Revier nie erwähnt, was darauf hinzuweisen scheint, daß die Elefanten erst in neuerer Zeit dorthin eingewandert sind und den Busch gelichtet haben, den aber der Mensch zuerst durch die Vernichtung der Grasdecke verursacht hatte. Nun scheint sich der Kreis wieder zu schließen. Der ausgeruhte Boden und das fast völlige Fehlen wilder oder domestizierter Weidetiere führte dort, wo die Elefanten den Busch abgeweidet hatten, zu neuem Graswuchs. Dies ging zunächst sehr langsam vor sich, da, wie David Sheldrick aufgezeigt hatte, nicht genügend Grassamen vorhanden war. Als das Gras zunahm, begann die dürre Grasnarbe zu brennen, wobei dann auch Bäume und Busch zerstört wurden. Durch das Werk von Feuer und Elefanten wurden nicht nur Bäume und der Busch zerstört, sondern, was viel gravierender war, es wurde auch das Heranwachsen neuer Vegetation verhindert, da die Brände auch die jungen Schößlinge vernichteten, die nach dem Auskeimen mehrere Jahre gegen Feuer besonders empfindlich sind. Es stimmt, daß der Elefant Bäume umwirft und Büsche ausreißt, gleichzeitig aber verbreitet er mit seinem Kot überall die Samen, die in seinen Eingeweiden zu keimen begonnen haben und die dann von Myriaden von Skarabäen oder Mistkäfern eingegraben werden. Doch können sich diese Samen nicht zu Bäumen entwickeln, wenn fast jedes Jahr Brände über die Landschaft rasen. Das Auftauchen von Streichhölzern in Afrika und der Glaube, daß durch Abbrennen mehr Gras für das Rindvieh wächst, veranlaßt die nomadisierenden Besitzer von Rinderherden, das Gras anzuzünden, wenn es nur trocken genug ist. Tatsächlich wächst dann mehr Gras, aber die aus diesem Vorgehen auf lange Sicht entstehenden Schäden sowohl an den wertvolleren Grassorten als auch besonders an den Wäldern wird man vermutlich erst erkennen, wenn die Entwicklung nicht mehr aufzuhalten ist, und dann wird die Wüste wieder eine Schlacht gewonnen haben.

2

Die einzige Lösung, die man zunächst für David Sheldricks Problem bereit hatte, war die Reduzierung des Elefantenbestandes um ein Viertel. Dies schien zunächst das Einfachste und recht einleuchtend zu sein, denn jedes Jahr nahmen die Tiere um eine bestimmte Anzahl zu, ihre Dichte mußte also jedes Jahr um diesen Zuwachs vermindert werden, damit nur so viele Tiere übrigblieben, als von der verfügbaren Nahrung leben konnten. Doch wenn man näher darüber nachdenkt, erkennt man, daß eine solche Vorgangsweise Gefahren birgt, deren Art und Umfang nicht abzusehen sind. Das gilt vor allem für Gebiete, wo das ursprüngliche ökologische Gleichgewicht durch eine solche Maßnahme gestört wurde.

Es ist richtig, daß die Existenz von Schutzgebieten keineswegs das

Überleben einer Tierart oder einer biologischen Lebensgemeinschaft garantiert und daß das Management eines Reservats, in der Tierarten und ihre natürliche Umwelt erhalten bleiben sollen, eine überaus schwierige Aufgabe ist. Aber was bedeutet eigentlich Management? Der Begriffsinhalt dieses Wortes ist in Afrika sehr vereinfacht worden; man versteht heute darunter vielfach nur das Abschlachten der Tiere mit allen zur Verfügung stehenden modernen Waffen. Bedeutet aber Management nicht auch Schutz gegen Feuer? Und sollten wir nicht zuerst versuchen, Brände in unseren Parks zu bekämpfen und zu verhindern, ehe wir kommerziellen Unternehmen gestatten, mit ihren Hubschraubern herbeizueilen, um die hilflosen Elefantenherden zu dezimieren, die zutraulich geworden sind, weil sie glauben, auf einem der wenigen Flecken dieser Erde zu leben, wo sie sicher sind? Die Aktion zur Auflockerung der Situation im Tsavo sollte aber erst im März 1967 beginnen.

Der beunruhigende Trend der Vegetationszyklen im Tsavo müßte ebenso gründlich erforscht werden, wie man nach Möglichkeiten suchen sollte, mit deren Hilfe die unerwünschte Entwicklung beeinflußt werden kann, auch ohne Tiere erschießen zu müssen, die von dieser Vegetation leben. Der Wechsel der Vegetationsform ist vielleicht nur ein Übergang, vielleicht sogar eine Änderung zum Besseren. Denn an Stelle der ausgerissenen Bäume wachsen vielleicht Baumarten, die dem Elefanten weniger attraktiv erscheinen.

Der Biologe Verschuren von der Organisation für Ernährung und Landwirtschaft der Vereinten Nationen (FAO) schreibt: «Man sollte einsehen, daß sich die Natur oft recht gut zur Wehr zu setzen weiß, wenn man sie sich selbst überläßt. Wenn sich der Mensch nicht einmischt, wird das Gleichgewicht gewöhnlich sehr schnell wiederhergestellt. Das bemerkenswerteste Beispiel dafür ist zweifellos der Albert-Nationalpark in Zaire, wo nach mehr als dreißig Jahren strengen und umfassenden Schutzes trotz aller pessimistischen Voraussagen und entgegen der Meinung oberflächlicher Beobachter nicht der geringste Schaden an den natürlichen Lebensbereichen entstanden ist.» Er meint ferner, daß die Ansicht, wonach das Abschießen von Elefanten eine zur Kompensierung des natürlichen Zuwachses notwendige Maßnahme sei, «in Wirklichkeit ein falsches Argument ist. Die große Zahl der Elefanten in diesen Parks ist völlig abnormal und ist auf das Einwandern von Elefanten aus umliegenden Gebieten zurückzuführen, wo sie keinen Schutz genießen. Sie ist daher ausschließlich Folge eines künstlichen Umweltfaktors.»

Das heißt mit anderen Worten, daß man mit der Lösung des Elefantenproblems eher außerhalb der Parks als innerhalb beginnen müßte. Sein vielleicht wichtigstes Argument ist dies: «Schließlich muß festgestellt werden, daß die Tierpsychologen das natürliche Verhalten der höheren Wirbeltiere nur in den echten Schutzgebieten erforschen können.»

Es ist somit klar, daß man die besonderen Verhältnisse dieses Territoriums studieren mußte, bevor man etwas unternahm. Wie wichtig das ist und wie wenig wir wirklich wissen, ergab sich vor allem aus den Forschungsarbeiten des *Serengeti Research Institute*, das unter anderem auch auf die verheerende Wirkung von Steppenbränden auf den Baumbestand eines Schutzgebiets hinwies.

Bisher gibt es keine zusammenfassende Darstellung, die sich mit den umweltbedingten Änderungen der Vegetation afrikanischer Landschaftsgebiete befaßt hat. Ein weitblickender Mann namens Dr. Homer L. Shantz, der von 1876 bis 1958 lebte, begann bereits im Jahr 1919 mit der Zusammenstellung einer Dokumentation über die afrikanische Flora. Gemeinsam mit seinem Mitarbeiter, B. C. Turner, stellte er in trigonometrisch genau definierten Arealen eine Anzahl bemerkenswerter Fotoserien her, die 1956, nach siebenunddreißig Jahren also, wiederholt wurden. Seine Bilder zeigen die erschreckende Zerstörung des Pflanzenwuchses in Gebieten, wo es keine Elefanten gibt, und immer wieder kehren in seinen Berichten die Anmerkungen wieder, daß die Vegetation durch Brände zerstört wurde.

Seine Ergebnisse bestätigten sich im Jahre 1968, als Professor Walter Russel über die Serengeti-Steppe feststellte, daß ein großer Teil der Akazienwälder immer lichter geworden sei, aber nicht durch Elefantenfraß, sondern weil es seit zwanzig Jahren keinen Neuwuchs mehr gegeben habe. Die Bäume haben eine begrenzte Lebenszeit, ihre Wurzeln reichen nicht tief, und sie sterben in absehbarer Zeit ohne fremde Einwirkung. Nur das Heranwachsen neuer Akazien könnte die Wälder vor dem Verschwinden bewahren. Die Regeneration des Waldes durch Nachwuchs junger Bäume aber wird Russels Ansicht nach ausschließlich durch Brände verhindert.

3

In Ostafrika gab es viele Leute, die von diesen Dingen mehr verstanden als ich, insbesondere da Ökologie ja nicht mein Fachgebiet ist. Dennoch war ich zutiefst erschrocken, daß sich die Regierung so schlecht hatte beraten lassen, und ich vermutete, daß sich da eine lautstarke Minderheit durchgesetzt hat, die vermutlich von geschäftlichen Interessen diktiert war. Als Phil Glover, ein weltbekannter Gelehrter und der vielleicht bedeutendste Fachmann für die Pflanzenökologie Afrikas, sich bald darauf weigerte, die Leitung des Tsavo-Forschungsprojekts zu übernehmen, das mit einem Zuschuß der Ford-Stiftung in der Höhe von 700000 Mark ins Leben gerufen worden war, wurde mir klar, daß da etwas nicht stimmte. Das einzige, das Phil veranlassen konnte, eine Arbeitsmöglichkeit in einem Gebiet abzulehnen, das er so liebte und in dem er bereits Hervorragendes geleistet hatte, konnte nur ein begründeter Verdacht sein, daß es bei diesem Forschungsprojekt nicht mit rechten Dingen zugehe.

Ich war fest davon überzeugt, daß es ein folgenschwerer Irrtum wäre, wenn man zuerst die Elefanten tötete und dann erst die Forschungsarbeit durchführte. Obwohl es üble Folgen haben konnte, gegen die Politik der Regierung von Kenia zu opponieren, stellte ich, da es mir die Sache wert war, offiziell fest: «Die vorgeschlagene Tötung von 5000 Elefanten sollte aufgeschoben werden, bis wir die Auswirkungen von Bränden im Tsavo-Nationalpark untersucht haben. Wenn wir ein oder zwei Jahre lang den Nationalpark frei von Bränden halten können, und wenn es wahr ist, daß die Schäden durch Elefanten und durch Feuer verursacht werden, würde sich das Problem so weit verringern, daß ein drastischer Abschuß nicht mehr notwendig ist. Dies sollte uns einen Spielraum von mehreren Jahren verschaffen, in denen das volle Ausmaß dieses Problems objektiv beurteilt werden kann. Sicherlich wird man gewisse Einschränkungen der Elefantenpopulation vornehmen müssen. Aber wenn wir zumindest einen Teil der Voruntersuchungen durchführen konnten, ehe ein umfangreiches Abschußprogramm in Angriff genommen wird, sollte es möglich sein, eine klare Vorstellung davon zu gewinnen, was wir tun wollen und auf welche Weise es getan werden soll.»

Kurze Zeit später wurde in der Presse gemeldet, daß die Reduzierung des Elefantenbestandes so lange aufgeschoben würde, bis die Ergebnisse des Tsavo-Projekts der Ford-Stiftung vorlägen.

Das Forschungsprojekt sollte im März 1967 in Angriff genommen werden. Zum Projektleiter wurde von der Ford-Stiftung ausgerechnet jener Mann ernannt, der für den Abschuß einer großen Anzahl von Flußpferden und Elefanten in den Nationalparks von Uganda verantwortlich war. Obwohl ich dies bedauerte, machte ich mir jedoch keine allzugroßen Sorgen. Meine Hauptsorge war die geplante Tötung von Elefanten vor der Beendigung der erforderlichen Forschungsarbeiten gewesen.

Wenn eindeutig nachgewiesen würde, daß der Tsavo-Nationalpark nur durch die Eliminierung eines Teils seines Elefantenbestandes gerettet werden konnte, dann würde ich persönlich nicht mehr gegen den Abschuß auftreten, so unerfreulich jedem zivilisierten Menschen der Gedanke auch sein mußte, daß diese hochintelligenten Landsäugetiere getötet werden sollten. Immerhin leben heute in Afrika Millionen von Menschen, aber nur noch einige hunderttausend Elefanten, der klägliche Rest der Herden, die einstmals den ganzen Kontinent durchstreiften.

In unserem Haus wurde viel über das Elefantenproblem diskutiert, und wir holten die Meinungen zahlreicher prominenter Leute zu dieser Frage ein. Die Ergebnisse können kaum kurz zusammengefaßt werden. Die Schlußfolgerungen, zu denen wir nach Besprechung dieser Frage mit hervorragenden Schriftstellern wie Robert Ardrey gelangten, sahen etwa so aus: Der Elefant ist zweifellos eines der intelligentesten Landsäugetiere. Manche Aspekte seines Verhaltens, zum Beispiel seine Neigung, tote Menschen oder Teile von Elefantenkadavern zu begraben, könnte man sogar so weit auslegen, daß er so etwas wie eine vage Vorstellung vom Mysterium des Todes hat. In anderer Beziehung, wie zum Beispiel seinen Hilfeleistungen an verwundeten Artgenossen, steht er dem Menschen näher als jedes andere Landsäugetier. Neuere Experimente mit Ratten zeigten, daß Tiere unter dem Druck einer Überbevölkerung Verhaltensweisen entwickeln, die durchaus jenen gleichen, die der Mensch in überbevölkerten Städten aufweist. Der Elefantenbestand des Tsavo-Parks ist sicherlich die letzte völlig frei und ungestört lebende Population dieser großen Säugetiere. Mein meint, daß sie unter dem Druck einer übergroßen Dichte leide. Wenn wir schon bei der Untersuchung von Ratten so wichtige Ergebnisse erzielen konnten, wieviel mehr könnten wir durch eine genaue Erforschung der Elefanten von Tsavo in Erfahrung bringen?

Wir gelangten zu der Schlußfolgerung, daß man die besten Verhaltensforscher zusammenbringen sollte, damit sie eine genaue Untersuchung der Reaktion der Tsavo-Elefanten auf die Überbevölkerung durchführten, und daß dieses Unternehmen im Film festgehalten werden sollte, damit künftige Generationen daraus lernen könnten. Wir kamen weiter zur Ansicht, daß die Menschheit diese große Elefantenherde als einen ihrer wertvollsten Schätze betrachten müsse. Vor allem waren wir uns darüber einig: wenn man einen Teil dieses Bestandes mit Hilfe von Flugzeugen und Gewehren zerstörte und damit auch seine Verhaltensweisen irreparabel veränderte, dann würden die dafür verantwortlichen Männer möglicherweise von künftigen Generationen deshalb verflucht werden. Dillon Ripley meinte in einem anderen Zusammenhang: «Unsere vermutlich aufgeklärteren Nachkommen werden mit Bitterkeit auf jene Generationen zurückblicken, die dies zugelassen haben.»

Wir beschlossen, uns um die für dieses Unternehmen benötigten Geldmittel umzusehen, und waren sicher, daß wir noch genügend Zeit zur Verfügung hatten, da die Regierung von Kenia erklärt hatte, daß Forschungsarbeiten noch vor der Tötungsaktion durchgeführt würden. Die Zuschüsse der Ford-Stiftung waren ausdrücklich für die Untersuchung der Vegetation des Tsavo-Nationalparks sowie des Einflusses der Elefanten auf diese Vegetation vorgesehen. Wir waren daher äußerst betroffen, als wir anläßlich einer Cocktailparty erfahren mußten, daß eine Spezialfirma bereits im August (1966) in Tsavo dreihundert Elefanten erlegen sollte, deren Häute in verschiedenen Farben gefärbt und schließlich zur Herstellung von Autositzen verkauft werden sollten.

Der Vertreter der Ford-Stiftung in Nairobi, bei dem ich mich erkundigte, lehnte jegliche Verantwortung ab und wies darauf hin, daß das Projekt der Stiftung erst im März des folgenden Jahres in Angriff genommen werden würde. Auch der Minister für Fremdenverkehr und Wildfauna hatte offenbar keine offizielle Genehmigung erteilt. Also sollte das eigentlich nicht möglich sein. Dennoch geschah es. Im Lauf des Monats August 1966 wurden dreihundert Elefanten, Bullen, Kühe und selbst Kälber, mit Hilfe modernster Waffen getötet.

Das Ministerium leitete sofort eine Untersuchung ein, die zur Folge hatte, daß weder in diesem noch im folgenden Jahr weitere Elefanten in Tsavo getötet wurden. Erst Anfang 1968 wurde wieder ein Vorschlag zur Tötung weiterer 2700 Elefanten gemacht. Dies wurde als wichtiger Beitrag zur Forschung bezeichnet! Die Kontroverse über die Tötung von Elefanten war damit wieder aufgeflammt.

Diesem Vorschlag wurde entgegengehalten, daß die Untersuchung toter Tiere wohl kaum mehr erbringen könne als die Beobachtung lebender. Ein Ergebnis, das als wichtige Entdeckung bezeichnet wurde, war die Tatsache, daß das Intervall zwischen Geburten bei Elefanten in den dünn besiedelten Gebieten von Tansania 3,8 Jahre betrug, in den überbevölkerten Parks hingegen sieben Jahre. Das hätte man jedoch auch durch Beobachtungen ermitteln können, und ähnliche Ergebnisse waren tatsächlich auch von dem Forscher James Glover hauptsächlich mit Hilfe von Fotos erzielt worden.

Im Krüger-Park war man eben dabei, eine genaue Zählung der Elefanten durchzuführen. Teilergebnisse waren bereits von Pienaar und seinen Kollegen veröffentlicht worden. Aus den Ergebnissen der Markierungsprogramme, die seit 1963 durchgeführt worden waren, gingen aufschlußreiche Einzelheiten über die soziale Struktur der Elefantenherden sowie über deren Fortpflanzungsverhalten hervor. Luftaufnahmen aus einer bestimmten, stets gleich gewählten Höhe liefern Informationen über die Alterszusammensetzung der Herden, da die Scheitel-Steiß-Länge der Elefanten in einem bekannten Verhältnis zu ihrem Alter steht. Die Selbstregulierung der Dichte einer Elefantenpopulation durch Änderung der Kalbungsintervalle ist eine bereits hinlänglich dokumentierte Tatsache und gleichzeitig eines der stichhaltigen Argumente gegen die Durchführung wahlloser und unüberlegter Abschußprogramme.

Die Tötung von 300 Exemplaren und die geforderte Tötung von weiteren 2700 sollte nicht etwa der Verminderung des Bestandes dienen – sondern nur der Feststellung, ob die Tötung von Elefanten notwendig war oder nicht! In der Tat, eine merkwürdige Methode, die Vegetation des Tsavo-Nationalparks zu erforschen. Glücklicherweise konnte bis zu dem Zeitpunkt, da diese Zeilen geschrieben wurden, die Abschlachtung weiterer Elefanten in Tsavo verhindert werden.

Besonders erfreulich waren die Resultate der von Dr. John Goddard in Tsavo durchgeführten Nashornzählung, wonach dort 6000 bis 8000 Exemplare lebten. Als während der großen Dürre von 1960/61 etwa zweihundert Schwarze Nashörner zugrunde gingen, befürchtete man, daß dies ein großer Teil des Gesamtbestandes gewesen wäre, und man war ernstlich um den Weiterbestand der Nashörner Kenias besorgt.

4

Die Arbeit im Tsavo-Park hatte uns immer besondere Freude gemacht. Sie begann, bald nachdem wir von Uganda nach Kenia umgezogen waren, mit einer Untersuchung des Nashornsterbens, das während der Dürre des Jahres 1961 seinen Höhepunkt erreichte. Die Tiere wurden immer schwächer und litten offenbar an einer merkwürdigen Krankheit, in deren Verlauf ihre Haut schwarz wurde, zuerst nur stellenweise und dann am ganzen Leib des Tieres. David Sheldrick befürchtete, daß es sich um eine ansteckende Krankheit handeln könnte, die schließlich zur Vernichtung des Nashornbestandes führen könnte, und rief sofort einige Tierärzte zu Hilfe.

Wir trafen gemeinsam mit Wissenschaftlern anderer Fachgebiete ein und gingen sofort daran, ein frisch verendetes oder sterbendes Nashorn zu suchen. Das war nicht schwer, da die Tiere aus Futtermangel und durch die Folgen der ungewöhnlichen Dürre der Jahre 1960/61 geschwächt waren. Die Nashörner waren von dieser Umweltsituation schwerer betroffen als die anderen Tiere des Parks, da sie auf Grund ihres ausgeprägten territorialen Verhaltens durch nichts zum Verlassen ihres «persönlichen» Territoriums gebracht werden konnten und dieses auch wütend gegen jedes Eindringen von Artgenossen verteidigten. Sie waren offenbar nur imstande, Nahrung in ihrer unmittelbaren Umgebung wahrzunehmen, oder sie konnten infolge ihrer schlechten körperlichen Verfassung nicht nach neuen Weidegründen suchen. So kam es, daß die Nashörner auf dem flachen Land ausgemergelt waren und am Rand des Hungertodes standen, während das noch grüne Yatta-Plateau in Sichtweite vor ihnen lag.

Das von uns untersuchte Nashorn war mit einer seltsamen schwarzen, verkrusteten Substanz bedeckt, die aussah, als handelte es sich hier um durch die Haut gesickertes Blut. Der Kadaver war stark abgemagert, jedoch nicht so wie bei einem verhungerten Tier. Der Pathologe entnahm allen Organen Proben, konnte aber keine Spuren einer tödlichen organischen Erkrankung entdecken. Von besonderem Interesse war die Entdeckung, daß der Bluteiweißgehalt außergewöhnlich niedrig war. Ein niedriger Eiweißgehalt im Blutserum tritt auch bei afrikanischen Kindern auf, die an Unterernährung und vor allem an Proteinmangel leiden. Beim Menschen führt dies zu Ödemen und verschiedenen Veränderungen im Körper, vor allem zur Hautverfärbung. Da ich aber keine normalen Werte für die Serum-Eiweißkonzentration im Blut des gesunden Nashorns zur Verfügung hatte, muß meine Eiweißmangel-Theorie nicht unbedingt stimmen. Da sich aber eine erheblich größere Anzahl von Nashörnern als sonst an den Flußufern angesammelt hatte und sich dort von trockenen Vegetationsresten ernährte, war es durchaus möglich, daß der niedrige Bluteiweißgehalt auf den geringen Eiweißverzehr zurückzuführen war. Dieser Zustand wurde durch blutsaugende Insekten noch verschärft: Einem Entomologen unseres Teams gelang es nämlich, Stechfliegen der Gattung *Liperosia* zu fangen, die, wie sich später herausstellte, ihre Eier in den Nashornkot ablegen. Diese Fliegen, die mit ihren Mundwerkzeugen die dicke Haut der Nashörner durchstechen und Blut saugen können, hatten sich ungewöhnlich stark vermehrt. Die Gründe dafür waren unbekannt, doch konnte es mit den besonderen klimatischen Verhältnissen jenes Jahres zusammenhängen. Außerdem dürfte ein allgemeiner Vitaminmangel sowie eine Blutgerinnungsstörung an dem Massensterben der Nashörner beteiligt gewesen sein, wofür allerdings die exakten wissenschaftlichen Beweise ausstehen.

Die geschwächten Nashörner waren nicht mehr imstande gewesen, ihren Kot zu zerstreuen, wie sie es normalerweise tun, und sie konnten sich auch nicht mehr im Schlamm wälzen, was ihre normale Schutzmaßnahme gegen Insekten darstellt.

Die einzige praktisch durchführbare Maßnahme war die Fütterung der Nashörner, doch überlegten wir auch die Möglichkeit, besonders schwache Tiere einzufangen und sie vorübergehend in Gehegen unterzubringen. Der Versuch, die Tiere mit Luzerne zu füttern, wurde bald aufgegeben, da sie diese Nahrung verschmähten. Schließlich entschied der damalige Direktor der Nationalparks von Kenia, Oberst Mervyn Cowie, daß Teile des Buschlands am Fluß bewässert werden sollten.

Die *Wildlife Society* kaufte mit britischer Hilfe transportable Bewässerungsgeräte, die dann von David Sheldrick sorgfältig installiert wurden. Dieselmotoren pumpten Flußwasser durch leichte Rohrleitungen in den Busch, wo es mittels Sprühgeräten verteilt wurde. Die von den Sprühgeräten über eine große Fläche verteilten Wassermengen entsprachen etwa einem Regenfall von 30 Millimeter pro Stunde. Bald begann der Busch wieder zu grünen. Zweifellos rettete diese

Maßnahme das Leben zahlreicher Nashörner, etwa zweihundert waren jedoch bereits verendet. Jedenfalls war das eine äußerst wirksame Methode beim Auftreten neuerlicher Dürreperioden.

Die Elefanten konnten wir aber auch jetzt nicht vergessen, da sie bei der Fütterung der Nashörner auftauchten und die Luzernenballen fraßen, die von den Nashörnern verschmäht wurden. Bald hatten wir auch wieder direkt mit den Elefanten zu tun, vor allem aber mit ihrer Immobilisierung.

Im Jahre 1962 hatte ich einige Zeit im Elefantenschutzgebiet nördlich des Galanaflusses gearbeitet, wo wir die in Uganda entwickelten Fangmethoden an den Steppenelefanten ausprobieren wollten. Red Palmer hatte für diese Arbeit mit Elefanten ein mit Schwarzpulver zu ladendes Spezialgewehr entwickelt, sowie ein neuartiges Injektionsprojektil, das seinen Inhalt beim Auftreffen auf das Ziel mit Hilfe eines Zündkapselmechanismus besonders rasch entleerte, was angesichts der damals erforderlichen großen Medikamentenmengen notwendig war. Dieser Mechanismus injizierte das Präparat, noch bevor die Elefanten die Spritze entfernen konnten, was sie nämlich häufig taten.

Red Palmer war eigens zu diesem Unternehmen angereist und gewöhnte sich sehr gut an die harte Arbeit. Jeden Morgen fuhren wir noch vor Sonnenaufgang los, um im trockenen und staubigen Busch eine Elefantenherde aufzuspüren, und kehrten meist erst nach Einbruch der Dunkelheit zurück. Merkwürdigerweise erzielten wir nicht den geringsten Erfolg. Eines Tages feuerte ich auf einen Elefanten. Ich hatte starken Gegenwind und bemerkte, daß mir etwas ins Gesicht sprühte. Da es sich in diesem ausgedörrten Land kaum um Regen handeln konnte, eilten wir ins Camp zurück, füllten die Spritze in Ermangelung eines besseren Markierungsmittels mit Motoröl und schossen sie auf eine in etwa zwanzig Schritt Entfernung hochgehaltene Zeitung ab. Die Zeitung war mit Öl übersprüht. Nun stellte es sich heraus, daß die Explosionskraft des Treibsatzes, der so stark sein mußte, daß er das schwere Injektionsprojektil aus dem neuartigen Gewehr zu jagen vermochte – welches einen gezogenen Lauf hatte, so daß Stabilisierungsfedern nicht mehr notwendig waren –, auch den Zündkapselmechanismus der Spritze auslöste. Somit hatten wir die Elefanten dauernd mit Spritzen getroffen, die sich bereits während ihres Fluges entleert hatten.

Als ich im Jahre 1964 aufgefordert wurde, den Elefantenbestand im Park zu reduzieren, übernahmen David Sheldrick und ich die traurige Aufgabe, von einem Hubschrauber aus medikamentelle Euthanasieversuche anzustellen. M 99 war damals schon verfügbar, und man hatte bereits zahlreiche Elefanten im Krüger-Park und in Ostafrika zu Markierungs- und Messungszwecken eingefangen. Man meinte, daß eine Tötung mit M 99 vorteilhafter sei als mit dem Gewehr. Jedenfalls war es «humaner» und daher wert, daß man entsprechende Versuche anstellte.

Diese Methode hatte einige Vorteile. Sie verursachte keinen Lärm, der die Ruhe im Schutzgebiet gestört sowie die Elefanten und andere Tiere erschreckt hätte. Sie wurde für wirksamer gehalten, da die Tiere eine tödliche Dosis erhalten würden und man sie sofort nach der Injektion verlassen konnte. Selbst wenn der seltene Fall eintreten sollte, daß sich ein Elefant von der Injektion erholte, wäre er dann nicht ein verletztes Tier gewesen, wie nach einem nicht tödlichen Gewehrschuß. Die Injektion konnte vom Hubschrauber aus mit Hilfe einer umgebauten Pistole schnell durchgeführt werden. Wenn man Gewehre verwendete, mußte jedes einzelne Tier unbedingt tödlich getroffen werden, und man mußte das Eintreten des Todes abwarten, ehe man sich dem nächsten Tier zuwandte. Da man bereits wußte, daß das Zusammenbrechen eines Tiers die ganze Herde zusammenlaufen läßt, war es durch die neue Methode möglich, einen Elefanten nach dem anderen schnell zu injizieren und somit eine ganze Herde mit einem Minimum an Störungen zu eliminieren.

Diese Aufgabe war für uns beide besonders traurig und unangenehm, vor allem für David, der fast zwei Jahrzehnte lang für seine Elefanten gekämpft hatte. Wir hofften inständig, daß diese Tötungsmaßnahmen nie über das Versuchsstadium hinaus gelangen würden. Doch waren wir von der Notwendigkeit dieser Vorarbeiten überzeugt, die es uns ermöglichen sollten, im Ernstfall gerüstet zu sein. Der Hubschrauberflug über den Tsavo war ein großartiges und unvergeßliches Erlebnis. Die Türen waren entfernt worden, so daß wir die Luft und den Geruch des Busches voll genießen konnten. Das Hochschweben und Hinuntergleiten in der klaren Luft gaben einem das Gefühl einer völlig neuen Dimension. Es war so überwältigend, daß ich zeitweise vergaß, zu welchem unerfreulichen Zweck man uns den Marinehubschrauber geliehen hatte.

Die Injizierung der Elefanten vom Hubschrauber aus erwies sich als lächerlich einfach. Diese großen Tiere waren niemals einer Bedrohung aus der Luft ausgesetzt gewesen und liefen hilflos durcheinander. Es war überhaupt nicht schwer, sich den Tieren zu nähern und sie aus einer Entfernung von etwa achtzehn Metern mit Hilfe der Pistole zu injizieren. Sofort nach Verabreichung der Injektion flogen wir weg und landeten etwas abseits, um einige Minuten zu warten, ehe wir zurückkehrten, da damals nur einzelne Exemplare und nicht ganze Herden getötet werden sollten, um die Durchführbarkeit dieser Methode zu beweisen.

Der Tsavo-Nationalpark ist ein seltsam faszinierendes Gebiet, voller Schönheit und voller Extreme. In dieser Gegend verzögerten menschenfressende Löwen den Bau der Eisenbahn, indem sie eine Schrekkensherrschaft verbreiteten, die die Jäger monatelang nicht brechen konnten. Es gibt hier wenig Wasser, obwohl der Tsavofluß, der am Rande des Yatta-Plateaus in den Athifluß mündet, mit diesem eine breite, mitten durch dieses Gebiet fließende Wasserstraße bildet. Wegen der Entfernungen und des außerhalb der Regenzeit herrschenden Wassermangels ist es in der Trockenzeit als Weideland ungeeignet. Es gibt kaum Wald, außer entlang des Flusses und auf den Höhen der Chulyus. Vor allem in der Zeit vor dem Beginn des derzeitigen Graswuchses war Tsavo in der Trockenperiode eine öde Wüste mit spärlichen, entlaubten Sträuchern und einer harten, ausgedörrten roten Erde.

Wenn es regnete, wurde dieser Boden sofort schlammig und unpassierbar. Da er nur wenig Wasser aufsog, gab es häufig Überschwemmungen, die aber heute durch den reichen Graswuchs verringert werden dürften. Der Galanafluß ist gewöhnlich leicht zu überqueren, doch kann dabei ein Land-Rover doch in große Schwierigkeiten geraten. In manchen Teilen des Parks ist die Situation völlig anders, und selbst erfahrene und an den Busch gewöhnte Wilddiebe sind schon verdurstet. Nördlich des Galanaflusses entspringt der Tiva auf dem Yatta-Plateau. Solange er noch durch Hügelland fließt, sind seine Ufer mit Palmen und anderen Bäumen bestanden. Der Tiva ist meist ausgetrocknet und weist oft Wasserlöcher auf, zu denen das Wild strömt, vor allem Elefanten und Nashörner. Häufig tobt in der Regenzeit ein übermannshoher Wasserschwall durch das trockene Flußbett und bringt jedem Lebewesen, das nicht rechtzeitig flieht, den Tod. Schließlich breiten sich die Wassermassen aus und bilden in dieser Jahreszeit eine Sumpflandschaft. Im feuchten Zustand ist diese Gegend ausgezeichnetes Elefantenland, der Busch ist grün und saftig, in der Trockenperiode aber ist sie eine heiße und trostlose Wüste, wo der Tod auf unvorsichtige Reisende und Tiere lauert, die nicht schnell genug in andere Gegenden entkommen.

Hier also führten die Wildaufseher David Sheldrick, Bill Woodley und Peter Jenkins ihre langen Patrouillen durch, wobei sie manchmal bis zu achtzig Kilometer am Tag zurücklegten, um gegen die organisierten Wildererbanden der Liangulu vorzugehen, die angesichts der steigenden Nachfrage nach Elfenbein vor allem Elefanten mit großen Stoßzähnen umbrachten. Bei einem dieser Patrouillengänge konnten sie den Wilddieben zwei Stoßzähne von jeweils sechzig Kilogramm Gewicht abnehmen, Exemplare von einer Größe, wie man sie heute kaum noch findet. Diese Art von Wildderertätigkeit mußte unterbunden werden. Die Liangulu waren zwar Elefantenjäger aus Tradition, doch wurden sie von den Elfenbeinhändlern an der Küste korrumpiert und waren in deren Abhängigkeit geraten. Daher töten sie stets mehr

Elefanten, als sie es früher getan hatten, als sie nur zur Nahrungsbeschaffung jagten. Allerdings hat in gewisser Hinsicht die Unterdrükkung des Wildererunwesens, dem jährlich doch etwa tausend Elefanten zum Opfer fielen, das Elefantenproblem im Tsavo verschärft, obwohl die unnatürliche Bestandsdichte, wie bereits früher erwähnt, viele Ursachen hat.

In dem Gebiet östlich des Tsavo wird in der Gegend des Galanaflusses seit 1958 ein besonderer Wildkontrollplan durchgeführt. Dieses etwa 7800 Quadratkilometer umfassende Gebiet ist ausgezeichnetes Elefantenland, in dem früher nach Trophäen gejagt wurde und das heute der Elefantenjagd zur Verfügung steht. Dieser Plan sollte zwei Zwecken dienen: einerseits den Liangulu und anderen ehemals mit Wilddiebstahl befaßten Stämmen eine Lebensgrundlage zu bieten und anderseits die Zahl der Elefanten nicht über ein gewisses Maß ansteigen zu lassen. Dieser gutgemeinte Plan wurde mit Hilfe einer Zuweisung von 100000 Mark aus der Nuffield-Stiftung verwirklicht. Bald nach Beginn der Jagd, und vor allem nachdem man einem Elefantenfänger erlaubt hatte, Kälber zu fangen, indem er Elefantenherden mit Motorfahrzeugen hetzte, flüchteten die Elefanten nach Tsavo, wo sie die ohnehin schon zahlreichen Herden vermehrten. Dazu kam noch, daß die Durchführung dieses Plans die Wanderung der Elefanten auf ihren üblichen Pfaden unterband, sie sich daher um die bewässerten Gebiete an den Grenzen niederließen und den restlichen Wald, die Affenbrotbäume und den Busch vernichteten. Der Galana-Plan war daher ein Fehlschlag, da seine beiden Hauptziele nicht verwirklicht werden konnten. Hier hatte der «weiße Mann» in einer Sache versagt, die den eingeborenen Wilddieben nur allzugut gelungen war. Das soll keine Kritik an dem Plan sein, wohl aber an dem gegenwärtigen Stand unseres Wissens über afrikanische Verhältnisse. Heute wird der Galana-Plan in abgeänderter Form als Viehzucht- und Wildnutzungsunternehmen fortgesetzt, jedoch sicherlich nicht zum Vorteil der Liangulu-Jäger, und es ist zudem zweifelhaft, ob die Elefanten, die vor den Gewehren der Jäger nach Tsavo geflüchtet sind, wiederum zurückkehren werden. Das Gebiet von Tsavo gehört noch immer zu den verhältnismäßig unberührten Teilen der Welt und bleibt in mancher Hinsicht rätselhaft. Man mußte eingestehen, daß sich unsere Kenntnisse der tropischen Biologie erst im Anfangsstadium befinden, dennoch scheint es, daß in den Tropen größere Aussichten zur Entdekkung neuer biologischer Erkenntnisse bestehen, als sonst irgendwo. In einem Artikel in der Zeitschrift *Bioscience* meinten Hal Buechner und Raymond Fosberg, daß ein großer Aufschwung auf diesem Gebiet zu erwarten sei, und zwar in Form eines internationalen Forschungsprogramms auf dem Gebiet der tropischen Biologie und einer internationalen Zusammenarbeit zwischen Universitäten in den Vereinigten

Staaten und solchen in den tropischen Ländern. Ein solches Programm könnte sicherlich bald zu einer Erforschung der Ökologie und der Probleme des Tsavo-Gebiets führen. Inzwischen bietet das Forschungsprojekt der Ford-Stiftung eine Ausgangsbasis, und wenn alle Beteiligten einträchtig zusammenarbeiten, kann man in den nächsten Jahren größere Fortschritte erwarten.

14. WAS DEM MENSCHEN NOT TUT

I

Im Leben jedes Menschen kommt einmal die Zeit, in der er zurückblickt und sich die Frage vorlegt: «Was wollte ich erreichen? Was habe ich erreicht?» Beide Fragen sind wohl falsch gestellt, denn in allem, was wir wollen und tun, sind wir vielfach von den Zeitumständen geprägt und abhängig, in denen wir leben. Ereignisse sind nur Katalysatoren im natürlichen Lauf unseres täglichen Lebens und in der Entwicklung der technischen und geistigen Evolution des Menschen. Als William Harvey im Jahre 1650 an seinem Arm entlang strich, beobachtete er, daß die Adern blutleer blieben, wenn er abwärts strich, aber anschwollen, wenn er in Richtung des Herzens aufwärts strich. Damit führte er einen Versuch aus, den im Verlauf der Jahrtausende jeder hätte durchführen können, und manche mögen es sicherlich auch getan haben. Aber Harvey machte sich darüber Gedanken und entwickelte auf Grund von Beobachtungen seine Theorie des Blutkreislaufs, die heute noch Gültigkeit hat. Der Unterschied zwischen Harvey und seinen Vorläufern war seine Ausbildung und die erwachende Neugierde seines Zeitalters. Seine Theorie des Blutkreislaufs war ein weiterer Schritt auf dem Weg, den schon andere begonnen hatten. Wir alle leisten unseren Beitrag zum allgemeinen Wissen und der Entwicklung des Menschen. Manchmal ist es ein entscheidender Beitrag, und dann bleibt der Name in Erinnerung, meist ist es nur ein kleiner Beitrag, und niemand erinnert sich an seinen Urheber, obwohl die großen Erkenntnisse ohne die vielen kleinen nicht hätten gemacht werden können.

Anregungen für jede Arbeit entspringen Idealen. Eines dieser Ideale ist die Erhaltung der Natur und der Tierwelt in jenen Weltgegenden, wo sie noch existieren. Die ästhetische Seite des Naturschutzgedankens ist durch die Einsicht verstärkt worden, daß er vielleicht einer der wichtigsten Faktoren in bezug auf das künftige Weiterleben der Menschheit darstellt.

Diese Einsicht ist in der Geschichte des Fortschritts reichlich spät gekommen, und in den letzten Jahrhunderten ist schon sehr viel vernichtet worden. Der westliche Mensch hat die Mittel der Zerstörung viel früher ersonnen, ehe er auf den Gedanken kam, die Dinge zu bewahren. Das mag zu einem guten Teil auf unsere Religion zurückzuführen sein, denn in seiner westlichen Form ist das Christentum wahrscheinlich anthropozentrischer (den Menschen in den Mittelpunkt setzend) als jede andere Religion dieser Welt, und sein Aufstieg ermöglichte es, die Natur in rücksichtsloser Weise auszubeuten, sofern es dem Menschen nützlich und gewinnbringend schien. Die Abschlachtung zahlloser Tiere erschien uns gerechtfertigt, und die derzeitige fast völlige Ausrottung mancher Arten – wie zum Beispiel des Blauwals – wird skrupellos und ohne Gedanken an die Zukunft weiter betrieben.

Mit seinen technischen Bauwerken, mit Axt und Pflug, mit Feuer und der Umleitung von Flüssen kann der Mensch die ökologischen Grundlagen riesiger Gebiete verändern. Viele dieser Veränderungen führen schließlich zur Entartung und zum Tod vieler Tiere und schließlich zum Aussterben der Gattung.

In vielfacher Hinsicht sind die Probleme der sogenannten unterentwickelten Gebiete der Welt bei weitem größer als diejenigen der Industrieländer. In diesen ist die Erhaltung landschaftlich reizvoller Gebiete oder die Lösung dringlicher Probleme, wie der Umweltverschmutzung, hauptsächlich eine Geldfrage. In den industriell wenig entwikkelten Ländern werden aber häufig gerade jene Teile, die wir schützen wollen, zur Ernährung der hungrigen Menschenmassen benötigt, die, abgesehen von primitiven Anbaumethoden, über keinerlei Fertigkeiten verfügen, um sich vor dem Verhungern zu schützen. Anderseits ist in anderen riesigen Gebieten der Welt der Naturschutz die Voraussetzung für das Überleben.

Je mehr sich die Menschheit von einer natürlichen Lebensweise entfernt und die künstliche, durch Fabriken und Städte gekennzeichnete Lebensweise übernimmt, um so wichtiger wird der Schutz der übriggebliebenen Wildfauna für alle Menschen dieser Erde.

Die zunehmende Erkenntnis, daß das Überleben menschlicher Gesellschaften mit hohem Lebensstandard (mit Betonung auf dem Wort «Leben») davon abhängt, was in den kommenden Jahrzehnten auf dem Gebiet der Umweltbiologie geleistet wird, hat schon heute einen Teil der Arbeit auf dem Gebiet des Naturschutzes angeregt.

2

Die Fortschritte der Methoden zur medikamentösen Immobilisierung großer Wildtiere sowie die damit verbundenen Forschungsarbeiten kommen infolge der dadurch möglichen Behandlung und Umsiedlung afrikanischer Wildtiere nicht nur dem Studium der Physiologie dieser Arten zugute, sondern fördern auch die Arbeiten auf dem Gebiet der Ökologie, das heißt der Erfassung von Wechselwirkungen zwischen Tier, Pflanze und Boden.

Diese voneinander profitierenden Wissensgebiete sind an sich kaum voneinander zu trennen. Doch ist, soweit man das überhaupt sagen kann, die Ökologie für Afrika derzeit wohl die wichtigste Disziplin der Biologie, da Kenntnisse dieses Forschungszweiges eine falsche Landnutzung und die dadurch innerhalb kürzester Zeit entstehenden, nicht wiedergutzumachenden Schädigungen des Bodens verhindern. Selbst dort, wo die Entwicklung theoretisch noch rückgängig gemacht werden könnte, würden die Kosten der Wiederherstellung ursprünglicher Gegebenheiten die volkswirtschaftlichen Möglichkeiten der einzelnen afrikanischen Staaten bei weitem übersteigen.

Die kaum nutzbaren Gebiete Kenias umfassen etwa drei Viertel der Gesamtfläche des Landes. In diesen Gebieten fallen jährlich durchschnittlich weniger als 750 Millimeter Regen. Diese schlechten Böden können durch zu starken Verbiß und Zertrampeln durch die Rinderherden der Eingeborenen, die über weite Strecken zum Wasser getrieben werden müssen, noch weiter zerstört werden. Die in diesen Gebieten lebenden Wildtiere werden allgemein als wertlos angesehen, da sie niemandem gehören; das Wild wird daher einfach getötet, wenn man das Land für andere Zwecke zu benötigen glaubt. Anderseits gibt es einige Bezirke in Kenia, in denen das Einkommen der örtlichen Behörden durch Nutzung des Wildbestandes um ein Mehrfaches größer ist als der Gewinn aus der Rinderzucht. Auf lange Sicht stellt das Wild eine kaum versiegende Quelle von Geld und Naturalien dar, die noch viele Jahre lang ohne Investitionen und ohne Überbeanspruchung des Bodens nutzbar bleibt.

Kenia verfügt über eine Anzahl großartiger Nationalparks, die sich an Größe und Verschiedenartigkeit mit allen übrigen der Welt messen können. Diese Nationalparks stellen eines der wertvollsten Besitztümer des Landes dar.

So groß diese Parks auch sind, im Vergleich zu den anderen Reservaten umfassen sie insgesamt nur vier Prozent der Gesamtfläche Kenias und sind daher klein im Vergleich zur Ausdehnung der landwirtschaftlich nicht nutzbaren Gebiete, auf denen die meisten Wildtierarten des Landes leben.

Der Gegensatz zwischen Wild- und Weidewirtschaft, den es früher praktisch nicht gab, nimmt heute zweifellos von Jahr zu Jahr zu. Die meisten Viehwirtschaft treibenden Stämme standen dem Wild gleichgültig oder bestenfalls mit einem gewissen Wohlwollen gegenüber. Der zunehmende Wettbewerb um Weideflächen und Wasser sowie die Furcht vor Krankheiten, die von Wildtieren auf Nutzvieh übergreifen könnten, führen zu einer feindseligen Einstellung gegen das Wild, die sich mit zunehmendem Interesse an der Entwicklung der heimischen Viehwirtschaft sicherlich verstärken wird.

Der Umfang des vorhandenen Wildviehbestands ist aus den jährlichen Abschußzahlen ersichtlich. In einem Jahr wurden in Kenia allein von lizenzierten Jägern 3623 Stück Großwild 52 verschiedener Arten in beaufsichtigten Gebieten erlegt. Zusätzliche 1000 Tiere werden jährlich vom Wildschutzamt im Rahmen landwirtschaftlicher Schutzmaßnahmen getötet, ein Mehrfaches dieser Zahl wird jedes Jahr von privaten Grundbesitzern erlegt. Etwa gleich große Stückzahlen fallen Wilderern zum Opfer, so daß sich die Gesamtzahl der jährlich getöteten Tiere auf etwa 20000 belaufen dürfte. Eine sinnvolle Nutzung des hierbei abfallenden Fleisches würde einen bedeutenden Beitrag zur Eiweißversorgung der Bevölkerung darstellen.

Immer wieder wird darauf hingewiesen, daß die Tiere den Bedürfnissen des Menschen weichen müssen, ein Standpunkt, dem kaum jemand widersprechen würde. *Aber was sind die Bedürfnisse des Menschen?* Soll man hier den kurzfristigen oder den langfristigen Nutzen berechnen, den Nutzen des Individuums oder jenen der ganzen Nation? Sollen wir nur die materiellen und nicht auch die ideellen Bedürfnisse des Menschen im Auge behalten? Der genaue Wert der Fauna in Kenia und Ostafrika ist schwer zu bestimmen. Manche Untersuchungen weisen darauf hin, daß in Gegenden mit schlechtem Boden und geringem Niederschlag der Fleischertrag von Wild größer wäre als von Rindvieh, weil das Wild die Vegetation und den Boden besser nützen könnte als das Nutzvieh. Dazu kommt der noch viel wichtigere Umstand, daß die meisten größeren Wildtierarten den Boden überhaupt nicht beanspruchen, im Gegensatz zu dem Nutzvieh der Eingeborenen in vielen Teilen Ostafrikas. Berechnungen haben ergeben, daß der Geldwert des Wildes in manchen Gebieten ein Mehrfaches vom Wert des Nutzviehbestandes ausmacht. Das allein läßt schon erkennen, daß man die Tierwelt Afrikas nicht gedankenlos vernichten darf, nur um Raum für unwirtschaftliche Rinderzucht oder primitivsten Ackerbau zu schaffen.

3

Der Schlüssel zur optimalen Landnutzung sind exakte wissenschaftliche Grundlagen, die nur durch Forschungsarbeiten gewonnen werden können; und das Ergebnis dieser Forschungen wird die Notwendigkeit des Wildschutzes mit nüchternen Daten überwältigend beweisen. Um diese dringend notwendigen Untersuchungen zur richtigen Landnutzung Kenias durchführen zu können, wurde das Entwicklungsprogramm der Vereinten Nationen ausgearbeitet. Die FAO sandte mehrere Wissenschaftler nach Kenia, darunter R. N. Denney, mit dem wir bereits 1965 in den USA zusammengetroffen waren. Innerhalb der verhältnismäßig kurzen Zeit eines Jahres fing er insgesamt 180 Tiere, um sie zu wiegen, zu messen, Blutproben zu entnehmen und sie zu markieren. Ganz besonders ist hervorzuheben, daß er dabei fast keine Todesfälle zu verzeichnen hatte.

Er markierte unter anderen Elefanten, Gnus, Kuhantilopen sowie Elen- und Oryxantilopen. Er verwendete M 99 und konnte dabei große Erfahrungen hinsichtlich Dosierung und Wirksamkeit sammeln. Sein Markierungsprogramm wird sicherlich wertvolle Informationen über Wachstum, Vermehrung und Lebensraum dieser Tiere liefern und wegweisend für ähnliche Arbeiten in angrenzenden Gebieten werden.

Ein weiteres Projekt, welches von unserem Freund und Kollegen Hugh Clifford sehr gefördert wurde, war die gleichzeitige Landnutzung durch Wildpflege und Viehzucht im äußersten Nordwesten von Uganda. Obwohl Uganda im Vergleich zu Tansania und Kenia verhältnismäßig dicht besiedelt ist, leben nördlich des Murchison-Falls-Nationalparks nur wenige Menschen, aber viel Wild. Dieses von der *Uganda Development Corporation* und der Weltbank geförderte Projekt dürfte in finanzieller Hinsicht und auch als Versuch kombinierter Landnutzung ein bedeutender Erfolg werden.

Wohl befindet sich dieses Projekt noch im Planungsstadium und kann durch eine der häufigen politischen Veränderungen zum Scheitern kommen. Sollte es nicht verwirklicht werden, dann sicherlich nicht etwa, weil Hugh Clifford zu wenig getan hätte. Er betrachtete dieses Unternehmen nämlich als eine enorme Chance, sein theoretisches Wissen in die Praxis umzusetzen, und er wollte prüfen, ob man die Wildtierbestände des Landes als ständige Eiweißquelle für die Bevölkerung und zum finanziellen Gewinn für die Regierung Ugandas nutzen könnte.

Alle, die sich je mit der Rettung und Umsiedlung von Wildtieren befaßt haben, können natürlich auch Tiere für Forschungszwecke bereitstellen; die Forschungsarbeiten können häufig sogar an den umgesiedelten Tieren vorgenommen werden. Umgekehrt kommen neue Ergebnisse physiologischer Untersuchungen den Fang- und Umsiedlungsaktionen zugute, die rascher und mit noch geringerer Verlustquote durchgeführt werden können.

Die Leitung der Fangteams der Wildschutzbehörde wurde 1964 von Barrie Chappell übernommen. Damit begann eine Periode des Aufschwungs, die weitreichende Folgen haben sollte. Er reorganisierte die Mannschaften, führte die neuesten Immobilisierungsmethoden ein und bezog alle Säugetierarten Kenias in seine Arbeit ein, um zu gegebenem Anlaß für Umsiedlungen gerüstet zu sein.

Sein Team sollte jederzeit imstande sein, jene Tiere schonend einzufangen, die man gerade brauchte, und es sollte als Auskunftsstelle für Wildhüter anderer Reservate dienen, die Angaben über die Dosierung von Immobilisationsmedikamenten und über neue Fangtechniken benötigten.

Wir hatten beschlossen, Barrie bei dieser wichtigen Aufbauarbeit mit Rat und Tat zu unterstützen. Dabei ergab sich, daß aus allen möglichen Gegenden Afrikas Angaben über die Dosierung der verschiedenen Präparate vorhanden waren, nur aus Kenia lagen keine Erfahrungsberichte vor. Wir kamen aber rasch weiter und stellten bald interessante Unterschiede zwischen den in unseren Versuchen ausreichenden Mengen der Medikamente und den im Süden verwendeten Dosierungen fest. Bald waren die bei häufig vorkommenden Tierarten wie Zebras, Weißbart-Gnus, Baisas sowie Kob- und Elenantilopen jeweils erforderlichen Medikamentenmengen genau bekannt. Später wandten wir uns den Schwarzen Nashörnern und den Elefanten zu. Als es sich herausstellte, daß die Betäubung der großen Steppenelefanten des Masai-Gebiets verhältnismäßig leicht vonstatten ging und wir sie untersuchen konnten, während sie aufrecht standen, gingen wir daran, die bei früherer Gelegenheit an den viel kleineren Elefanten in Uganda vorgenommenen Untersuchungen des Blutkreislaufs der Ohren neuerlich aufzunehmen. Um ganz sicherzugehen, daß unser Experiment nicht durch das Fehlen eines notwendigen Geräts beeinträchtigt würde, überprüften wir mehrmals unsere elektrischen Apparate, die Batterien und Katheter sowie unsere Medikamente und die Injektionsspritzen. Wir waren überzeugt, daß wir alles Erforderliche mithatten, fingen einen Elefanten, doch als wir zu dem riesigen, etwa vier Meter hohen Ungetüm emporschauten, fiel uns plötzlich ein: Wir hatten ja keine Leiter!

Später holten wir dieses Versäumnis nach und führten eine Leiter mit uns, die auch für den größten Elefanten lang genug war. Es war einfach, die Leiter gegen das Hinterende des aufrecht stehenden Elefanten zu lehnen; die schwierigere Aufgabe, auf den Elefanten zu klettern und über seinen Rücken bis zum Ohransatz zu balancieren, wurde von Barrie gemeistert.

In meinem Laboratorium arbeitete damals Dr. E. W. Fisher, ein junger Physiologe, der sich auf Herz und Kreislauf spezialisiert hatte. Bald nach seiner Ankunft äußerte er den Wunsch, das Herz eines Elefanten abzuhorchen. Da er kaum hoffte, daß ihm dieser Wunsch erfüllt werden könnte, war er über meine bereitwillige Zustimmung einigermaßen überrascht. Es war nicht schwer, eines Elefanten habhaft zu werden, da Barries Fangtechnik inzwischen ausgezeichnet funktionierte und er bereits darauf brannte, Elefanten zu markieren, um festzustellen, ob sie zwischen seinem Gebiet und dem Tsavo-Nationalpark hin und her wanderten. Als der Elefant nach Verabreichung der Injektion stehenblieb, überreichten wir Ted ein Stethoskop mit den ermutigenden Worten: «Bitte sehr – er steht zu Ihrer Verfügung!» Ted entzündete sich gedankenvoll eine Zigarette. Wir standen ganz nahe an dem Elefanten, und man konnte sehr deutlich sehen, daß der sich ungewöhnlich benahm. Obwohl er aufrecht stehenblieb, schwankte er von einer Seite zur anderen. Wenn der Elefant, der fast doppelt so hoch war wie wir, sich in unsere Richtung neigte, hatten wir das Gefühl, daß er jeden Augenblick auf uns fallen würde. Zu Ehren Teds muß gesagt werden, daß er sich doch unter den gewaltigen Bauch des Tieres begab und dem langsamen Schlag seines Herzens lauschte. Nachher schien Ted recht erfreut zu sein, daß wir das Ereignis gefilmt hatten, und ich bemerkte, daß er während der weiteren Fahrt sehr darauf achtete, daß meiner Kamera und dem belichteten Film kein Schaden widerführe.

Schon in den ersten sechs Monaten erzielten wir so gute Erfolge, daß die weitere Zukunft für unsere Pläne durchaus vielversprechend schien. Während seiner Tätigkeit für den Naturschutz fand Barrie dann bei einem Flugzeugabsturz im März 1965 ein tragisches Ende, das für seine Freunde einen schweren Verlust bedeutete.

5

Der Tierfang wurde fortgesetzt. Medikamentöse Immobilisierungen wurden zunächst von Ted Goss durchgeführt, der als Wildaufseher das 990 Quadratkilometer große Meru-Wildreservat mit viel Geschick und harter Arbeit so weit ausgebaut hatte, daß es schließlich zum Nationalpark erklärt wurde. In Meru konnte Ted zahlreiche Tiere markieren, deren Wanderungen in und aus dem Park bis dahin nicht erforscht gewesen waren, vor allem die zahlreich vorkommenden wilden Büffel. Die Begeisterung und der Eifer, mit dem er sich an die Markierung der in seinem Gebiet lebenden Elefanten machte, führte zu dem einzigen beim Tierfang aufgetretenen Unfall. Als er sich seinem ersten, scheinbar betäubten Elefanten näherte, wurde er von diesem plötzlich angegriffen. Er stürzte zu Boden und geriet unter die Beine des Elefanten, der ihn dann noch hochhob und wieder zu Boden warf. Dabei wurde Teds Hüfte durch einen Tritt schwer verletzt, ehe er noch von dem teilweise betäubten Tier wegkriechen konnte, damit seine Wildsucher eingreifen konnten. Nach längerer Zeit wiederhergestellt, übernahm Ted wieder seine Aufgaben und setzte die Immobilisierungs- und Markierungsarbeiten an seinen Tieren mit ungebrochenem Enthusiasmus fort.

Teds Unfall zeigt, wie notwendig die Anwesenheit eines Fachmanns ist, vor allem in den Anfangsstadien der Immobilisierungsarbeiten. Es stellte sich nämlich heraus, daß zwischen der ersten Injektion und dem zweiten Injektionsversuch fünf Stunden verstrichen waren, also mehr als genug für ein Ausscheiden des größten Teils der ursprünglich verabreichten Dosis, so daß das Tier nicht mehr immobilisiert, sondern nur schläfrig war, daher leicht zu sich kam und durchaus bewegungsfähig war.

Das Fangteam wurde später von Dr. John King geleitet, einem jungen Tierarzt der Universität Cambridge, der das Einfangen und Umsiedeln von Schwarzen Nashörnern mit Untersuchungen über ihre Fortpflanzung verbinden wollte. Dieses ganze Unternehmen war durch den Einsatz eines Hubschraubers so erfolgreich, daß innerhalb von sechs Tagen insgesamt achtzehn Nashörner gefangen wurden. Das Einfangen von Großwild mittels Hubschrauber spart Zeit und erleichtert die Verfolgung in dicht bewachsenem Terrain. Beim Einfangen der Schwarzen Nashörner in Kenia machte man die interessante Entdeckung, daß sie sich viel schneller zähmen ließen als die Weißen. Sie begannen innerhalb von vierundzwanzig Stunden zu fressen und wurden in wenigen Tagen so zahm, daß man ihre Wunden verbinden konnte. Gewöhnlich wird nämlich das freilebende Weiße Nashorn für gutmütiger gehalten als das Schwarze.

6

Da sich die Kunde von den immer einfacher werdenden Immobilisationsmethoden rasch verbreitete, nahm die Zahl von Unterstützungsansuchen anderer Wildschutzbehörden zu. Erfreulicherweise brachte auch die Presse Berichte über Tiere, die nach vorausgegangener medikamentöser Immobilisation aus Fallen gerettet werden konnten. Die so gefangenen Tiere sind jedoch oft so schwer verletzt, daß sie kaum noch zu retten sind. Trotzdem ist es nicht sinnlos, sie für eine genaue Untersuchung zu immobilisieren und schmerzfrei zu machen, da sie in diesem Zustand wesentlich schmerzloser getötet werden können als in freier Wildbahn. Große Tiere wie Giraffen erleiden häufig durch Prankenhiebe von Löwen schwere Verletzungen, mit denen sie jedoch überleben können, während kleinwüchsige verwundete Wildarten bald von Hyänen gerissen werden. Eine verletzte Giraffe muß beträchtliche Schmerzen ertragen, ihre Wunden sind meist von Fliegenschwärmen und deren Maden bedeckt und werden außerdem von Madenhackern immer wieder geöffnet, so daß sie nicht heilen können.

Man hat auch verwundete Löwen eingefangen, um sie zu untersuchen. Wenn sie nur leicht verletzt sind, verringert die Behandlung die Gefahr dauernder Schäden. Manche alte Löwen sind äußerst abgemagert. Man hat Schädel von Löwen gefunden, deren Backenzähne völlig kariös waren, und in einem Fall einen Schädel, bei dem ein Abszeß eine Kieferhälfte völlig zerstört hatte. Bei Anwendung einer besonderen Technik ist das Ziehen schlechter Zähne bei Löwen keineswegs schwierig. Wenn es mir gelänge, einen dieser alten Löwen zu fangen und ihn einer Zahnbehandlung zu unterziehen, dann wäre das die Erfüllung eines langgehegten Wunsches. Die von uns behandelten Löwen waren ausnahmslos gefangene oder in Fallen geratene Exemplare. Einer meiner ersten Löwenpatienten war der aus dem Film *The Lion* wohlbekannte Samba, der während der Dreharbeiten erkrankte. Er dürfte sich an Hühnerfleisch überfressen haben, das eigens für ihn aus Amerika importiert worden war. Allerdings hatte er auch ein – damals noch leichtes – Nierenleiden, an dem er freilich einige Jahre später in Amerika verendete. Ein anderer berühmter Löwe, den wir behandelten, war der von George Adamson heißgeliebte Ugas, dessen Tod sein Herr als schweren Verlust empfunden hätte.

7

Immobilisierungsmedikamente können Raubtieren auch mit dem Futter verabreicht werden. Sie wirken dann zwar langsamer, aber dennoch sehr gut. Auf diese Weise wurde Joy Adamsons junger Gepard Whitey im dichten Busch gefangen. Anders hätte man ihn kaum fangen können, nicht einmal mit einer Injektionsspritze. Whitey fraß das Fleisch, in das ich eine genau berechnete Dosis Sernylan injiziert hatte. Dann wurde das Tier schläfrig und von seiner Mutter und seinen Geschwistern verlassen. Erst anderthalb Stunden später, als das Futter verdaut war, schlief das Tier so fest, daß wir es ins Camp schaffen konnten. Für Joy Adamson war das eine lange Wartezeit, da sie sich verständlicherweise große Sorgen machte. Ich hatte schon längst gelernt, mein Bestes zu tun, dann aber abzuschalten und mich zu entspannen, denn nichts scheint ein Tier mehr aufzuregen als ängstliches oder aggressives Verhalten, das es sehr wohl spürt. Ich bin mir sogar ziemlich sicher, daß man sich frei und ungezwungen unter den Tieren bewegen könnte, ohne bei ihnen Angst oder Aggression auszulösen, wenn man sich «wertfrei» verhalten könnte, sofern diese Tiere nicht durch ständiges Gehetztwerden verzweifelt beziehungsweise wütend oder verschreckt sind.

Bald danach sollten wir wieder von Joy Adamson dringend nach Meru gerufen werden. Mbili, ein anderes Gepardenjunges, das inzwischen lang und sehnig geworden war und schon die eigene Mutter überragte, hatte sich eine Augenverletzung zugezogen. Man wußte nicht, ob ein Gepard mit nur einem Auge überleben kann, da ihre Jagdweise sich von der der Löwen unterscheidet und sie meist allein und nicht im Rudel jagen. Dazu kommt noch die Gefahr, daß die

Infektion eines Auges auch zu einer Schädigung oder dem Verlust des anderen führen kann.

Mbili hatte sich in den Busch geflüchtet und mußte erst aufgespürt werden. Inzwischen injizierte ich einige Fleischstücke mit einer Dosis Sernylan, und zwar etwa ein Milligramm pro Pfund geschätzten Körpergewichts. Als man Mbili nach einigen Stunden ausgerechnet auf dem Landestreifen aufstöberte, konnte man sie dazu bewegen, ein Stück Fleisch zu verschlingen.

Nun begann die lange Wartezeit, bis sie das Mahl verdaut hatte und das Medikament zu wirken begann. Um sie nicht zu verscheuchen, sahen wir uns zunächst ihr Auge mit Ferngläsern von weitem an. Nach einer halben Stunde zeigte das Medikament seine ersten Auswirkungen, wir beobachteten die üblichen Symptome, wie Wenden des Kopfes, Lecken und Gähnen, aber dabei blieb es. Nach nahezu drei Stunden vermuteten wir besorgt, daß das Medikament aus dem Blut schneller ausgeschieden als resorbiert wurde. Der Gepard war am Vortag gefüttert worden und konnte auch während der Nacht etwas erbeutet und gefressen haben. Eine Oralanästhesie ist sogar bei Zootieren eine unsichere Sache, bei denen Futtermenge und Fütterungszeit geregelt ist. Eine Fütterung vor einer Oralanästhesie verlangsamt die Resorption und erfordert daher eine größere Medikamentendosis. Aus diesem Grund sorgen wir gewöhnlich dafür, daß vor einem chirurgischen Eingriff eine Fütterung des Patienten ausgelassen wird und er in den ersten Stunden nach der Operation nur geringe Futtermengen erhält. Ich beschloß, dem Tier eine zusätzliche Dosis zu injizieren, und hoffte, daß es mich nicht anfallen würde.

Während Joy vorne die Aufmerksamkeit des Tieres auf sich lenkte, schlich ich mich mit meiner Injektionsspritze, die mit einer Dosis Sernylan gefüllt war, von hinten an. Als die Injektionsnadel in Mbilis Keule eindrang, schnellte das Tier hoch; aber das Medikament war schon injiziert, und bald konnten wir an den Hinterbeinen arbeiten. Während ich ein Bein hielt, injizierte meine Frau eine kleine Menge eines schnellwirkenden Barbiturats in eine Beinvene.

Wir bemerkten sofort, daß die rechten Augenlider auf ein Mehrfaches ihrer normalen Dicke angeschwollen waren, so daß wir sie nicht einmal mit Hilfe einer Pinzette voneinander trennen konnten. Selbst nach Anwendung von Lokalanästhesie und Adrenalintropfen gelang es uns nicht, das Auge zu sehen. Wir beschlossen, dem Tier eine Eispackung aufzulegen und es ins Haus zu schaffen. Da sich Mbili zu bewegen begann, verabreichten wir noch eine Dosis von dem Barbiturat und schafften dann den wunderbar weichen, aber bewußtlosen Körper zuerst in den Land-Rover und später auf den Küchentisch. Nach wiederholten Eispackungen und Adrenalin injizierten wir Antibiotika und Cortison und versuchten wieder die Lider zu trennen.

Meine Frau hielt ein Lid und ich das andere, sie leuchtete mit einer Taschenlampe, während ich das dritte Augenlid aufhob, das wir nun zum erstenmal sehen konnten. Darunter erblickten wir einen Schimmer von Schwarz und Gelb, zwar nur ganz wenig, aber es genügte: Das Auge war intakt, durchsichtig und fast unbeschädigt. Joy umarmte uns vor Freude und tanzte aufgeregt herum. Die Prognose war günstig, und bald hatten wir den Geparden wieder im Land-Rover und schafften ihn zurück in sein eigenes Territorium, wo wir so lange warteten, bis er wieder zu sich kam. Unser Flugzeug landete, und um vier Uhr ließen wir schließlich Joy und ihren Geparden in dem Bewußtsein zurück, daß alles gut gehen würde. Bevor wir weggingen, hatte Mbili schon den Kopf gehoben, und im Lauf des folgenden Tages sollte sie sich völlig erholen. Unsere einzige Sorge war, daß das schläfrige Tier zu früh aufstehen und fortgehen könnte und dabei Gefahr lief, von Löwen oder Hyänen gefressen zu werden. Später erfuhren wir, daß das Auge schon nach wenigen Tagen fast geheilt war.

Dies war die Art von Arbeit, die meine Frau und ich mehr als jede andere liebten, die Behandlung von Wildtieren in freier Wildbahn. Ich glaube, wir hegten beide die geheime – und sicherlich unrealistische – Hoffnung, daß wir, wenn wir nur lange genug so weiterarbeiteten, vielleicht eines Tages eine solche Verbundenheit mit den Tieren erreichen würden, daß wir sie ohne Betäubung behandeln und ihnen helfen könnten, ohne sie vorher jagen und einfangen zu müssen.

Dazu aber müßten wir uns sicherlich im Lauf der Jahre selbst ändern und vieles abstreifen, das dem im Weg steht – unser «Gescheitsein» und unsere «Überlegenheit», unser Planen und Sorgen, unsere Überzeugung, daß wir das Recht hätten, zu entscheiden, ob wir heilen oder vernichten sollen.

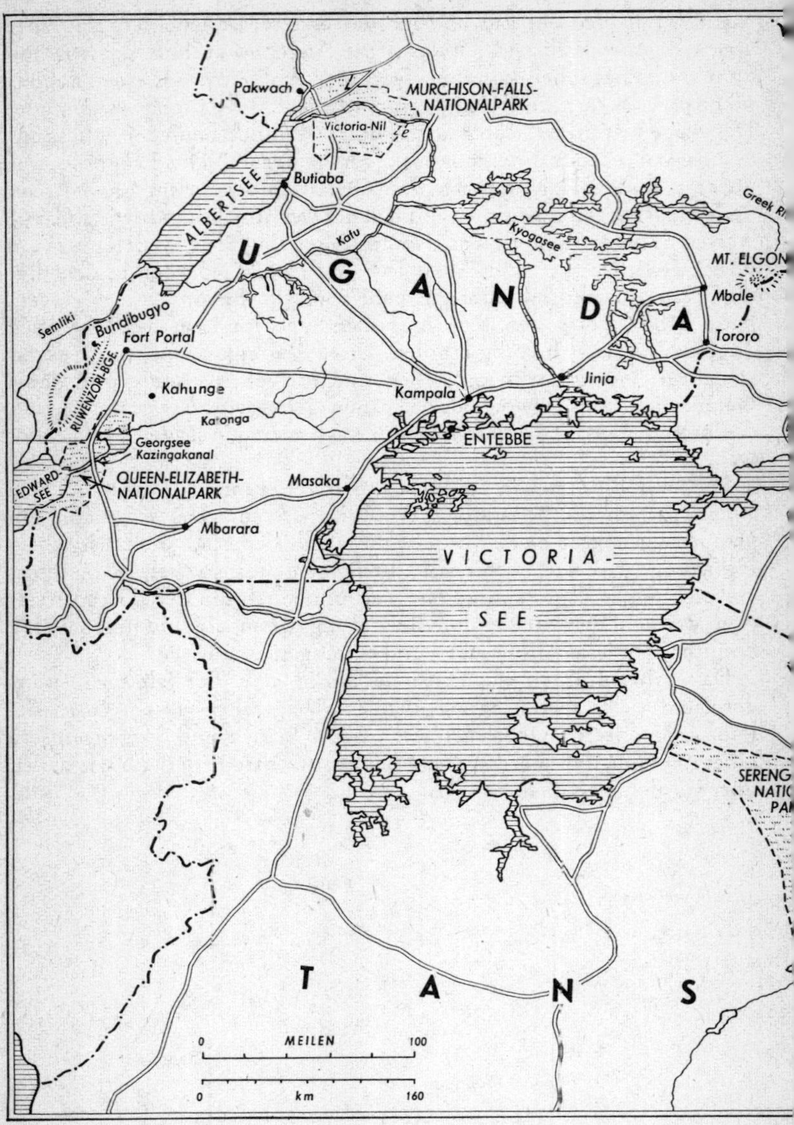

Pakwach
MURCHISON-FALLS-
NATIONALPARK
Victoria-Nil
ALBERTSEE
Butiaba
Greek Ri
Kafu
Kyogasee
U G A N D A
MT. ELGON
Mbale
Tororo
Semliki
Bundibugyo
Fort Portal
RUWENZORI-BGE.
Kahunge
Jinja
Kampala
Katonga
ENTEBBE
Georgsee
Kazingakanal
EDWARD-
SEE
QUEEN-ELIZABETH-
NATIONALPARK
Masaka
Mbarara
VICTORIA-
SEE
SERENG
NATIO
PA
T A N S
MEILEN
0
100
km
0
160

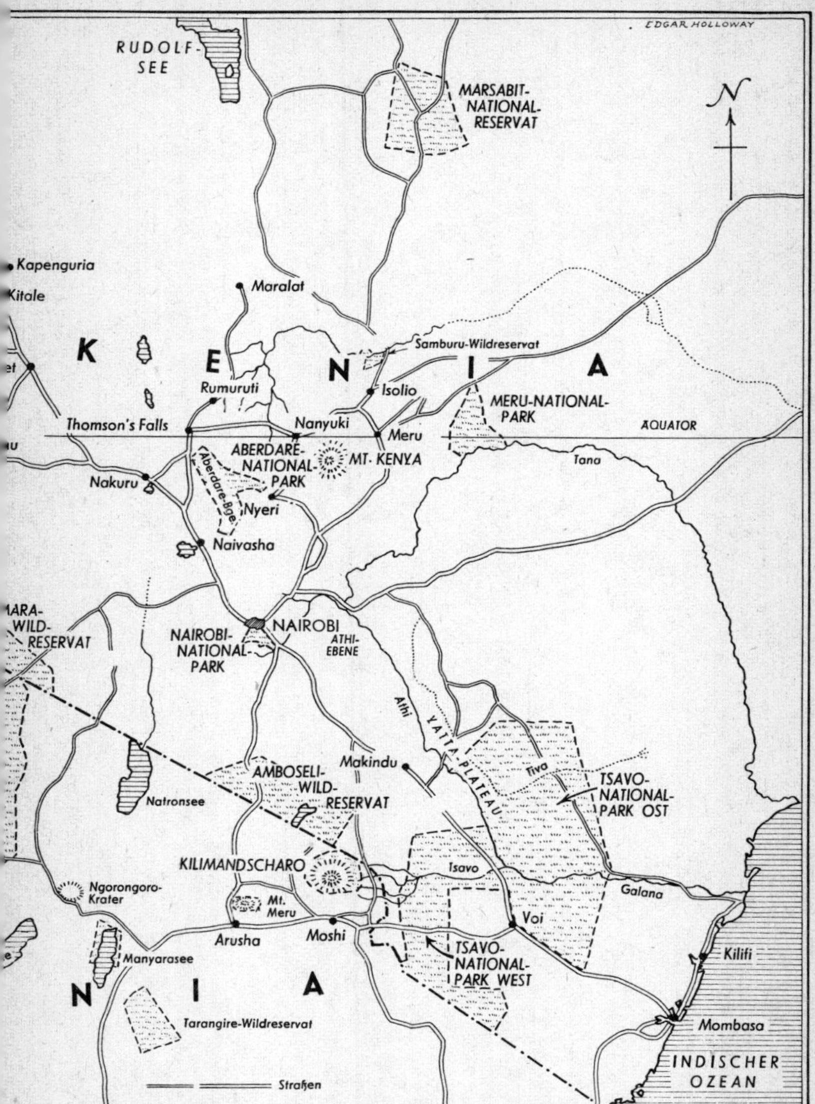
EDGAR HOLLOWAY
RUDOLF-
SEE
MARSABIT-
NATIONAL-
RESERVAT
N
Kapenguria
Kitale
Maralat
K
E
N
I
A
Samburu-Wildreservat
Isolio
Rumuruti
MERU-NATIONAL-
PARK
Thomson's Falls
Nanyuki
Meru
ÄQUATOR
ABERDARE-
NATIONAL-
PARK
MT. KENYA
Tana
Aberdare-Bge.
Nakuru
Nyeri
Naivasha
MARA-
WILD-
RESERVAT
NAIROBI
NAIROBI-
NATIONAL-
PARK
ATHI-
EBENE
Athi
YATTA-PLATEAU
Tiva
TSAVO-
NATIONAL-
PARK OST
Makindu
AMBOSELI-
WILD-
RESERVAT
Natronsee
KILIMANDSCHARO
Tsavo
Galana
Ngorongoro-
Krater
Mt.
Meru
Voi
Arusha
Moshi
Kilifi
Manyarasee
TSAVO-
NATIONAL-
PARK WEST
N
I
A
Tarangire-Wildreservat
Mombasa
INDISCHER
OZEAN
Straßen

Ich habe erst gar nicht versucht, in diesem Buch all die vielen Menschen zu erwähnen, die uns bei der hier beschriebenen zehnjährigen Arbeit wesentlich geholfen haben. Ich muß mich dafür entschuldigen und danke allen, die in irgendeiner Art an unseren Bemühungen und direkt oder indirekt an der Suche nach Immobilisierungsmedikamenten und verwandten Forschungsarbeiten teilgenommen haben. Insbesondere habe ich den Direktoren der Nationalparks und den Oberaufsehern die Wildreservate zu danken, deren Mitarbeit und aktive Hilfe dazu beigetragen haben, daß dieses Werk durchgeführt werden konnte; ebenso gilt mein Dank der Universität von Ostafrika, die mir wesentlich mehr Zeit für außerplanmäßige Arbeiten freigegeben hat, als dies üblich oder auch nur vertretbar ist.

Dankbar verzeichne ich auch die finanzielle Hilfe der *New York Zoological Society*, durch die unsere Forschungsarbeit erst ermöglicht wurde. Später stellte ein Forschungsstipendium des Wellcome Trust für meine Arbeit das Buschfahrzeug bei, das mich rasch und sicher in viele Teile Ostafrikas trug, die mit den konventionellen zweiachsigen Autos praktisch nicht zu erreichen sind.

Schließlich möchte ich besonders Dr. Frank Fraser Darling danken, der uns in den Anfängen unserer Forschungsarbeit bei Immobilisierungsgemischen moralisch unterstützte und eine ausschlaggebende Rolle dabei spielte, daß wir ein Stipendium der *New York Zoological Society* erhielten.

BIBLIOGRAPHIE

ANON. The Paradox of the Yellowstone Elk. National Wildlife. Bd. 5, No. 6, Okt.–Nov. 1967

BASCOM, W., UND HERSKOVITZ, M. Continuity and Change in African Cultures. Chicago University 1959

BERE, R. M. Queen Elizabeth National Park, Uganda. The Hippopotamus problem and experiment. J. Fauna Preservation Society, Oryx. Bd. 5, No. 3, p. 116–124. 1959

BROSIN, H. W. Human Aggression in Psychiatric Perspective in Brain Function, Aggression and Defense, Neural Mechanisms and Social Patterns. UCLA Forum in Medical Sciences. Bd. 5, No. 7, p. 267–296. Hg.: Clemente, C. D., und Lindsley, D. B. University of California Press, 1967

BRUCE, H. M. Olfactory Pheromones and Reproduction in Mice. Proceedings of the Second International Congress of Endocrinology, 1964. Excerpta Medica Foundation, 1965

The Effects of Olfactory Stimuli on Reproduction in Mammals, Ciba Foundation Study Group No. 26, 1967, J. & A. Churchill, Ltd.

BUECHNER, H. K., UND FOSBERG, F. R. A Contribution toward a World Program in Tropical Biology. The Smithsonian Institution. Nachdruck aus Bio-Science. 1967

BULLETIN OF THE REGIONAL CENTRE FOR SCIENCE AND TECHNOLOGY FOR AFRICA. Bd. 1, No. 2. 1966

CALHOUN, J. B. Population Density and Social Pathology. Scientific American. Bd. 206, No. 2, p. 139–148. 1962

CASEBEER, R. L. Applying Wildlife Management to Pastoral Land Management. East African Wildlife and Land use Symposium: 7 pp. roneo. Nairobi. Juli 1967, Agricultural and Forestry Journal, Bd. 33, p. 133–139. 1968

CASPARD, N. M. Out of the Snare. Africana, Bd. 2, No. 10, p. 43. 1966

COWAN, I. MC T. The Ecological Concept of Park Management. East African Wildlife and Land use Symposium: 6 pp. roneo, Nairobi. Juli 1967. Agricultural and Forestry Journal. Bd. 33, p. 173–177, 1968

CRITCHLEY, R. A. Operation Noah. J. Fauna Preservation Society, Oryx. Bd. 5. No. 3, p. 100–107. 1959

Kariba Rescue, «Operation Noah». Black Lechwe, Bd. 2, No. 3, p. 51–54. 1959

Crockford, J. A., Hayes, F. A., Jenkins, J. H., und Feurt, S. D. Nicotine Salicylate for Capturing Deer. J. Wildlife Management, Bd. 21, No. 2, p. 213–220, 1957
An Automatic Projectile Type Syringe. Vet. Med. 53, p. 115–119. 1958
Cullen, A., und Downey, S. Saving the Game. Jarrolds. 1960
Curry-Lindahl, K. I.U.C.N. Bulletin. Juli–September 1966

Darling, F. Fraser. Wildlife in an African Territory. Oxford University Press 1960.
Wildlife Conservation: The Ethical and Technical Problems. Conservation Foundation, 1964. Rockefeller Symposium, Paris 1957
Denney, R. N. The Case for Intensive Wildlife Management. East African Wildlife and Land use Symposium: 14 pp. roneo, Nairobi, Juli 1967. Agriculture and Forestry Journal, Bd. 33, p. 118–132, 1968
Economic and Statistical Review 21 – East African Statistical Department, 1966

Eggling, W. J. Observations on the Ecology of the Budongo Rain Forest. Uganda. Journal of Ecol. No. 34, p. 20–87. 1947

Gary, R. Dear Elephant, Sir Life. 44, No. 2, p. 93–103. 1968
Glover, P. E. A review of recent knowledge on the Relationship between the Tsetse Fly and its Vertebrate Hosts. International Union for the Conservation of Nature and Natural Resources. Publ. No. 6, London. 1965
Glover, P. E., und Gwynne, M. D. The Destruction of Masailand. New Scientist II, No. 249, p. 450–453. 1961
Guggisberg, C. The Family of Antelopes. Africana 2, No. 10, p. 6–14. 1966

Hart, Susanne. Too Short a Day. Geoffrey Bles, 1966
Life with Daktari. Collins-Bles. 1968 (dt. Abenteuer mit Daktari. Zsolnay Verlag 1969)
Harthoorn, A. M. The Tsavo Elephants, Oryx Bd. 8, No. 4, p. 233, 1966
Heezen, B. C. Deep Sea Research 4: p. 105 (aus Norris, K. C., Whales, Dolphins and Porpoises), University of California Press 699, 1966
Hey, D., und Brand, D. J. Nature Conservation Report: p. 14–32. 1957
Holman, D. The Elephant People. John Murray, 1967
Hunter, J. A. Hunter. Hamish Hamilton 1952

Jarrett, W. F. H., und Murray, M. Muscular Dystrophy in Antelope and Gazelle in Kenya. The Vet. Record 80, No. 15, p. 483. 1967

Klingel, H. und U. The Rhinoceroses of Ngorongoro Crater. J. Fauna Preservation Society. Oryx Bd. 8, No. 5, p. 302–306, 1966

Laurie, A. H. Discovery 4: p. 105. 1933

Ledger, E. P. A note on the Relative Body Composition of Wild and Domestic Ruminants. Bulletin Epizootic Diseases of Africa. Bd. 2, No. 2, p. 163–167. 1963

Mann, I. Change and Disease in Africa. E. A. Medical Research Council-Scientific Conference 1968. Makerere University College Medical School, Kampala

Martin, P. S., und Wright, H. E. Jr. Pleistocene Extinction: the search for a cause. Yale Univ. Press, 1967

McDiarmid, A. Diseases of Free-Living Wild Animals. Food and Agriculture Organisation of the U.N. 1962

Payne-Callwey, Sir Ralph B. T. The Crossbow. Medieval and Modern, Military, and Sporting. Bow Publication Ltd. 1903

Parkes, A. S. Change and Control in Human Populations. Darwin Lecture to the Institute of Biology and the Eugenics Society, in: Sex, Science and Society. Oriel Press. 1966

Pienaar, U. de V., Wyk, P. van, und Fairall, N. An Aerial Census of Elephant and Buffalo in the Kruger National Park, and the Implications there of on intended Management Scheme. J. for Scientific Research in the National Park of the Republic of South Africa. Koedoe: p. 40–107. 1966

Player, I. C., und Feely, J. M. A preliminary Report on the Square-lipped Rhinoceros. The Lammergeyer. Bd. 1, No. 1, p. 3–23. 1960

Player, I. C. Translocation of White Rhinoceros in South Africa. J. Fauna Preservation Society. Oryx Bd. 9, No. 2, p. 137–150. 1967

Reports and Information Sheets (Nr. 2): Rhinoceros Immobilisation. Department of Physiology. Nairobi. Januar 1961

Reports and Information Sheets (Nr. 3): Rhinoceros. Immobilisation Department of Physiology. Nairobi. Juli 1961

Reports and Information Sheets (Nr. 4): Rhinoceros Immobilisation. Department of Physiology. Nairobi. Januar 1962

Reports and Information Sheets (Nr. 5): Rhinoceros Immobilisation. Department of Physiology. Nairobi. März 1962

Reports and Information Sheets (Nr. 6): Syringe Activating Mechanism. Department of Physiology. Nairobi. April 1962

RINEY, T., UND KETTLITZ, W. L. Management of Large Mammals in the Transvaal. Mammalia Bd. 28, No. 2, p. 189–248. 1964

RIPLEY, S. D. Perspectives in Tropical Biology. The Smithsonian Institution. Nachdruck aus Bio-Science Bd. 17, No. 8, 1967

A Perspective of the Smithsonian Program in Ecology. National Parks Magazine. Bd. 40. No. 229, 1966

ROCHAT, K., UND STEELE, N. A. Operation Rhodesian Rhino. J. of the Natal Parks, Games and Fish Preservation Board, The Lammergeyer No. 8, p. 15–24. 1968

ROTH, H. H. L'Operation «Noah». Protection de la Nature. Bd. 30, No. 4, 1965

RUSSEL, E. W. Management Policy in the National Parks. Tanzania Litho Ltd. 1968

RUSSELL, N. J. Rhinos, Whirlybirds and M 99. Animal Kingdom Bd. LXX, No. 4, p. 99–105, 1967

SCHMIDT-NIELSEN, K. Desert Animals: Physiological Problems of Heat and Water. Clarendon Press, 1965

Serengeti Research Institute Quarterly Report Juli–Sept. 1967

SHANTZ, H. L., UND TURNER, B. C. Vegetational Changes in Africa. University of Arizona, College of Agriculture. 1958

SHELDRICK, DAPHNE The Orphans of Tsavo. Collins-Harvill. 1966

SIMON, N. Between the Sunlight and the Thunder. Collins. 1962

SINCLAIR, J. Twilight of the Wild. Hugh Keartland Ltd. Denver, Johannesburg. 1967

SLIJPER, E. J. Whales. Hutchinson. 1962

SMITH, M. N. Chippy's Ordeal. J. Northern Rhodesian Fauna Preservation and Hunting Association. Black Lechewe Bd. 2, No. 5, p. 184–185. 1960

VERSCHUREN, J. Science and Nature Reserves. First World Conference on National Parks: p. 269–276. Washington D. C. 1962

VESEY-FITZGERALD, L. D. E. F. An Experiment in Adapting an Elettric Fence to Elephant Behaviour. East African Wildlife and Land use Symposium. Nairobi, Juli 1967. Agriculture and Forestry Journal XXXIII: p. 185–190. 1968

VILLIERS, A. Our Mother Nature. I.U.C.N. Publication New Series, Supplementary papers, No. 2, 1963

WHITE, L. JR. The Historical Roots of our Ecologic Crisis. Science. 155, No. 3767, p. 1203–1207, 1964

WHITTEN, W. H. Pheromones and Mammalian Reproduction. In: Advances in Reproductive Physiology, Bd. 1, p. 155. Academic Press Inc. and Logos Press, 1966

Wyk, P. van, und Fairall, N. The Influence of the African Elephant on the Vegetation of the Kruger National Park with special reference to the Tree and Scrub Strata Proceedings Symposium on Terrestrial Animal Ecology. Pretoria 1967

Wynne-Edwards, V. C. Population Control in Animals. Scientific American 211, p. 68–74, 1964
Self Regulating systems in Population of Animals. Science 155, p. 1543–1548, 1965